405

9528

INVENTAIRE

DE L'ANCIENNE

BIBLIOTHÉQUE

DU

LOUVRE.

On trouve chez les mêmes Libraires les ouvrages suivans du même auteur :

Catalogue des Livres imprimés sur Vélin, de la Bibliothéque du Roi; avec le Supplément. *Paris,* 1822 *et* 1828, 6 *tomes en* 5 *vol. gr. in-*8. *br*, ... 47 fr. 50 c.
— Le même, le Supplément seul, *gr. in-*8. *br*.......... 7 fr. 50 c.

Catalogue des Livres imprimés sur Vélin, qui se trouvent dans des bibliothéques tant publiques que particulières, avec le Supplément. *Paris,* 1824 *et* 1828, 4 *vol. gr. in-*8. *br*............... 37 fr. 50 c.
— Le même, le Supplément seul, *gr. in-*8 *br*........... 7 fr. 50 c.
— Les mêmes Catalogues, 10 *tomes en* 9 *vol. in-*8. *Gr. Pap. Vél. cart.* tirés à très petit nombre. .... 140 fr.

Notice sur Colard Mansion, libraire et imprimeur de Bruges en Flandre, dans le XVe siècle. *Paris,* 1829, *avec cinq planches lithographiées de fac-simile de ses différens caractères, gr. in-*8. *cart*........ 9 fr.
— La même, *Gr. Pap. Vél. cart*............................. 15 fr.

Recherches sur Louis de Bruges, seigneur de la Gruthuyse, suivies de la Notice des Manuscrits qui lui ont appartenu, et dont la plus grande partie se conserve à la Bibliothéque du Roi. *Paris,* 1831, *gr. in-*8. *fig. Pap. Vél. cart*.............................. 15 fr.
— Les mêmes, *in-*8. *cart. Gr. Pap. Vél*.................... 25 fr.

DE L'IMPRIMERIE DE CRAPELET,
rue de Vaugirard, n° 9.

INVENTAIRE
ou
CATALOGUE
DES LIVRES
DE L'ANCIENNE
BIBLIOTHÈQUE DU LOUVRE,
FAIT EN L'ANNÉE 1373,
PAR GILLES MALLET
GARDE DE LADITE BIBLIOTHÈQUE.

PRÉCÉDÉ DE LA
DISSERTATION DE BOIVIN LE JEUNE
SUR LA MÊME BIBLIOTHÈQUE,
SOUS LES ROIS CHARLES V, CHARLES VI
ET CHARLES VII.

AVEC DES NOTES HISTORIQUES
ET CRITIQUES.

A PARIS,
CHEZ DE BURE FRÈRES, LIBRAIRES
DE LA BIBLIOTHÈQUE ROYALE,
RUE SERPENTE, N° 7.

M. DCCC. XXXVI.

AVERTISSEMENT.

Dans un Mémoire lu à l'Académie des Inscriptions et Belles-Lettres, par Boivin le jeune, et inséré dans le tome II, p. 747, de la Collection de cette Société, on trouve des détails curieux sur la Bibliothéque établie par Charles V au Louvre, et qui fut dispersée après la mort de Charles VI. L'auteur avoit promis de donner la liste exacte de tous les livres qui composoient cette ancienne Librairie; mais un simple dénombrement de ceux qu'il regardoit comme les plus curieux est tout ce qu'il a publié [1], et personne jusqu'ici ne s'est occupé d'exécuter son projet. Les savans Bibliothécaires qui ont rédigé le Catalogue des Livres imprimés de la Bibliothéque du Roi, dans le Mémoire historique mis en tête du premier volume (Théologie), et Le Prince, dans son Essai sur cette même Bibliothéque (Paris, 1781, in-12), ont porté leurs recherches, dans quelques parties, plus loin que Boivin : mais il nous semble qu'ils

---

[1] Voyez Hist. de l'Acad., tom. I, p. 310.

n'ont pas assez insisté sur ces premiers commencemens d'un établissement devenu le premier de tous ceux du même genre qui existent. Telles sont les raisons qui nous ont déterminé à publier de nouveau la Dissertation de Boivin, avec les notes et les éclaircissemens dont plusieurs endroits nous ont paru avoir besoin.

Les personnes qui ne sont pas toujours à même de consulter la volumineuse Collection des Mémoires de l'Académie, nous sauront peut-être gré d'en avoir retiré celui-ci, pour le faire servir comme d'introduction à l'inventaire de cette Librairie, dressé par Gilles Malet, qui en avoit alors la garde. Nous le donnons pour la première fois en son entier, sans rien changer ni au style ni à l'orthographe; enfin, conforme en tout à l'original. Une Table alphabétique, ou Glossaire, placée à la fin du volume, contiendra l'explication des mots difficiles ou abrégés, et même défigurés au point de rendre souvent inintelligibles les titres des livres.

La plupart des notes inscrites sur les marges à côté du titre du manuscrit, sont de la main de Gilles Malet. Elles ont rapport au prêt des livres que le Roi en permettoit, au déplacement qu'il en ordonnoit quelquefois, ou enfin aux personnages qui lui avoient fait hommage de leurs ouvrages. Au lieu de conserver ces apostilles à la place qu'elles occupent dans le manuscrit original, nous avons préféré, en les marquant par des guillemets, les transporter à la suite de l'ouvrage auquel elles se rapportent. Nous avons eu par là plus de facilité pour y ajouter nos observations, lorsqu'elles devoient porter sur ces notes mêmes : c'est le seul changement que nous nous soyons permis.

Cet inventaire de la Bibliothéque de Charles V, à laquelle il avoit réuni les livres du roi Jean son père, fut dressé le 2 avril 1373. En même temps qu'il atteste le goût de ce monarque pour les lettres, il nous fait connoître à quels genres de littérature on s'adonnoit spécialement vers la fin du xive siècle; quels étoient les moyens d'instruction de cette époque, et à quelles études on se livroit plus particulièrement alors.

BIBLIOTHÉQUE DU LOUVRE

SOUS LES ROIS

CHARLES V., CHARLES VI ET CHARLES VII.

DISSERTATION HISTORIQUE,

PAR M. BOIVIN LE CADET.

Il y a long-temps que je cherche à m'instruire sur un fait obscur qui regarde la Bibliothéque du Roy. Il paroist, par d'anciens inventaires, que nos Roys ont eû autrefois dans le Louvre un amas de livres assez considérable, qui ne se trouvent aujourd'huy, ni dans la grande Bibliothéque de Sa Majesté, ni dans le cabinet dont M. Dacier a la garde (1). Je voudrois sçavoir ce que ces livres sont devenus.

J'espère que la Compagnie ne me refusera pas ses lumières et ses secours dans cette recherche. Le fait que je me propose d'examiner est un point d'histoire qui n'a jamais esté traité par aucun historien, et qui mérite bien, ce me semble, d'estre éclairci par de sçavants antiquaires, assemblez dans le lieu mesme où estoit la Bibliothéque dont il s'agit, et où l'on voit encore aujourd'huy le cabinet des livres du Roy.

Pour traiter à fond cette question, il est nécessaire, avant toute chose, d'expliquer ce que c'estoit que l'ancienne Bibliothéque du Louvre. C'est ce que je vais tascher de faire. Je ne diray rien de sa première institution, que je n'ay pû encore découvrir. Je parleray seulement des acquisitions qui l'augmentèrent, des diminutions qu'elle souffrit, des inventaires qui en furent faits, et des personnes qui y exercèrent la commission de Gardes de la Librairie pendant plus de cinquante ans, sous le roy Charles V et sous les deux Rois de mesme nom qui luy succédèrent.

Le Roy Charles V, surnommé le Sage, aimoit fort la lecture (a). C'estoit luy faire un présent très agréable que de luy donner des livres. On luy en apportoit de tous costez. Non seulement les Auteurs et les Libraires, mais encore les Princes, les grands de sa cour et la pluspart des officiers de sa maison luy faisoient à l'envi de ces sortes de présents.

(a) La sage administration du père le fit introduire en lettres moult souffisamment, et tant que competemment entendoit son latin, et souffisamment sçavoit les rigles de grammaire. Laquelle chose pleust à Dieu qu'ainssi fust accoustume entre les princes, et ce seroit chose très convenable et pertinent aux causes des cas divers et particuliers, dont la cognoiscence leur est imputée et de droit commise, de quoy ne peut avoir introduction des loys, ce n'est par estranges expositeurs tout par peresse d'un petit temps souffrir l'exercitation et labour d'estude. (*Christ. de Pisan. Ms. du Roi* 9668, *fol.* 4, *verso.*)

Redirons-nous encore de la sagesse du roy Charles la grant amour qu'il avoit à l'estude et à science; et qu'il soit ainssi, bien le démonstra par la belle assemblée de notables livres, et belle Librairie qu'il avoit de tous les plus notables volumes qui par souverains aucteurs ayent esté compilez, soit de la Saincte Escriture, de Théologie, de Philosophie, et de toutes sciences, moult bien escripts

Tous ces livres, joints à l'ancien fonds de la Bibliothéque qui luy avoit esté laissée par son père le Roy Jean, formoient un amas d'environ neuf cens volumes (2). C'estoit beaucoup pour le temps auquel a vécû Charles-le-Sage. L'imprimerie, qui a si fort multiplié le nombre des livres, n'estoit pas encore connue; et elle n'a esté inventée que long-temps après la mort de ce prince, vers la fin du règne de son petit-fils Charles VII.

La demeure ordinaire de Charles-le-Sage estoit dans le Château du Louvre. Sa Bibliothéque y occupoit trois chambres ou trois étages d'une des Tours du Château, qui, par cette raison, fut nommée la Tour de la Librairie. L'espace estoit grand, vû le nombre des livres, qui n'alloit guères qu'à neuf cens, comme je viens de le dire; mais les armoires estoient apparemment fort basses, et ne s'élevoient

---

et richement adornez, et tout temps les meilleurs escrivains qu'on peust trouver occupez pour luy en tel ouvrage. Et se son estude bel a devis estoit bien ordonné, comme il voulsist toutes les choses belles, nettes, polies et ordonnées, ne convient demander; car mieulx estre ne peust. (*Christ. fol. 66.*)

Et plus bas : A ce propos que le roy Charles amast science et l'estude, bien le monstroit à sa très amée fille l'Université des Clercs de Paris, à laquelle gardoit entièrement les priviléges et franchises, et plus encore leur en donnoit, et ne souffrist que leur fussent enfrains. La congrégation des Clercs avoit en grant révérance. Le Recteur, les Maistres et les Clercs solemnels, dont il y a maint, mandoit souvent pour oyr la doctrine de leur science, usoit de leurs conseils de ce qui appertenoit à l'esperituaulté, moult les honnouroit et portoit en toutes choses, tenoit benivolans et en paix. (*Christ. ibid.*)

tout au plus qu'à hauteur d'appuy, de manière que chaque chambre ne pouvoit contenir qu'un petit nombre de volumes.

M. Félibien, dans son *Histoire des Maisons royales*, dit que Charles V, pour garantir et conserver précieusement ses livres, fit fermer de barreaux de fer, de fil de laiton et de vitres peintes toutes les fenestres de sa Bibliothéque. Et afin, adjoûte-t-il, que l'on y pût travailler à toute heure, on pendit par son ordre à la voûte trente petits chandeliers, et une lampe d'argent, qui estoit allumée toutes les nuits. Il dit aussi que les lambris des murs estoient de bois d'Irlande, que la voûte estoit lambrissée de bois de cyprès, et que tous ces lambris estoient embellis de sculptures en bas-relief (3).

Outre cette Bibliothéque, le mesme Roy avoit encore dans ses autres Châteaux (*b*), à Saint-Germain, à Vincennes et dans la Tour de Beauté, des études, ou des cabinets de livres; mais il n'avoit dans chacun

---

(*b*) *Il en avoit plusieurs, et il se plaisoit fort à bastir. Christine de Pisan, dans le manuscrit qui a déjà esté cité, fait le dénombrement des principaux édifices que ce Roy avoit construits.* Au bois de Vincennes (*dit-elle, fol.* 65, *verso*) fonda Chanoines, leur assena leurs vies par belles rentes amorties. *Item*, les Bons-hommes d'emprés Beauté, et maintes autres Églises et Chapelles fonda, amenda, et crût les édifices et les rentes.

Les autres édifices qu'il bastit, moult amanda et acrût son *hostel de S. Paul*.

Le *Chastel du Louvre* à Paris fist édifier de neuf, moult notable et bel édifice comme il appert. La *Bastille S. Antoine*, combien que puis on y ait ouvré et sus plusieurs des portes de Paris fait édifice fort et bel. Au *Palais* fist bastir à sa plaisance. *Item*, les

de ces cabinets que quelques tablettes de livres choisis pour son usage particulier, et presque tous tirez de la grande Bibliothéque.

On trouvoit dans celle-cy des livres de toute espèce. Les plus considérables estoient des Bibles Latines et Françoises. Il y avoit aussi une grande quantité de livres d'Église, comme des Missels, des Bréviaires, des Psautiers, des Heures et des Offices particuliers. La pluspart de ces livres estoient couverts de riches étoffes, et enluminez avec un grand soin. Les ouvrages des Pères y estoient en petit nombre. En récompense, il y avoit beaucoup de livres de dévotion, plusieurs exemplaires de la Légende dorée, et grand nombre de vies particulières de Saints et de Saintes.

A l'égard des livres profanes, il y en avoit peu de bons. La plus grande partie consistoit en des Traitez d'Astrologie, de Géomantie et de Chiromantie, sciences fort à la mode dans les siècles d'ignorance.

---

murs neufs, etc. *Item*, dehors Paris le *Chastel du bois de Vincennes*, qui moult est notable et bel, et avoit entençon d'y faire ville fermée, et là avoit establie en beauls manoirs la demeure de plusieurs Seigneurs, Chevaliers et autres ses mieux amez, et à chacun leur asseneroit rente à vie selon leurs personnes. Celuy lieu voult le Roy qu'il fust franc de toutes servitudes n'aucune charge par le temps à venir ne redevance demander. Edifia *Beaulté*, qui moult est notable manoir. *Plaisance*, la noble maison. Répara l'*Ostel de Saint-Oyn*, et mains autres cy environ Paris. Moult fit rédifier notablement de nouvel le *chastel de S. Germain-en-Laye*, où fist faire moult noble salle. Le *chastel de Meleun*, et maints autres notables édifices.

On y voyoit beaucoup de livres de Médecine, la pluspart d'Auteurs Arabes, traduits en Latin ou en François; beaucoup d'Historiens, et encore plus de Romans en prose et en rime; quelques livres de Droit; peu d'anciens Auteurs des bons siècles; pas un seul exemplaire de Cicéron; et pour tous poëtes Latins, Ovide, Lucain et Boëce.

Les livres d'histoire faisoient la partie la plus curieuse de la Bibliothéque. Outre les Chroniques et les Histoires générales, il s'y trouvoit plusieurs histoires particulières, sur tout de la vie de Saint Loüis et des guerres d'outre-mer. Je donneray en son lieu une liste exacte de tous ces livres (4).

Quoy-que Charles-le-Sage entendît assez bien le Latin, il ne lisoit ordinairement les Auteurs Latins que dans des traductions Françoises. Il y avoit beaucoup de ces traductions parmi ses livres. Dès avant son règne, on avoit traduit de Latin en François Tite-Live, Valère-Maxime, la Cité de Dieu, la Bible, et plusieurs autres originaux. Mais ce fut sur tout de son temps que ces sortes de versions devinrent à la mode (5).

Les plus sçavants hommes de son royaume, animez par le désir de luy plaire, et par la vûë des récompenses dont il payoit leurs travaux, mirent en François beaucoup de livres Latins, Espagnols et Italiens. Ils traduisirent aussi quelques auteurs Grecs, et mesme des livres Arabes (6), non pas sur les textes originaux, mais sur les versions Latines qui en avoient esté faites dans les siècles précédens. Les plus illustres de ces traducteurs furent Nicolas Oresme, Evrart de Conty, Jean Goulain, Gilles l'Augustin, Jean de Vignay, Jean de Baguay, Jean Dandin, Denys Foulechat, Jacques Banchat de Saint Quentin, le prieur de Saint Éloy de Paris et plusieurs autres. Je serois trop long si je les nommois tous, et si j'entrois dans le détail des traductions qui furent faites par toutes ces personnes. Je me contenterai de rapporter ici le témoignage de Christine de Pisan (7) :

« Mais nonobstant que bien entendist le Latin (elle
« parle du roy Charles-le-Sage), et que ja ne fust
« besoing qu'on luy exposast, de si grant providence
« fu pour la grant amour qu'il avoit à ses successeurs
« qu'au temps à venir les volt pourveoir d'enseigne-
« ments et sciences introduisibles à toutes vertus.
« Dont pour cette cause fist par solemnels maistres
« souffisans en toutes les sciences et ars translater
« de latin en françois tous les plus notables livres : si
« comme la *Bible* en iij manières : c'est assavoir le
« texte, et puis le texte et les gloses ensemble, et
« puis d'une autre manière allégorisée. Item, le
« grant livre de *saint Augustin de la Cité de Dieu.*
« Item, le livre *du Ciel et du Monde*. Item, le livre
« de *saint Augustin de Soliloquio*. Item, les livres
« de *Aristote Éthiques et Politiques*, et mettre nou-
« veaulx exemples. Item, *Vegece* de Chevalerie.
« Item, les xix livres *des Propriétez des choses.*
« Item, *Valerius-Maximus*. Item, *Policratique*.
« Item, *Titus-Livius*, et très grant foison d'autres,

« comme sans cesse y eust maistres qui grand gages
« en recepvoient de ce embesogniez. »

En l'année M. CCCLXXIII., qui estoit la neufvième du règne de Charles-le-Sage, Gilles Malet, pour lors valet de chambre du Roy, fut chargé de la garde de la Librairie, c'est-à-dire de la Bibliothéque. Il dressa luy-mesme l'inventaire des livres qu'il y trouva. Cet inventaire se voit encore aujourd'huy en original dans un des manuscrits de la Bibliothéque de M. l'Archevesque de Rouen. Il a appartenu au Roy François premier, comme il paroît par sa signature, que l'on a effacée, et que l'on ne laisse pas d'entrevoir (8).

C'est un grand volume en papier, couvert de cuir rouge découpé par fleurons, qui a pour titre : *Inventoire des Livres du Roy nostre Seigneur, estans au Chastel du Louvre.* Le premier feuillet est blanc. Sur le second, on lit : *Cy-après en ce papier sont escripts les livres de très souverain et très excellent prince Charles-le-Quint de ce nom, par la grâce de Dieu Roy de France, estans en son chastel du Louvre, en trois chambres l'une sur l'autre, l'an de grace* M. CCCLXXIII., *enregistrez de son commandement par moy, Giles Malet, son Varlet de Chambre.*

Cet ancien Catalogue est divisé en trois chapitres. Le premier est des livres contenus dans la première chambre; il y en avoit 269. Ce chapitre finit par l'inventaire de quelques instruments de musique et autres choses de peu de valeur. Le second est des livres de la chambre du milieu, dont le nombre n'alloit pas jusqu'à 260. Le troisième regarde la chambre du plus haut étage, qui contenoit 380 volumes.

C'est par cet inventaire que nous apprenons de quels livres la Bibliothéque du roy Charles-le-Sage estoit composée. Si M. l'abbé Massieu (9) veut se donner la peine de le feuilleter, il y trouvera peut-estre de quoy illustrer l'ouvrage qu'il a annoncé à la compagnie, et dont il a déjà lû icy de si beaux morceaux. Il verra du moins qu'il y est fait mention d'un grand nombre de vieux poëmes François, que l'on ne connoist pas d'ailleurs. Quoy qu'on ne puisse pas marquer précisément en quel temps ces poëmes ont esté écrits, on peut toûjours assurer avec certitude que les plus modernes auroient aujourd'huy trois cens cinquante ans d'antiquité, puisqu'il y a presque tout ce temps-là que le catalogue où ils sont indiquez a esté dressé.

Je ne croy pas que ce catalogue ait esté vû de Fauchet. Il en auroit sans doute fait mention, et il n'auroit pas manqué d'en extraire les titres de plusieurs ouvrages, et les noms de quelques poëtes fort anciens dont il n'a rien dit. La liste de toutes ces pièces nous meneroit trop loin : elle pourra trouver sa place ailleurs.

Gilles Malet, auteur de l'ancien catalogue, n'a observé, dans la distribution des titres et des inscriptions générales de chaque ouvrage, ni l'ordre alphabétique, ni celuy des matières. Il s'est particulièrement appliqué à décrire les dehors des livres, la grandeur et la forme du volume, les couvertures, les fermoirs, et plusieurs choses semblables. Tout ce petit détail estoit bon du temps de Malet. On avoit alors peu de livres, et la diversité des étoffes dont ils estoient couverts suffisoit presque pour les distinguer les uns des autres dans les catalogues, où la distinction des numéros n'estoit pas encore en usage. Si l'exactitude de Malet s'estoit bornée uniquement à marquer ces circonstances extérieures, son travail nous seroit fort peu utile présentement : mais il a fait plus; et dans beaucoup d'endroits de son catalogue, aprés avoir indiqué le titre de l'ouvrage et le nom de l'auteur, il a encore marqué à quelle occasion le livre avoit esté composé, à qui il avoit appartenu, qui l'avoit donné au Roy, et quelques autres particularitez historiques, dont la connoissance n'est pas indigne de la curiosité des antiquaires.

Aprés la mort du roy Charles-le-Sage, décédé le seiziéme jour de septembre de l'année MCCCLXXX., Maistre Jean Blanchet, secrétaire du Roy, eut ordre du duc de Bourgogne de visiter la Bibliothéque. Il s'y transporta le sixiéme jour de novembre de la mesme année. L'inventaire écrit de la main de Malet fut collationé avec les livres qui estoient sur les tablettes; et on n'y trouva de manque que ceux qui avoient esté donnez à diverses personnes par le feu roy, ou *de son ordonnance,* c'est-à-dire par son commandement exprés.

Le nouveau roy, Charles VI, sur le témoignage que ses oncles et les gens de son conseil luy rendirent de la fidélité de Malet, et de la bonne garde qu'il avoit faite des livres qu'on luy avoit confiez; oüi le rapport du secrétaire du roy, qui, dans sa visite, avoit trouvé la Bibliothéque en bon estat et bien conservée; déchargea Malet, et le tint quitte de tous les livres que le feu roy luy avoit donnez en garde; et à cet effet luy fit expédier des lettres dont luy et ses héritiers pûssent se servir en cas de besoin, sans estre obligez de rapporter autre décharge ni mémoire (10).

En l'année M.CCCCIX., le nombre des livres de la Bibliothéque fut augmenté d'une vingtaine de volumes, qui y furent envoyez par le duc de Guyenne, fils aisné du roy Charles VI. Gilles Malet les reçût, et en fit le catalogue, à la teste duquel il mit ce petit avertissement : *Ce sont les livres que noble et puissant Prince Monsieur le Duc de Guyenne, aisné fils du Roy Charles le sixiéme de ce nom, Roy de France, a envoyez en la Librairie du Roy, nostre dit Seigneur au Louvre, par maistre Jehan d'Arssouval, Confesseur, et Maistre d'école de mondit Seigneur de Guyenne, et lesquels ont esté reçûs et mis en ladite Librairie par moy, Gilles Malet, Maistre d'Ostel du Roy nostredit Seigneur, et Garde de ladite Librairie. Le 7 de jenvier mil quatre cens et nuef.*

Pour dire quelque chose de la personne et du mérite de Gilles Malet, je me servirai encore icy des propres termes de Christine de Pisan, qui, dans l'histoire que nous avons déjà citée, en fait l'éloge, et raconte de luy un fait assez singulier. « Le roy « Charles avoit, dit-elle, un sien Varlet de chambre, « lequel, pour cause que en luy savoit plusieurs « vertus, moult amoit celuy par espécial sur tous « les autres. Souverainement bien lisoit, et bien « ponttoit, et entendens homs estoit, comme il y « pert. Car encore est vif, Chevalier Maistre d'Ostel, « sage et honoré comme il fust par ledit Roy moult « enrichis. Comme une fois à celuy (Gilles Malet « avoit nom) avenist tel inconvénient, qu'un sien « petit-filz, courant à tout un petit coutel pointu, « cheûst dessus et se tuast, laquelle chose, n'est mie « doubte, fu grant douleur et perplexité au père; « néantmoins, celuy propre jour, fu devant le Roy « lisant longue piéce, par autel semblant et chière « ne plus ne moins que à coustume avoit. Dont le « sage Roy, qui la vertu de toutes choses estoit con- « sidérant, comme il sceust le cas, moult l'en parla, « et telz paroles dist de luy en son absence : *Se cest* « *homme n'avoit ferme vertu, et plus grant que* « *nature ne l'encluë communément ès hommes, la* « *pitié paternelle ne luy souffriroit couvrir son cas* « *sous telle constance.* »

L'année M.CCCCX., Gilles Malet estant mort (11), ses deux enfants, Jean, maistre d'hostel du Roy, et Charles, prenant la qualité de licentié en loix, conjointement avec leur mére, Nicole de Chambly, remirent les livres dont leur père avoit eu la garde entre les mains d'Antoine des Essars, nouvellement pourvu de l'office de garde de la Librairie. Ces livres ayant esté inventoriez (c) par trois officiers de la Chambre des Comptes, on trouva qu'il manquoit un grand nombre de volumes cottez dans

---

(c) *Ms. de monseigneur de Roüen, fol. liij.* Inventoire des livres du roy Charles nostre Sire, sixième de ce nom, estant en une tour de son Chastel du Louvre en trois chambres ou estaiges l'une sur l'autre, commencée à faire le xxiij° jour de janvier l'an mil quatre cens et dix, et autres jours ensuivans, par sire Michel de Laillier Maistre, et Maistre Nicolas Després Conseiller, et Jehan le Begue, Clerc Notaire et Secrétaire et Greffier en la Chambre des Comptes du Roy nostredit Seigneur à Paris, à ce commis par le commandement de bouche de Nosseigneurs desdits Comptes, en la présence de Messieurs Guillaume de Senlis, Seigneur de Praelles exécuteur, et Jehan Malet, Chevalier héritier en (partie) de feu Messire Gilles Malet, qui, par l'ordonnance de feu le Roy Charles dernier trespassé en avoit eu la garde, après ce toute fois que lesdits exécuteur et héritier orent premiérement juré et affermé ausdits commissaires, qu'ils n'avoient onques veû ne sçeû que ledit deffunct eûst eû aucun Inventoire desdits livres devers luy, et que s'aucun Inventoire en y avoit, on le devroit trouver en l'une desdites trois chambres. En la présence aussi de Anthoine des Essars, Escuyer Varlet trenchant du Roy nostredit Seigneur, et commis de nouvel par luy à la garde d'iceuls livres, et de Sire Bureau de Dampmartin, bourgeois de Paris, qui le plus de temps y vacqua à reprendre lesdits Livres, pour et ou nom et du consentement dudit Anthoine, et lequel les reprit au plus prés que faire ce pot, et non mie au juste selon l'ordre de l'ancien Inventoire fait par ledit feu messire Gilles, commencé ou iij° feüillet de ce présent livre, lequel livre fut lors trouvé en la basse desdites chambres, en la présence des dessusdits, et ne porent lesdits commis en tout garder l'ordre dudit ancien Inventoire pour la grant multitude de livres et difficulté qui y estoit, mesmement que lesdits livres n'estoient mis de rent et en ordre ès dits trois estages, et que plusieurs d'iceuls livres, qui devoient estre au bas estage ou chambre d'icelle tour, estoient en l'un des deux autres, et semblément des autres qui devoient estre ès autres deux estages. Ce

b

l'ancien Inventaire; et en mesme temps on reconnut qu'il ne manquoit que ceux qui avoient esté emportez de la Bibliothéque par ordre du Roy régnant, ou de son prédécesseur. En effet, le Roy Charles-le-Sage en avoit tiré plusieurs, les uns pour son usage, et les autres pour en faire part à différentes personnes. Son fils Charles VI avoit en cela suivi son exemple. Les premiers princes du sang, et surtout le duc d'Anjou, régent du royaume, s'en estoient approprié un assez bon nombre. Les grands et les petits officiers de la Cour en avoient emporté quantité, qu'ils n'avoient pas rendus. En un mot, il semble que la Bibliothéque du Roy estoit alors comme un magazin public ouvert à tout le monde, et une espèce de thrésor royal d'où il sortoit autant de richesses qu'il y en entroit.

Les commissaires de la Chambre des Comptes firent d'abord l'énumération des livres absens, c'est-à-dire des volumes délivrez aux deux Rois en différents temps, ou à d'autres personnes par leur ordre (12). Ils en comptérent environ deux cens. Après cela on inventoria le reste de l'ancien fonds

---

présent Inventoire parfait et achevé par ledit le Begue, par l'ordonnance de nosdits Seigneurs des Comptes, pour les grandes occupations desdits sire Michiel et Després, en la présence toutes voyes et du consentement dudit messire Jehan Malet, et dudit Anthoine des Essars, ou Bureau. Aprés la perfeceon dudit Inventoire, en fut le double baillé audit Anthoine, comme il est escript et signé de sa main en la fin de ce présent Inventoire, ou vj^{xx} xiij^e feüillet de ce livre.

qui se trouva réduit à sept cens trente volumes. Enfin, ayant trouvé dans la premiére et dans la troisiéme chambre prés de deux cens volumes de nouvelle acquisition, dont il n'estoit fait aucune mention dans l'ancien inventaire, on les adjoûta au nouveau avec la liste des vingt volumes qui venoient du duc de Guyenne (13). Tous ces livres ensemble ne passoient pas le nombre de neuf cens. Ainsi, l'an M.CCCCXI., auquel temps le nouveau catalogue fut dressé, la Bibliothéque du Roy n'estoit pas plus nombreuse que près de quarante ans auparavant, n'ayant esté augmentée depuis l'inventaire fait par Gilles Malet, qu'à proportion des diminutions qu'elle avoit souffertes.

Le nouvel inventaire achevé, Antoine des Essars écrivit son récépissé au revers du dernier feüillet. Ce récépissé est conçû en ces termes : « Je An-
« thoine des Essars, Escuier, Varlet trenchant,
« Conseiller et Garde des deniers de l'Espargne et de
« la Librairie du Roy, nostre Seigneur, confesse avoir
« eû et receû de Messieurs des Comptes du Roy,
« nostredit Seigneur, en six cahiers de parchemin
« contenant lxxij foillez, le double de ce présent
« inventoire, deüement collationné par Maistre
« Jehan le Bègue, Notaire et Secrétaire du Roy,
« nostredit Seigneur, et Greffier en ladite Chambre,
« avec les livres contenus et déclarez en icelui, depuis
« le liij füeillet dudit présent inventoire jusques-ci;
« lesquels livres sont en une tour du chastel du Lou-
« vre en trois chambres ou estaiges l'une sur l'autre.

« Desquelles chambres ou estaiges les clefs me fu-
« rent baillées par l'ordonnance desdites gens des
« Comptes dès le viij jour de juillet dernier passé.
« Tesmoing mon seing manuel cy-mis le xj^{eme} jour
« de Mars, l'an mil quatre cens onze. Signé Anthoine
« des Essars. »

La famille des Seigneurs des Essars estoit pour lors dans son plus haut lustre. Pierre des Essars, qui en estoit le chef, possédoit luy seul sept ou huit des plus grandes charges de l'Estat : car il estoit en même temps Prévost de Paris, Maistre des Eaux et Forests, grand Bouteiller, grand Fauconnier, grand Général, souverain Gouverneur ou Maistre des finances du royaume, Capitaine de Paris, de Cherbourg et de Montargis, etc. Il devoit son élévation au duc de Bourgogne, auquel il s'estoit attaché, et pour lequel il avoit d'abord pris parti contre la maison d'Orléans. Anthoine des Essars, Garde des deniers de l'Espargne et de la Librairie, estoit, selon toutes les apparences, le frère de Pierre, qui certainement avoit un frère, comme le témoigne Juvenal des Ursins (d), dans l'endroit où il dit que messire Pierre des Essars et son frère s'en allèrent hors de Paris, quand ils virent la maniére de faire de ceux que l'on nommoit Cabochiens. La disgrâce de Pierre entraîna celle d'Anthoine. Pierre, abandonné par le duc de Bourgogne, dont il avoit perdu la confiance, fut traîné sur la claye, et eut la

---

(d) Voyez des Ursins, page 250.

teste tranchée le premier jour de juillet de l'année MCCCCXIII. Anthoine fut dépoüillé de ses charges (e).

Celle de Garde de la Librairie fut donnée dés le onzième jour du mois de May de l'année MCCCCXII. à Garnier de Saint-Yon, Eschevin de la ville de Paris, et sans doute parent de ces Saint-Yons, qui s'estant joints aux Gois et aux Tibers, soulevérent les gens de la grande et de la petite boucherie en faveur du Bourguignon contre les Orléanois (14).

L'an MCCCCXXIII., peu de temps aprés la mort de Charles VI., les livres de la Bibliothéque du Roy furent de nouveau inventoriez par trois commissaires de la Chambre des Comptes, qui vacquérent pendant cinq jours à dresser un nouvel inventaire (15). On nomma aussi trois libraires pour faire la prisée des livres, dont le nombre n'estoit pas augmenté depuis le decés de Giles Malet, puisqu'il ne s'en trouva que huit cens cinquante-trois. Ils furent évaluez à la somme de 2323. livres 4. sols ; c'estoit une somme considérable dans ces temps-là.

Le 22. juin M.CCCCXXV., les Anglois estant pour lors maistres de la ville de Paris, le duc de Betfort, qui prenoit la qualité de régent du royaume de France, se fit représenter ces mesmes livres. Garnier de Saint-Yon luy en rendit bon compte, et continua de les avoir en sa garde jusqu'en l'an MCCCCXXIX,

---

(e) Vol. 108 des *Mémoires de Dupuy*. — *Annotations sur l'Hist. de Charles VI*, page 128. — Voyez aussi les pages 748, 788, 789, 790, 791, 792.

qu'il en fut pleinement déchargé par le même duc. C'est ici que finit l'histoire de l'ancienne Bibliothéque du Louvre; ou du moins c'est tout ce que j'en ai pû recüeillir des deux inventaires qui m'ont esté communiquez par M. Duchesne, Bibliothécaire de M. l'Archevêque de Roüen. Ce que j'adjoûte du troisiéme inventaire, je l'ai extrait d'un petit mémoire manuscrit, que le R. P. Sarbourg, Bibliothécaire de l'Abbaye de Sainte-Genevieve, a trouvé parmi les papiers du P. du Moulinet. Ce mémoire, dont il a eu la bonté de me donner copie, contient plusieurs choses curieuses, et mérite d'estre lû tout entier : voici ce qu'il porte :

« Le deuxiéme jour de mars MDCLXXXVI., un cer-
« tain escrivain me vint apporter un gros cahier de
« papier, contenant soixante-huit feüillets, pour le
« voir et en prendre copie. Je trouvai que c'estoit
« l'inventaire original fait par trois commissaires dé-
« putez l'an MCCCCXXIII., les 11., 12., 13., 14. et
« 15. d'Avril, des livres de la Bibliothéque du Roy,
« estant au chasteau du Louvre en trois chambres,
« après le décés du roi Charles VI., avec la prisée
« qui en fut faite par trois libraires, Garnier de
« Saint-Yon estant garde de ladite bibliothéque ou
« librairie. Le nombre des volumes desdits livres,
« tous manuscrits, la pluspart en parchemin, se
« monte à 853. et l'évaluation de la prisée à 2323.
« livres 4. sols.

« Dans les deux premiéres chambres estoient tous

« livres françois, la pluspart traductions d'auteurs
« tant sacrez que profanes, et des vieux Romans.

« Dans la troisiéme estoient des livres latins, sça-
« voir : des Bibles, des Cours de droit civil et cano-
« nique, beaucoup de livres d'astronomie, chiro-
« mancie, médecine, et dont les auteurs estoient
« pour la pluspart arabes. Il y avoit fort peu de bons
« auteurs ou poëtes.

« A la fin du cahier est écrit que, le 22. juin
« 1425., le duc de Betfort, regent de France, se fit
« représenter les livres contenus dans l'inventaire
« par Garnier de Saint-Yon, qui les avoit en sa
« garde, dont il demeura content, et en chargea le-
« dit de Saint-Yon; et, le 15 octobre 1429, le
« mesme duc de Betfort déchargea pleinement ledit
« de Saint-Yon de tous lesdits livres, et luy en donna
« quittance par commandement de monseigneur le
« regent, (qui estoit le duc de Betfort luy-mesme,)
« signé J. de Luvain.

« Il n'est pas dit ce que le duc de Betfort fit desdits
« livres. Il y a bien de l'apparence que, puisqu'aprés
« en avoir chargé le sieur de Saint-Yon, bibliothé-
« caire, il l'en avoit déchargé, ce fut pour les en-
« voyer en Angleterre.

« Il y a icy un grand T. Live traduit en Fran-
« çois, écrit sur du vélin, au dernier feüillet duquel
« on lit, qu'il fut envoyé de France en Angleterre
« par le duc de Betfort, régent, au duc de Glocestre
« son beau-frere. Il y a beaucoup de raison de croire
« qu'il fit passer de même la mer à tous les autres.

« J'avois dessein de faire transcrire cet inventaire
« (16) de la bibliothéque de Charles VI.; mais j'y
« remarquai tant de fautes des copistes, particulié-
« rement aux livres latins, que j'ay esté dégouté de
« le faire.

« Fait en l'abbaye de Sainte-Genevieve, ce 4 Mars
« 1686. Signé *Du Moulinet.* »

A cette preuve, que le P. Du Moulinet tire du manuscrit de Tite-Live, on peut adjoûter une preuve semblable, tirée d'un manuscrit de la Bibliothéque du Roy, cotté 7031., et qui a pour titre : *Rational du divin office.* Cet exemplaire avoit d'abord appartenu au roy Charles-le-Sage. Son seing est à la fin du livre, où il a écrit de sa propre main : *Cest livre, nommé Rasional des divins offices, est à nous Charles V. de nostre nom, et le fimes translater, escrire et tout parfaire en l'an* MCCCLXIV. Signé CHARLES.

Au commencement de ce même volume, au revers de la couverture, on lit : *Cest livre est à Jehan conte d'Engolesme, lequel l'achetta à Londres, en Angleterre, l'an de grâce* 1441.

Voilà donc encore un livre qui avoit passé de France en Angleterre, et qui certainement estoit de la bibliothéque de nos rois. La conjecture du P. du Moulinet est aussi confirmée par les registres de la Chambre des Comptes.

Il est dit dans ces registres, à ce qu'assure M. Felibien, que les livres de la tour du Louvre furent achetez douze cens francs par le duc de Betfort, et que cette somme fut comptée à Pierre Thury, entrepreneur du mausolée du roy Charles VI. et de la reyne Isabeau son épouse (17). S'il est vrai que le duc de Betfort acheta les livres du Louvre, ce fut sans doute pour les transporter en Angleterre. Que s'il s'en trouve encore aujourd'huy quatre ou cinq dans la Bibliothéque du Roy, et peut-estre autant dans quelques cabinets, il ne faut pas s'en estonner. Nous avons déjà fait voir qu'il en est revenu quelques-uns d'Angleterre. D'ailleurs on ne peut pas douter que quelque soin que le duc de Betfort eût pris de les rassembler tous pour les enlever, il n'en soit resté un bon nombre entre les mains des princes et des particuliers, ausquels ils avoient esté prêtez par les bibliothécaires.

NOTES.

Note 1., Page v.

André Dacier, de l'Académie des Inscriptions et Belles-Lettres, et Garde des livres du Cabinet du Roi, au Louvre; né à Castres, le 6 d'avril 1651; mort à Paris le 18 de septembre 1722.

Note 2, Page vij.

Suivant les inventaires qui furent faits en 1373, en 1410, et celui des meubles de Charles V, fait le 11 avril 1380, le total des volumes de sa Bibliothéque s'élevoit en tout à 1174.

Note 3, Page viij.

Nous n'avons pu vérifier l'exactitude de ces détails, concernant la Bibliothéque du Louvre, rapportés par Boivin, d'après Félibien.

La dissertation portant le titre de *Description historique de l'ancien Louvre*, par Jean-François Félibien des Avaux, de l'Académie des Inscriptions, et citée par Fontette dans le tome II, p. 754, n° 26989, de la Bibliothéque historique de la France, comme étant conservée manuscrite, en l'année 1707, dans les archives de cette Académie, ne s'y trouve plus aujourd'hui. Car, suivant les mêmes registres, Félibien, quelque temps après l'avoir lue, la retira lui-même dans l'intention de la revoir; et elle n'y fut pas rétablie par cet académicien. C'étoit sans doute là que Boivin avoit puisé ses renseignemens.

On les chercheroit vainement aussi dans l'ouvrage de son fils aîné, Jean-François, intitulé : *Mémoires pour servir à l'histoire des maisons royales et bâtimens de France*, 1681, in-fol. manuscrit, qui, de la bibliothèque de Baluze (*voyez* son Catalogue, n° 164 des Manuscrits), a passé dans celle du Roi, et dans lequel il n'est fait nulle mention du palais du Louvre ; les descriptions qu'il renferme ne commençant que par celle du château de Blois.

Note 4, Page x.

Boivin n'a pas réalisé ce dessein ; il s'étoit contenté d'en extraire les ouvrages historiques, dont on a donné la liste dans le tome I, p. 310, des Mémoires de l'Académie des Inscriptions.

Dans son curieux ouvrage, intitulé : *Bibliothèque protypographique*, ou *Librairies des fils du roi Jean*, M. Barrois nous a aussi fait connoître les livres françois les plus intéressans, mentionnés dans cet inventaire.

Note 5, Page x.

Plusieurs manuscrits de ces traductions sont indiqués dans l'inventaire de la bibliothèque de Charles V.

Note 6, Page x.

Le même inventaire donne également l'indication de plusieurs manuscrits de ces différentes traductions.

Note 7, Page xj.

On trouvera de même, dans l'inventaire, la liste des ouvrages mentionnés par Christine de Pisan.

NOTES.

Note 8, Page xij.

Description de l'inventaire de 1373.

Cet inventaire a, depuis, passé de la bibliothéque de Colbert, où il étoit enregistré sous le n° 1008, dans celle du Roi, n° 8354 des manuscrits.

Il est relié maintenant en maroquin rouge, aux armes de France.

C'est un volume grand in-folio, en papier, de 133 feuillets numérotés j—vj^{xx} xiij, à la suite desquels vingt autres sont restés en blanc. Au recto du dernier de ceux-ci est une note qu'on a essayé d'effacer; mais en y regardant de près, on finit par lire assez facilement ce qui suit :

Ce present liure appartient a moy Francoys roy de France, par la grace de Dieu.

(Nous avons donné le *fac-simile* de ces mots, ainsi que celui de la signature de François Ier, qui est au revers du même feuillet.)

Ce manuscrit est en ancienne bâtarde ou lettre de note, et à longues lignes; il commence au recto du feuillet coté ij, le premier ayant été laissé en blanc. Les sept premières lignes et les trois dernières de ce feuillet, écrites par Gilles Malet, sont en lettres de forme. On lit d'abord :

Cy apres en ce pappier s^t escp̄s les liures de tres souuerain et tres excellent prince Charles le q̃nt de ce nom par la grace de Dieu, roy de France, estans en son chastel du louure en trois chambres lune sur lautre. Lan de grace. M. ccc. lxxiij. enregistres de son commandement par moy Gilet malet son varlet de chambre.

Ensuite, cinq lignes d'une autre main, en ancienne bâtarde, portent :

Les liures conten^s cy apres en ce liure ont estes inuentories p maistre

Jeh. Blanchet, secrettaire du Roy, du commandemͫt de mons. de Bourgoigne, le vjᵉ de nouem. mil ccc iiijˣˣ et trois, y ont estez trouuez, exceptez ceulx q̃ sᵗ signez 2 escripꝫ sur les marges, avoient estez bailliez p le Roy, dont Diex ait lame, et ce fait ledit maistre Jehan a p̃se la clef desdis iiij chambres, et portee au Roy auc̃ques un roule q̃ fu fait de la coppie des diz liurez. *

Enfin, la seconde note de Gilles Malet, dont nous avons parlé, contient l'avertissement suivant :

Plusieurs des liures cy ap̃es conten⁹ ont este recouuers depuiz que ce p̃nt inuentoire fu fait, si que il ne se fault pas arrester aux couũrtures.

Après ce préambule, et dans le courant du registre du même inventoire, on lit, 1°. feuillet iij, recto :

Cy apres sont contenus les Liures qui estoient en la premiere chambre par bas. Premierement.

Suit la description de 274 manuscrits.

2°. Feuillet xv, verso :

Cy apres enssuien̄t les livres qui estoient en la chambre du milieu, et premierement.

Suit la description de 255 manuscrits.

3°. Feuillet xxiiij, verso :

Cy enssuien̄t les livres qui estoient en la iijᵉ chambre au plus hault, en latin.

Suit la description de 444 manuscrits.

4°. Au folio xxxvij, recto :

Ce sont les liures que noble 2 puissant p̃nce monssʳ le duc de Guyenne, ainsne filz du Roy Charles le vjᵉ de ce nom, Roy de France, a enuuoyez en la librarye du Roy ñre dit seignr au louure, p maistre Iehan Daussonual, confesseur 2 maistre descolle de mon dit seigñr de Guienne, et lesquelz ont este recuz 2 mis en ladic̃t librarye p moy Gilet Malet, maistre dostel du Roy ñre dit seigñr 2 garde de ladic̃t librarye, le vijᵉ de jenuier mil iiijᵉ et nuef.

Suit la description de 20 manuscrits.

5°. Les fol. xxxviij et xxxix sont en blanc.

6°. Les fol. xl, recto, au vj^{xx} xiij, verso, renferment l'inventaire et le recolement des Livres fait en 1411, après la mort de Malet, ainsi que les pièces y relatives.

Nota. Le roule, rôle ou rouleau dont il a été ci-dessus question *, se trouve encore à la Bibliothéque du Roi, et vient de celle de Baluze. Il est annoncé dans son Catalogue au tome III, pages 100, 101 et 102, après les Manuscrits. Ce rouleau est de cent feuillets de parchemin cousus ensemble ; chaque feuillet a deux pieds et un peu plus d'un pouce de longueur, sur dix pouces de largeur. Il est écrit en ancienne bâtarde ; mais il ne s'y trouve aucune des notes marginales qui sont dans l'original.

Il commence ainsi :

Cy apres en ces feuillez s̃t escrips les liures de tres souuerain et tres excellent prince Charles le quint de son nom, par la grâce de Dieu roy de France, lesquelz estoient en son chastel du louure, en trois chambres lune sus lautre, lan de grace mil.˙ccc. soissante et treze, enregistrés de son com̃andement p moy Gilet Malet.

Note 9, Page xiij.

Ces différens morceaux ont été recueillis et publiés par de Sacy fils, sous le titre d'Histoire de la Poésie françoise, par l'abbé Massieu : Paris, 1739, in-12.

Note 10, Page xv.

Ces particularités touchant Malet et sa gestion de la Bibliothéque sont tirés du passage suivant de l'inventaire, feuillet xl, recto :

Cest le compte de madame Nichole de Chambly, vefue de feu mess. Giles Malet, a son viuant chl̃r et maistre dostel du Roy nostre sire, de messire Jehan Malet, chl̃r et maistre dostel dudit seigr̃, et de maistre Charles Malet licencie en lois, enfans dudit feu messire Giles et de ladite dame, des liures estans ou chastel du Louure en trois chambres lune sur lautre, dont ledict messire Giles a eu la garde. Cest assauoir depuis lan mil ccc lxxiij jusques au mois de januier mil cccc et dix, quil est ale de vie a trespassement, et par lequel trespassement ladite vefue et enfans ont rendu lesdits liures a Anthoine Desessart, escuier et commis de par le Roy n̄re dit seigneur a la garde diceulx, p inuentoire nouuellement fait, et recommence p messire sire Michiel de Laillier, conseiller et maistre des comptes dudit seigneur, maistre Nicolas Desprez, conseiller et correcteur desdis comptes, et Jehan Le Begue, greffier de la chambre diceulz comptes, et acheue par ledit Begue a ce commis par mess. desditz comptes, lequel inuentoire nouuel commence ou liij^e feuillet de ce p̄t uolume ou liure, touz lesquelz livres estant en lancien inuentoire, lequel commence ou iij^e feuillet dudit p̄nt liure ou volume avec plus^s autres pardessus, ont été trouvez esdites chambres exceptez toutes voyes ceulx qui sont escripz en ce p̄nt compte, lesquelz ont este bailles et deliures tant par feu le roy Charles le quint, dont Diex ait lame, comme par le roy n̄re sire qui a p̄nt est, comme il apperra par plus' liures quittances et autres enseigm̄s quilz ont inten̄con de rendre sur ce compte.

Et pour entendre ce p̄nt compte est assauoir que lan mil ccc lxxiij, par lordonnance dudit feu roy Charles le quint, furent premierement inuentoriez et mis en escript par ledit feu messire Giles Malet, pour lors escuier et varlet de chambre dudit feu roy Charles, touz ces liures estanz ez dictes troiz chambres, lune sur lautre, en ce p̄nt volume ou liure. Cōme il est escript cy dessus ou ij^e fuillet dudict liure ou inuentoire, lequel inuentoire, apres le trespassement dudict feu messire Giles, a este trouue en lune desdictes trois chambres par lesdicts de Laillier Desprez et Begue, et par eulx apporte en ladicte chambre des comptes.

Item come apres le tr̄passement dudit feu roy Charles quint, qui fut en septembre mil ccc iiij^{xx}, ledit inuentoire ainsy faict et escript par ledit feu messire Giles, fut recole le vj^e jour de nouembre oudit an iiij^{xx}, par feu maistre Jehan Blanchet, secr̄taire du Roy n̄re dit seign̄r, du com̄andement de feu mons^r le duc de Bourgoigne der̄n trespasse, et y furent touz iceulx liures trouuez, exceptez ceulx qui estoient signez sur les marges dudit jnuentoire, auoir este baillez a diuerses personnes par led' feu roy Charles ou de son ordonnance, comme il est escript ou ij^e feuillet dudit p̄nt liure ou inuentoire.

Item que assez tost apres, cest assauoir le cinquieme jour du mois de nouembre lan mil ccc iiij^{xx}, et fut a Reins le Roy nostre sire qui a p̄nt est bn̄ certené par mess. ses oncles et autres de son conseil, de la bonne garde que auoit faite ledict feu messire Giles des liures dessus, et oy le rapport dudit maistre Loys Blanchet, voult et ordonna par ses lres données ledict jour, transcriptes en la fin de ce present compte, que celluy messire Giles feust tenu pour quitte et descharge de touz les liures qui par ordonnance dudict feu roy Charles auoient été baillez sanz en demander aultre quittance ou enseignement que lesdictes lettres, desquelles lettres ladicte vefue et enfans ont entencion de eulz aidier en plusieurs parties de ce present compte.

Item que depuis que ledit premier jnuentoire fut fait, plusieurs des liures contenus en icellui ont este recouuers dautres couuertures, pourquoy on ne se doit point arrester ausditz couuertures si comme il est escpt ou ij^e foillet, et de ce ont este soffis acertenez lesditz de Lallier, Desprez et Begue, qui ont trouués lesditz vieilles couuertures en la plus haulte desdites trois chambres.

Note 11, Page xvj.

Voyez ci-dessus la note 9.

Note 12, Page xviij.

On lit au recto du feuillet xlj de l'inventaire :

Sensuiuent les liures extraitz dudit premier inuentoire, commencant au iij^e feuillet de ce present liure, lesquelz ont esté deliurez tant audit feu roy Charles, au Roy notre seigneur qui a present est, comme a autre par leurs ordonnances et mandemens, comme plus a plain peut apparoir par les mandemens, quittances et autres enscignemens cy rendus.

Suit la liste de 207 volumes.

Note 13, Page xix.

Description de l'inventaire de 1411.

Cet inventaire, dont Boivin a rapporté le préambule (ci-dessus page xvij, en note), suit, dans le même volume, l'inventaire de 1373. Il commence au feuillet liij, recto, et finit au feuillet vj^{xx} xiij, verso.

Après ce préambule on lit, même feuillet, recto :

En la premiere et basse chambre ou estaige.

On trouve ensuite la description de 177 Mss., dont le premier est :

Premicrement vn liure escript de lettre de forme, qui commence de Genesis en francois, et aussi traitte des faiz de Julius Cezar, appelle Suetoine, commencant au second fueillet, dis qui cy est tres bien euure, et finissant au commencement du dernier fueillet : il remaist illec gisant, couuert de cuir vermeil a empraintes, a quatre fermoirs dargent blanc.

Dans cet inventaire de 1411, ainsi que dans deux autres subséquens de 1413 et de 1423, qui seront décrits ci-après, l'écriture de chaque manuscrit est presque toujours indiquée. On y rapporte aussi les premiers et les derniers mots de chacun d'eux, excepté dans celui de 1423, où on les a omis.

Au feuillet lxvij, verso, il y a :

Item depuis que ce present jnuentoire fut fait et escript, furent renduz par messire Jehan Malet cinq liures qui estoient de ce present estaige, lesquelz furent baillez et déliurez audit Anthoine Desessars, et desquelz la declaration sensuit.

Suit la description des cinq manuscrits.

Au feuillet lxviij, recto :

Cy apres ensuiuent les liures qui ont este trouuez en la chambre du milieu de ladicte tour.

Suit l'énumération de 225 manuscrits.

Au fol. iiij^{xx} v, recto :

Cy apres ensuiuent les liures qui ont esté trouuez en la troiziesme et derreniere chambre damont.

Suit l'énumération de 403 manuscrits.

Au fol. c xiij, recto :

Liures trouuez en la iij^e chambre oultre ceulx de lancien jnuentoire.
Sensuiuent autres liures trouuez oudit iij^e estaige den hault, oultre et par dessus ceulx qui sont declairez en lancien inuentoire.

Suit l'énumération de 147 manuscrits.

Au fol. vj^{xx} vij, recto :

Item sensuiuent autres liures trouuez en la premiere chambre, oultre et par dessus ceulx qui sont en lancien jnuentoire.

Suit l'énumération de 48 manuscrits.

Au fol. vj^{xx} xij, recto :

Sensuit la declaracion de certains autres liures que monseigneur le duc de Guienne qui a present est, a enuoiez en ladicte librairie par maistre Jehan Dauonnal, confesseur et maistre descolle dudit monseigneur de Guienne, et lesquelz furent receuz et mis en ladite librairie par feu messire Giles Malet, en son viuant garde de la dite librairie, le vij^e jour de januier lan mil cccc et neuf, comme il est escript ou xxxvij^e foillet dudit ancien inuentaire.

Suit l'énumération de 20 manuscrits.

Au feuillet vj^{xx} xiij, verso, et dernier de l'inventaire, est le récépissé d'Ant. des Essars (ci-dessus page xix).

Note 14, Page xxj.

Antoine des Essars et Garnier de Saint-Yon eurent successivement la place de garde de la Librairie du Louvre, et ils la perdirent l'un et l'autre pour avoir pris parti contre la maison d'Orléans. Garnier de Saint-Yon (qui néanmoins rentra plus tard dans la place qu'il avoit perdue, de garde de cette Librairie, puisqu'il remit en cette qualité, par ordre du duc de Bedfort, le 15 octobre 1429, entre les mains de Jean Salvain, son maître d'hôtel, tous les livres qu'il avait eus en sa garde) fut remplacé dans son emploi, en 1413, par Jean Maulin, conseiller à la Chambre des Comptes. A cette occasion il fut dressé un nouvel inventaire, et il y eut un recollement général.

L'inventaire qui servit à cette opération, et qui a été inconnu à Boivin ainsi qu'aux autres historiens de la Bibliothéque du Roi, se conserve aujourd'hui parmi les manuscrits de cet établissement. C'est un petit in-folio, écrit sur vélin en ancienne bâtarde ou lettres de note et à longues lignes. Il est composé de 69 feuillets numérotés depuis j jusqu'à lxix, et a été acquis en 1819, à la vente des livres de Lair, ancien greffier au Châtelet; c'est un monument curieux pour l'histoire de la Bibliothéque royale, comme on va le voir par la description que nous allons en donner.

Description de l'inventaire de 1413.

Il commence ainsi, au feuillet j :

Jnuentaire des Liures du roy Charles nē sire qui a present est, estant en sa Librarie du Louure; cest assauoir en une tour en trois chambres lune sur lautre, cōmencie le mercredy xviij^e jour dottobre, lan mil cccc et xvij, par maistr̄ Thom̄ Dannoy et Jehan Delacroix, conseilēs et maistres des comptes dicellui seigneur, et Jehan le Begue, notaire et secretaire dudit seigū, et greffier en la chambre dediz compt̄, a ce comiz par les gens des comptes dicelluy seigū, en la p̄ce de Guillē des Molins, frē de la femme Garnier dē Saint Yon, qui dernierement en auoit la garde, et de maistre Jehan Maulin, clr̄ dicelluy s³ en laditte chambre des compt̄, auquel Maulin ledit seigū en auoit de nouuel baillé la garde. Toutesuoyes ny fu mie ledit Guillē p̄ut tout au long, ainçois q̄nt este y ot par aucuns jour se excusa de plus y venir, disant quil se attendoit a ce que faict en seroit par lesdis comis, et semblē-ment lesdis maistr^s Thomas et Delacroix pour autres charges 2 occupations quilz orent ēs affaires du Roy, et autrement ny porent mie longuemt̄ vaquer. Si fu ledit jnuentoire acheué par ledit Begue, p̄nt ledit Maulin, et y furent trouuez les liures q̄ ensuiuent.

Et p̄mierem̄t en la chambre dem̄ bas.

Ce préambule est copié en partie de celui qui est en tête de l'inventaire de 1411.

Les mêmes livres, à peu près, qu'indiquent les deux précédens inventaires de 1373 et de 1411, sont reproduits dans celui-ci, mais dans un ordre différent, et avec quelques changemens dans les descriptions.

La liste des livres commence ainsi, feuillet j, recto :

Et premierement en la chambre dem bas :

Un liure escript de lettre de forme, qui commence de genesis en françois, et aussy traicte des faiz de Julius Cesar appelle Suetoine. Commencant au second fueillet, dit qui cy est et tres bien euure, et finissant ou commencement du derrenier fueillet : jl remaist illec gisant, couuert de cuir vermeil a empraintes a quatre fermoirs dargent blanc, et y a aussy viij bouillons dargent blanc.

Il est suivi de l'énumération de 181 autres manuscrits.

A côté de la plupart il y a écrit en marge : *Il y est*. On y trouve aussi quelques observations sur l'absence du manuscrit et sur le changement fait à sa couverture, quand il a eu lieu.

On lit au feuillet xvij, verso :

Cy apres ensuiuent les liures qui ont este trouuez en la chambre du milieu de ladicte tour.

Suit l'énumération de 228 manuscrits.

En marge et à côté du 24ᵉ manuscrit, fol. xxxiij, verso, on lit :

Ce liure fu baille par Anthoine des Essars a maistre Jehan de Bony, maistre descole de mons. de Pontieu. En a ledit Maulin sa cedule comme ce en est cy charge.

A côté du 70ᵉ, fol. xxxvj, verso :

Roye (*rayé*) pour ce quelles furent perdues du temps Anthoine des Essars. (*C'étoient de petites Heures.*)

A côté du 72ᵉ, même folio, il y a :

Ce liure fu baille par Anthoine des Essars a maistre Jehan de Bony, maistre descole mons. de Pontieu, et en a led' Maulin sa cedule, et pour ce en est cy chargie.

Au fol. xxxij, recto :

Cy apres ensuiuent les liures qui ont este trouuez en la iij^e et derniere chambre damont.

Suit l'énumération de 403 manuscrits.

Au feuillet lxiij, recto :

Sensuit la declaration des certains autres liures que monseigneur le duc de Guienne a ennoyez en la dīe librairie par maistre Jehan darconual, confesseʳ et maistre descolle dudit monseignʳ de Guienne, et lesquelz furent receuz 2 mis en ladᵗᵉ librairie par feu messre Giles Malet, en son viuant garde de ladᵗᵉ librairie, le vij juin de lan mil cccc 2 neuf, et comme il est escrpt au fol. xxxvijᵉ feuillet dudit ancien jnuentoire.

Suit l'énumération de 17 manuscrits.
Au verso du fol. lxiiij, se lit ce qui suit :

Je Jehan Maulin, clerc du Roy nr̄e sire, en sa chambre des comptes a Paris, et garde de sa Librarie estant au Louure, cognois et confesse auoir eu et receu en ma garde touz les liures 2 aut̄s choses conteñ 2 declair̄ en ce p̄nt Jnuentoire, contenant soixante neuf fueillez escripz, et exceptez ceulx qui sont contenuz et declairez cy dessoub³ es cinq prouchains fueillez ens. duquel jnuentoire le double contenant quatre vins dix huit fueill. en papier, auesques les clefs dicelle librairie, mont este baillez p̄ maist̃ Jehan le Begue, clerc notaire 2 secretaire dicellui s³, et greffier en ladict̃ chambre des compt̃, qui par messeign̄rs desdiz comptes auoit este coīs audit jnuentoire faire, moy p̄nt, tesmoing mon seing manuel cy mis, le xᵉ jour de januier lan mil cccc 2 quinze.

Au fol. lxv, recto :

Cy apres en ce chappitre sensuit la declaration de certains liures dont ledit maistre Jehan Maulin est chargie cy dessus en ce p̄nt jnuentoire, pour ce que quant le Roy nr̄e s³ ot charge ledit Maulin de la garde de sa Librairie du Louure, et deschargie Garnier de Saint Yon, qui parauant sanz moyen en auoit eu la garde, et que on repoint dudit Garnier lesd' liures par jnuentoire pour le baille audit Maulin touz les liures cy dessus declairez en ce p̄nt inuentoire, et mesmem̄t ceuls contenus en ce p̄nt chapit̄re y furent trouuez, parquoy ledit Garnier en doit estre deschargie comme il semble, et neanmoins auant q̃ ledit p̄nt inuentoire peust estre conclud 2 escript, et toutes les clefs de ladite Librarie baillees audit Maulin, dont lesd' Maulin 2 Begue auoient chacun une clef diuerse lune de lautre, et ny pouoient entrer lun sanz lautre, pource que cepend' on auoit sanz lesd' clefs este en icelle librairie, et p̄ns plusis liures cōme dit et monstre sera en temps 2 lieu, fu ledit inuentoire recole, et en le recolant ne furent mie trouuez ceulz contenus en ce p̄nt chappit̃, qui parauant y auoient este trouuez comme dit est, parquoy il semble q̃ ledit Maulin partant en doyẽ estre deschargie, et sont lesd' liures non trouuez p ledit recolemt̃ declarez cy dessus par la maniere qui sensuit.

Suit l'énumération de 16 manuscrits.

Fol. lxvj, recto :

ij^e chambre.

Suit l'énumération d'un manuscrit.

Fol. lxvj, recto :

iij^e chambre.

Suit l'énumération de 40 manuscrits.

Au fol. lxix, recto :

Collõn de p̃ut Jnuentoire conteñ jusques cy lxix fueillez est ftẽ au double dicelluy contenat̃ iiij^{xx} xviij fueillez est esc̃pts en pap̃r, lequel double a este baille a maistre Jehan Maulin, clerc du Roy nr̃e s^r en sa chãbre des comptes et garde de sa librarie au Louure, cõme led Maulin a c̃tifié cy dessuz soubz son seign manuel, au doz°du lxiiij^e fueillet. Fait le dix^e jo^r de juillet, lan mil cccc et xv.

Signe BEGUE.

Note 15, Page xxj.

Description de l'inventaire de 1423.

Cet inventaire est une sorte de récolement des Livres qui existoient dans cette Librairie en 1373. Mais comme pendant le règne de Charles VI un assez grand nombre en avoit été distrait par des gens de la cour, et que le roi lui-même en avoit donné à plusieurs personnes, il dut nécessairement se trouver un déficit de plusieurs volumes : c'est la seule différence qui existe entre ces deux inventaires.

Ce fut encore ce même récolement que Saint-Yon présenta au duc de Betfort en 1425, et sur lequel, plus tard, il fut entièrement déchargé de ses fonctions de garde de la Librairie. Enfin il faut bien croire, comme le P. du Moulinet, que le gros cahier de papier qui lui fut apporté, étoit l'original de cet inventaire de 1423, aujourd'hui perdu. Il en existe heureusement, à la Bibliothéque de Sainte-Geneviève, une copie, d'où nous avons tiré ce qui suit :

En voici le commencement :

Lan de grace mil cccc vingt et trois, les xj^e, xij^e, xive et xve jours du mois davril avant Paques, par lordonnance de Messieurs les Commissaires ordonnez par le Roy notre sire sur le fait des obseques, funerailles et inventoire de feu nostre sire le roy Charles vj de ce nom, dernier trespasse, et en la presence de messieurs, maîtres Philippe de Ruilly, conseiller du Roy nostre sire en sa cour de Parlement, et thresorier de la Sainte Chapelle du Palais a Paris, Jacques Branlart, aussi conseiller dudit seigneur en sa cour de Parlement, de sire Michel de Cailler, conseiller et maître des comptes dicelluy seigneur, et de maître Andry de courte Vache, clerc desdits comptes, commissaires avec autres sur le fait desditz obseques, par Girard Maucler et Adam Deschamps, clercs notaires, jurez diceluy seigneur en son Châtelet de Paris, fut fait jnventoire des Livres appartenant audit feu seigneur estant, et trovez en sa librairie du Châtelet du Louvre à Paris, et montrez par Garnier de Sainct-Yon, garde de ladite librairie, qui trouvez ont esté, prisez par maîtres Jean Marlet, Denis Coutillier et Jean de Santigny, libraires jurez en luniversité de Paris, apres quilz ont juré de les priser bien et justement, et les autres livres qui cy apres ne sont prisez et nont point été prisez, mais sont escripts cy apres par maniere de Mémoire seulement.

Et premierement en la premiere chambre dem bas :

Vng livre escript de lettre de forme, qui commence de Genesis en francois, et aussi traicte des faiz de Julius Cesar, appelle Suetoine, couvert de cuir vermeil a empraintes, ouquel livre souloit avoir iiij fermoirs dargent blanc, comme en lancien inventoire est contenu, mais de présent nen ny a que deux prisez par lesditz priseurs jurez, ainsi quil est, present lesditz commissaires...... xvj livres p^s.

Suit la description de 843 volumes ou articles, dont la plupart sont déjà décrits dans les précédens inventaires : ils sont suivis, chacun, de leur estimation, et numérotés depuis j jusqu'à viij^c xliij.

Ils étoient ainsi répartis dans les trois chambres du Louvre :

Dans la première, 205 volumes, numérotés j — cc v.
Dans la seconde, cc vj — iiij^c xxij.
Et dans la troisième, iiij^c xxiij — viij^c xliij.
Le dernier article est ainsi énoncé :

Un autre livre en parchemin, appelle Haly de Planctis.
Somme toute que monte la prisée des livres dessusdits, ij^m iij^c xxiij iiij^s p.   Signé : Deschamps et Mauclerc, avec paraphes.

Puis on lit :

Le vendredy xxij juin mil cccc xxv, mon tres puissant prince et mon tres redoubte seigneur mons' Jehan, regent du royaume de France, duc de Bedford, demoure content de tous les livres cy dessus designez et specifiez, montant par prisee a la somme de deux mil trois cent vingt et trois livres quatre sols parisis, lesquels il a recus de Garnier de St Yon, jadis garde desdits livres, et en quitte et decharge ledit Garnier, et en temoin de ce jay, par son ordonnance et commandement, escript cest present article, et signe de mon seing manuel, lan et jour dessusdits.   Signe Petmel, avec paraphe.

Depuis la quittance et decharge desusdit, mondit sieur le Regent a baille en garde tous les livres en ce present papier escriptz et designez, lequel Garnier la tenu et oblige de luy en rendre compte bon et loyal. Escript de ma main ledit xxij de juin mil cccc xxv, sous mon seing manuel.   Signé Petmel, avec paraphe.

Et tout à la fin est escript ce qui suit :

Le samedy xve jour doctobre, lan mil cccc xxix, tres hault et puissant prince mons^r le Regent du royaume de France, duc de Bedford, se tient comptant de tous les livres designez et declarez cy devant en cest present inventaire, et en quitta en ma presence Garnier de St Yon, et veut quil en fut et demourat quitte et descharge, en tesmoing de laquelle chose jay, par lordonnance et mandement de monseigneur le Regent, escript cest present article de ma main et signe de mon seing manuel, lan et jour dessusdits.

Signé J. Saluain, avec paraphe.

Note 16, Page xxiv.

Si le P. du Moulinet renonça d'abord, comme il le dit, à l'idée de faire transcrire cet inventaire, il est évident, d'après ce que nous venons d'en rapporter, que plus tard ce religieux changea d'avis, et qu'ainsi il nous a conservé d'utiles renseignemens.

Note 17, Page xxv.

Dans l'ouvrage intitulé : *l'Auditeur des Comptes,* in-12, sans date (par François Hubert, mort en 1674), on trouve un état ou relevé de vingt-quatre inventaires qui existoient encore du temps de l'auteur de ce Recueil, et qui n'y sont plus maintenant. Il est dit, dans celui qui est numéroté xiv, et daté du 11 avril 1423, et dont une copie moderne est entre nos mains, qu'après la mort de Charles VI on nomma une commission sur le fait des obsèques, funérailles et inventaire du feu Roi, et une autre sur le fait des Livres appartenant à ce monarque, trouvés dans la Librairie du Louvre, et dont l'état fut présenté par Garnier de Saint-Yon, alors garde de cette Librairie; mais il n'est nullement fait mention du fait rapporté à ce sujet par Felibien.

TABLE DES DIVISIONS.

Avertissement de l'Éditeur.................... Page j

Dissertation historique, par M. Boivin le cadet : *Bibliothéque du Louvre sous les rois Charles V, Charles VI et Charles VII*.. v

    Notes de l'Éditeur... xxvij
    Fac-simile de l'écriture de François Ier................. xxix

Catalogue des Livres de la Bibliothéque du Louvre sous Charles V.

Inventaire de 1373 :

	Numéro	Page
Livres qui étoient en la première chambre par bas..	1	1
——————— en la chambre du milieu........	270	59
——————— en la troisième chambre.........	530	98
Livres envoyés par le duc de Guyenne en 1409...	910	146

Inventaire de 1411 :

    Livres non compris dans l'ancien inventaire (de 1373) :

Livres trouvés en la troisième chambre...........	931	150
Autres livres trouvés en la première chambre....	1077	178

Autres livres qui ont appartenu à Charles V :

    Extrait de *l'Inventaire général des meubles de Charles V*... 1123   188

	Numéro	Page
Extrait de l'*Inventaire des joyaux* et autres choses estant en l'estude du roi, *en la tour du boys de Vincennes*.................................	1161	194
Livres estans en la grant chambre (*au Louvre*) en un escrin....................................	1184	199

Table alphabétique des Noms des Auteurs............ 211
——————— des Ouvrages anonymes............ 223
——————— des Mots abrégés................ 243
Additions et Corrections........................ 260

CATALOGUE
DES LIVRES
DE LA
BIBLIOTHÉQUE DU LOUVRE
Sous Charles V.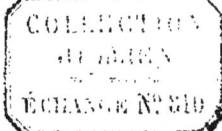

Cy apres sont cōtenus les Liures qui estoient en la premiere chambre par bas.

Premierement :

1. Une Bible historiee gñt en vn volume, 2 est en fnc̃ois, a iiij fm̃. dargent des armes de la Royne de Bourbon, couuẽte de cuir rouge a empreintes.

« Le Roy la p̃se le xxix de decembre iiij ˣˣ et « xviij. » (1398.)

Cette reine de Bourbon étoit Blanche, femme de Pierre-le-Cruel, roi d'Espagne. Le Roy, — Charles VI.

A empreintes, c'est-à-dire avec ornemens gravés sur métal, empreints à froid sur le cuir.

C'est la traduction de l'histoire scolastique de Pierre-le-Mangeur, faite par Guyart des Moulins, qui la commença à l'âge de quarante ans, en juin de l'an 1291, étant alors doyen des chanoines de Saint-Pierre d'Aire, et la finit en janvier 1294.

Jean de Rely la revit dans le quinzième siècle, par ordre de Charles VIII, et Antoine Verard la fit imprimer à Paris, in-folio, vers 1496.

2. Une Bible en vn volume en frñcois, 2 est couũte de cuir rouge a empraintez.

« Doñee p le Roy a Monss. dAlencon quãt larest
« de la confiscation de la duchie de Bretagne fu
« pnuntie. »

Cet arrêt fut prononcé le 18 décembre 1378.
Le comte d'Alençon, Pierre II, troisième fils de Charles II, comte d'Alençon.

3. Une Bible en vn volume en frñcois, couũte de soie a queue, a deux frñoers dargent.

« Portee a S. Germain en Laye lan lxxviij, et mise
« p le Roy en son estude. »
lxxviij. — 1378.

Soie a queue, — lanière attachée à la couverture pour la lier.

4. Une Bible en vn volume en frñcois, couũte de cuir rouge a empraintes, a iiij frñoers.

« Bailliee au côte de Fland., xxviij de jenuier
« iiij ^{xx} et i. » (1381.)

Le comte de Flandre, en 1381, étoit Louis de Male.

5. Une Bible en vn vol. en frñcois, couv^e de cuir rouge a empr., a deux gñs fermoers roz de cuiure.

« Par le Roy a Mad' de Bourgõgne, xiiij docttob.
« iiij ˣˣ et i. » (1381.)

Madame de Bourgogne; c'étoit, en 1381, Marguerite, comtesse de Bourgogne, fille de Philippe-le-Long, morte à Paris le 9 mai 1432.

6. Une ptie de la Bible, comencant a Genezis, 2 finant a ecclastique, bñ escripte et hystoriee.

« Doñn. a Monss. de Coucy, xviij de janv., iiij ˣˣ
« et viij. » (1388.)

Hystoriee, c'est-à-dire avec miniatures ou ornemens peints.

Enguerran de Coucy, septième du nom, fut otage pour le roi Jean, après la bataille de Poitiers. Il mourut le 16 février 1397.

7. Lauũ ptie, comencant a Ysaie, 2 finant au Psaultier, bñ escripte, en deux coulombes, et bñ ystoriee.

Coulombes, — colonnes.

8. Une p̃tie de la Bible en fnĉois, comencant a Genesis, et finant au Psaultier, bñ ystoriee et bñ escr., a deux coul. en chacune page.

« Donnee a Monss. de Bourbon en aoust iiij ˣˣ et
« xvij. » (1397.)

Louis II, duc de Bourbon, comte de Clermont, mort le 19 août 1410.

Cette même partie, ou premier volume de la Bible, de la traduction françoise de Guyart Desmoulins, est souscrite du nom de Charles V, comme le second volume qui suit.

Il a été acquis en 1788 par le marquis de Paulmy, et se conserve aujourd'hui à la Bibliothéque de l'Arsenal.

9. Lauṽ partie, commenc̄ᵗ aus paraboles et finant a lapocalipse.

Ce même manuscrit, contenant la seconde partie de la Bible, commençant par les Paraboles de Salomon, et finissant par l'Apocalypse, est maintenant à la Bibliothéque du Roi. Ce volume est souscrit des noms de Charles V, Charles VI, et de Jean, duc de Berry, oncle de celui-ci.

Nicolas Flamel, secrétaire du duc de Berry, y a mis également sa signature. A la suite on y trouve celles de Henri (III), Louis XII, Henri IV et Louis XIV.

Voyez le P. Lelong (*Bibl. Sacra*, tom. II, p. 307), qui rapporte ces différentes souscriptions.

Dans cette suite de Bibles en françois ci-dessus énoncées, se trouvoient sans doute quelques manuscrits d'une plus ancienne traduction que celle qui fut commandée par le roi Jean, et qui paroît n'avoir pas été terminée, à maistre Jean de Sy, laquelle se trouve indiquée sous les n°ˢ 12 et 269 de cet inventaire.

10. Un Liure q̃ com̃ence de Genezis en fñçois, et aussi traitte des faiz de Julius Cesar, appelle Suetone.

C'étoit une traduction libre de Lucain et de Suétone, dont le vieux langage a été refait dans le quinzième siècle, et qui fut imprimée à Paris, par Pierre le Rouge, pour Antoine Verard, en 1490, in-folio.

11. Un auṽ Liure, q̃ aussi com̃ence de Genezis, 2 traitte aussi des faiz Julius Cesar et des Romains, et est couũᵗ de veluyau vert a ij fm̃oers dargᵗ, et sappelle Lucan 2 Suetone, bñ escrᵗᵉ et bñ ystoriee.

Veluyau, — velours.

12. Un volume couuṽ de deux ais blanz, ouquel st contenus aucũs des liures de la Bible en frñcois, cest assauoir les v liures Sallemon, Ysaye et de Jeheremye, jusq̃s au xviij⁰ chapp̃ de lexpõicon sur yceulx, faite p maisṽ Jehan de Sy, du comñand. du Roy Jehan, dont Diex ait lame.

« Le confess³ les fist baille a Monssʳ dAngiou,
« Regᵗ le Royaume. »

Louis I, deuxième fils du roi Jean. Il fut régent du royaume après la mort de Charles V, pendant la minorité de Charles VI. Il mourut en Italie le 21 septembre 1384.

Le confesseur du Roi, à cette époque, étoit Maurice de Coulanges, mort évêque de Nevers le 16 janvier 1394.

Deux ais blanz, — deux planches en bois formant la couverture.

Une autre partie de cette traduction est annoncée ci-après, n° 269.

13. L'auṽ volume, ainssi couũt, ouquel sᵗ contenus les v liurez de Moyse, Josue, et le pᵉ chapistre du liure des juges.

14. La Bible historiee toute en ymages, q̃ fu de la Royne Jehanne dEureux, historiee toute a ymages et toute figuree.

La reine Jeanne d'Évreux étoit la troisième femme de Charles-le-Bel. Elle mourut le 4 mars 1370.

15. Une ptie de la Bible en frñcois, comñencṽ a Ge-

nezis, et fiñant au Psaultier q̃ est empse sans vers, couũte de cuir blanc a queue.

16. Un livre en fñcois en vn volume, q̃ ce comence de Genezis, et traitte du fait des Romains, de la Vie des Sains Peres hermites et de Merlin.

Vie des SS. Pères Ermites; c'est la traduction de l'ouvrage de S. Jérôme portant ce titre. De Merlin, roman de chevalerie.

17. Le premier liure de Vincent, dit le Miroer historial, en fñcois et en volume escrpt a deux coulombez.

18. Le ij® liure dudit Miroer historial en fñcois 2 en un volume ainssi escript.

19. Le iij® liure dudit Miroer historial en un volume 2 en fñcois ainssi escp̃t.

20. Le iiij® liure dudit Miroer historial en vn volume 2 en fñcois ainssi escrite.

Cette traduction françoise du *Speculum historiale* de Vincent de Beauvais, dominicain au treizième siècle, a été faite par le commandement de Jeanne de Bourgogne, femme de Philippe de Valois, par Jean de Vignay, hospitalier de Saint-Jacques-du-Haut-Pas, dans le quatorzième siècle. Elle a été imprimée, pour la première fois, pour Antoine Verard, à Paris, en 1495 et 1496, en cinq volumes in-folio.

21. Unes Croniques de Fñce en un volume 2 en

fñois, lesquellez furēt du sire Dandresel, escriptes de pluss. lett.

« Doñ a madame dOrleens, femē de Monss. dOr-
« leens, frere du Roy. »

De plusieurs lettres, — de différentes écritures.

22. Une Legende doree en fñcois, 2 en vn vol. de grosse lr̃e.

« A madame de Bourgõgne, xiiij doctob. iiij ˣˣ
« 2 i. » (1381.)

Marguerite, fille du roi Philippe-le-Long, et de la reine Jeanne, morte le 9 mai 1382.

Cette traduction est de Jean de Vignay, auteur de celle du Miroir historial de Vincent de Beauvais. Elle a été imprimée plusieurs fois à Paris durant les quinzième et seizième siècles. La première édition a été faite pour Antoine Verard en 1490, in-folio; mais Jean Batallier l'avoit déjà revue, corrigée, et fait imprimer à Lyon en 1476.

L'ouvrage original, qui a été aussi imprimé nombre de fois, est de Jacques de Voragine, mort jacobin en 1298.

23. Unes Croniques de Fñce, en fñcois 2 en vn volume, 2 a iij coulombes.

24. Le p̃emier volume du Miroer historial, dit Vincent, en vn volume 2 en fñcois, bñ historie 2 bñ escr[t].

25. Le fait des Romains, en fñcois 2 en vn vol. Suetone.

C'étoit sans doute un autre manuscrit de l'ouvrage énoncé sous le n° 11 ci-dessus.

26. Le Liure des Miracles ñre Dame, en fñcois rymes et en vn volume, bñ escrp̃t empraiñ 2 bñ historye.

Ces miracles de la Vierge, en vers, sont de Gautier de Coinsy, moine de Saint-Médard de Soissons, et prieur de Vic-sur-Aîne en 1219.

Ils sont traduits du latin du moine Hugues de Farsi, religieux de Saint-Jean-des-Vignes de la même ville.

Plusieurs manuscrits de ces miracles se conservent à la Bibliothéque du Roi, cotés n°⁵ 7207, 7580, 7852, 7987. On y trouve aussi ceux du duc de La Vallière, n°ˢ 2710, 2713, 2714, 2715 et 2716.

27. Ouide, en vn volume ryme, escp̃t a iij coulombez, bñ ystorie.

« A monss. dAniou, vi de mars iiij ^{xx} 2 3. » (1383.)

Louis d'Anjou,* oncle de Charles VI.

C'est la traduction en vers françois de l'ouvrage en prose latine de Thomas Waleys, intitulé : *Ovidii Metamorphosis moralisata*, dont une version françoise a été imprimée à Bruges, par Colard Mansion, en 1484, in-fol.

La traduction en vers est de Philippe de Vitry, évêque de Meaux, mort en 1361. Il l'avoit entreprise par ordre de Jeanne, reine de France.

Il en existe trois manuscrits à la Bibliothéque du Roi, n°ˢ 6980, 6986, 7230.

28. Le premier Liure de Tristan de Leõnoys 2 du Roy Marc de Cornouailles, en un estuy de cuir blanc.

29. Le ijᵉ volume dudit Liure de Tristan, ainssi estuye comme lauͭ dessusdit.

30. Le iijᵉ volume dudit Liure de Tristan, ainssi mis en estuy de cuir blanc, cõme les deux auͭ dessus dit, et ne sᵗ pas de gñs volumes.

Un grand nombre de manuscrits de ce roman se trouvent à la Bibliothéque du Roi.

Il a été originairement traduit du latin en prose françoise par Luce, chevalier et sire Duchastel-du-Gat. Il remonte au douzième siècle.

La traduction a été mise en langage plus moderne au quinzième siècle, et dans cet état on l'a imprimée pour la première fois, à Rouen, en 1489, in-fol. Antoine Verard l'a fait mettre sous presse, pour la seconde fois, à Paris, vers 1496, en 2 vol. in-fol.

31. Un ͭs gñt Liure de la Vie des Peres 2 des Miracles Nr̃e Dame, bñ enlumine 2 bñ escript.

C'est un autre manuscrit des Miracles de la Vierge, par Gautier de Coinsy.

32. Un Liure de Godeffroy de Buillon, sur la conq̃ste de la t̃re douͭmer, en gñt volume ͭs bñ ystorie 2 emp̃se.

Ce manuscrit, ainsi que d'autres indiqués ci-après, nᵒˢ 37, 39, 79, 96, 282, 284, 286, 492 et 1110, contenoit vraisemblablement le roman ou l'histoire de Godefroi de Bouillon, dont le duc de La Vallière (son Cat. tom. III, p. 63, n° 4605) possédoit un manuscrit du quatorzième siècle, et qui a été acquis par la Bibliothéque du Roi; mais ce roman n'est autre chose que l'ouvrage imprimé environ cent cinquante ans après, sous le titre de la *Genealogie avecques les gestes et nobles faicts du tres preux et tres renomme prince Godeffroy de Boulion, et des chevaleureux freres Baudouyn et Eustache.* Paris, Michel Lenoir, 1511, in-fol., et Philippe Lenoir, 1523, aussi in-fol.

La *Bibliothéque historique de la France* indique d'autres manuscrits concernant Godefroi de Bouillon et ses exploits.

A la Bibliothéque du Roi il y a deux manuscrits, n°ˢ 6972 et 7628, qui portent le même titre.

33. LOriginal de Titus Liuius, en francois, la pᵉ īnslacõn q̃ en fu faite, escrp̃t de mauuaise lr̃e mal enlumine 2 point ystorie.

« A Monss. de Borbon, xiij dottobre iiij ˣˣ et « xij. » (1392.)

Louis II, duc de Bourbon, comte de Clermont, de Forez, etc., mort le 19 août 1410.

Le traducteur se nommoit Pierre Bercheure, et par corruption Bertheure, Berceure, en latin Berchorius. Il étoit bénédictin, né en Poitou, et mourut prieur de Saint-Éloi, à Paris, en 1362.

Sa traduction de Tite Live, dédiée au roi Jean, a été imprimée plusieurs fois, et, pour la première, à Paris, partie en 1486, et partie en 1487, en trois volumes in-folio.

34. Un Liure de la Vie des Perez, ryme et auecq̃s la Vie des Saints, cõme Legende doree, emp̃se bñ escrip̃t, en iij coulõbes, 2 bñ ystorie 2 en ĩs gros volume.

Le premier ouvrage est encore celui de Gautier de Coinsy ; l'autre, la traduction, faite par Jean de Vignay, de la Légende dorée de Jacques de Voragine.

35. Les Gestes du Roy Peppin, et de sa feñne Berthe au grans pie, et les Gestes de Charlemaine, rymes bñ escr͞pt, en iiij coulombez, bñ ystorie, 2 en t̃s gñt volume.

« A la Royne, xxix daoust, iiij ^{xx} 2 x. » (1390.)
« Le Roy les lui a ostees, et donnees a monss. de « Coucy. »

Enguerran de Coucy, septième du nom, mort le 16 février 1397.

Le roman du roi Pepin et de sa femme Berte, dont il se trouve plusieurs manuscrits à la Bibliothéque du Roi, n°s 7188, 7534; Suppl., n° 428; fonds de La Vallière, n° 52, a été mis en vers par le roi Adenez, qui vivoit dans le treizième siècle, et qui a composé quelques autres romans pour Guy, comte de Flandre, dont il étoit le poète en titre. Ce dernier roman a été publié en 1832, in-12, avec des notes curieuses et savantes, par M. Paulin Paris, employé à la Bibliothéque du Roi.

36. Garin de Monglaue, ryme, escript en ij coulombez, et s͞t les aiz ystoriez p̃ dehors, 2 çouũt de corne de quoy on fait les lanternes.

« Il a este recouũt, et puiz le Roy la doñe a Bussy « en octob. iiij ^{xx} et xij. » (1392.)

Ce roman est du treizième siècle. La Bibliothéque du Roi en possède deux manuscrits : celui de l'ancien fonds, n° 7542, et celui de La Vallière.

Il a été réduit en prose, et imprimé pour la première fois, à Paris, par Michel Lenoir, le 15 juillet 1518, in-fol.

37. Godeffroy de Billon, de la Conqueste doultmer, q̃ fu de la contesse de Pembrok, couũt de soie a queue 2 ryme.

Cette comtesse de Pembroke étoit femme du comte Guillaume de Pembroke, qui fut défait devant La Rochelle assiégée, et mourut prisonnier à Paris en 1375.

38. Le Liure du Tresor, le Bestiaire, l'Ymage du Monde, tout figure et historie, emp̃se bñ esc̃pt en langage picart.

1°. Le Bestiaire, que quelques manuscrits nomment le Bestiaire d'amour, est de Richard de Furnival, qui étoit d'Amiens. Il le composa vers le milieu du treizième siècle.

C'est un traité sur quelques animaux, accompagné de moralités d'amour et de galanteries.

La Bibliothéque du Roi en possède des manuscrits, entre autres celui de l'ancien fonds, n° 3579, et celui de La Vallière, n° 2736.

2°. Le Trésor, composé en prose par Brunetto Latini, qui florissoit dans le treizième siècle. Il n'a point été imprimé, mais on en a une traduction italienne qui l'a été à Trévise en 1474, in-folio, par Gérard de Lisa. Cette traduction est de Buon Giamboni.

3°. L'Image du Monde, composé en vers par Gautier de Metz, en 1245, fut imprimé à Genève par Jacques Vivian, en 1517, in-4°. Il en existe de nombreux manuscrits à la Bibliothéque du Roi, mais ils ne portent pas tous la même date d'année.

39. Un Liure couũt de cuir rouge, a empraintez, q̃ a iiij fm̃oers dargt̃, des arm̃ de la Royne, q̃ est de Genezis 2 du Roy Ninus, 2 auẽes chos³.

Armes de la Royne, femme de Charles V, Jeanne, fille de Pierre Ier, duc de Bourbon, mort en 1378.

40. Code en fñcois, couũt de soie ynde 2 v̄meille, 2 fm̃oers dargt̃.

Soie ynde, — azur.

41. Decretalez, couũtes de meismes, 2 fm̃oers dargt. .

Ce sont les Décrétales de Grégoire IX.

42. Digeste Noue, de meism̃, et fm̃oers dargt.

43. Decretalez, de meism̃, 2 fm̃. dargt.

44. Digeste Vielle, de meism̃, 2 fm̃. dargt̃.

45. La Sõme juste sur Code, de meismes, 2 ferm̃. dargt̃.

46. Enforcade, de meism̃, 2 ferm̃. dargt̃.

« Baille a monss. dAniou, xxije de no. iiij xx. » (1380.)

Ces sept vieilles traductions du Code de Droit ci-dessus, données au duc d'Anjou, et les suivantes, n'ont jamais été imprimées. On n'en connoît pas les auteurs.

Enforcade, — Infortiat, second Livre du Digeste.

47. Le Coustumier de Vermandoiz, de meism̃, fait p mess^r Pierre de Fontãñe, 2 ferm̃ dargt̃.

Il y a à la Bibliothéque du Roi un manuscrit, n° 9822, portant pour titre : *Le Livre des Usages de France et Vermandois, appelé le Livre de la Reine*, par Pierre de Fontaine, et cet ouvrage pourroit bien être le même que celui qui est rapporté ci-dessus.

On trouve à la fin de l'Histoire de Saint-Louis, édition donnée par Ducange, et à la suite des Établissemens de Saint-Louis, p. 77, un autre ouvrage, et peut-être encore le même, de Pierre de la Fontaine, intitulé : *Le Conseil que Pierre de Fontaine donne à son Ami*, ou *Traité de l'ancienne Jurisprudence des François*.

Pierre de la Fontaine étoit bailli du Vermandois en 1253.

48. Autentiques, de meism̃ et auecq̃s en ce volume iij Liv. de Code, 2 ferm̃ dargt̃.

Autentiques, c'est-à-dire Novelles de Justinien.

49. LOrdinaire maist̃ Tancre, de meism̃, 2 fm̃oers dargt̃.

C'est la traduction, qui n'a pas été imprimée, de l'ouvrage de Tancredus de Corneto, jurisconsulte du treizième siècle, intitulé : *Apparatus ordinarius juris can. et civilis*.

Il y a deux manuscrits de cette traduction parmi ceux de Baluze. (Bibl. tom. III, p. 61, n° 390, et n° 463.)

50. Decretalez en plus petit volume, 2 fm̃oers dargt̃.

51. Institude, de meism̃, 2 ferm̃ dargt̃.

52. Code en fñcois, couut de cuir rouge.

53. Code en fñcois, couu^t de cuir a queue.

54. Code, couũ^t de cuir a queue.

55. Les Liures de Code, en un volume, couu^t de cuir a queue.

56. Digeste Noue, en un volume couũ^t de cuir, a iiij fm̃oirs.

57. Haaly Abarrageel, en fñcois, couu^t de soie teñee, ouuree darb^r vers 2 roses blanchez, 2 fm̃oers dargt̃.

C'est la traduction de l'arabe du Traité d'Astrologie d'Ali Aben-Ragel, qui vivoit au commencement du cinquième siècle.

Cet ouvrage a été traduit en latin, et imprimé à Venise en 1485 par Erhart Radolt.

58. Quadripart. Tholomey.

Ce sont les quatre Livres de Ptolémée, *de Judiciis astrologicis*.

59. Nouem Judicum, de meism̃, a fm̃ dargt̃.

60. Phtolomee 2 Centiloge, de meism̃, 2 fm̃ dargt̃ 2 dune meisme couut̃ure.

61. Geomencie, de meism̃, bñ escripte 2 bñ enluminee.

62. Zahel 2 Messchalath, de ceste meism̃ couert̃ure 2 fm̃oers dargt̃.

Zahel (Ben Bizer), auteur arabe du treizième siècle; c'est

probablement son ouvrage intitulé : *Præcepta de Astrologia judiciaria*.

Messchalath. Un grand nombre de manuscrits de cet auteur arabe, qui vivoit dans le neuvième siècle, sont à la Bibliothéque du Roi.

63. Unez Croniques de Fñce, en fñcois, couũtes de veluyau a fleurs de liz 2 bouillions dargt̃, bñ escrp̃tes.

    Bouillions, — ornemens.

« Le Roy les prist xvjᵉ decemb. iiij ˣˣ (1380) ; « il les a rendus. »

64. Unes Croniques, faisans menc̃on du temps q̃ il a les Pappez, les Empereurs 2 les Roys de Fñce com̃encerẽt a regner chascũ en son siege, et combien chascun y a regne, et des fais notablez, ou de la plus gñt ptie q̇ ou temps dẽ chascun deulx est avenue, nom̃eez Martinienne, couuertez de soie, a fm̃oers esmailliez de Fñce.

    Esmailliez, — émaillés.

Cette chronique tire son nom de Martinienne, de celui de son auteur, Martin, de Pologne, jacobin, qui la composa dans le treizième siècle.

Cette traduction ancienne est anonyme. Une plus nouvelle a été faite en 1458 par Sébastien Mamerot.

Cette dernière a été imprimée à Paris, pour Antoine Verard, vers 1504, in-folio.

65. Les Espitrez Seneque a son amy Lucile; et en la fin du liure est la table de ce q̇ cõtenu y est, escrp̃te de plus menue lr̃e.

« A monss. dAniou, cõe dess. vj de mars iiij ˣˣ. »
(1380.)

Antoine Verard a réuni et fait imprimer, vers 1500, à Paris, in-folio, différentes traductions de quelques œuvres de Sénèque, qu'il attribue toutes à Laurent de Premierfait, mais qui appartiennent à d'autres traducteurs.

Cette édition renferme :

1°. Le Livre des Quatre Vertus, adressé par Sénèque à son ami Lucile, traduit, en 1403, par Jean Courtecuisse, par ordre de Jean, duc de Berry, frère de Charles V.

2°. Le Livre des Remèdes de Fortune, par Laurent de Premierfait.

3°. Les Lettres de Sénèque, envoyées à saint Paul.

4°. Le Livre des Bonnes Mœurs.

5°. Le Livre des Arts libéraux.

6°. Le Livre de la Brièveté de la Vie.

7°. Les Épîtres morales.

Excepté les deux premiers traités, les autres ont des traducteurs anonymes.

66. Un Liure de Medecine, le Gouuernemẽt des Roys 2 des Pñces, le Liure des vij Sages de Rome, Lucidaire, Vices et ṽtus, les x Comẽnd' de la Loy, les vij Sacremens, la Moralite des Philosophes, Cirurgie por oiseaux de proie, et plusieurs autres choses, escrp̃ts de plusieurs mains, et ptie enluminee, 2 lautẽ non.

« Le Roy la doñe a Mᵉ Pierre le cirurgien, q̃ vint
« de Montpellier aueques Maisĩ Jehã le bon phi-
« sicien. »

2

67. Un Liure de Cirurgie, appelle Lanffran, le Petit et le Gñt Tiotole antidothaire, Jhũ le filz Hally, des Medecins des yex, en ĩs petit volume 2 groz.

« Le Roy la doñe a M⁰ Pierre le cirurgien, qui
« vint de Montpellier auecques Maisĩ Jehã le bon
« phisicien. »

Jesu filius Haly.
Un manuscrit de son livre intitulé : *Tractatus de Ægritudinibus oculorum*, est à la Bibl. du Roi, sous le n° 7131.
Lanfranc étoit de Milan.
Il existe une édition très rare de son ouvrage intitulé : *Lanffran*, imprimé avec les caractères avec lesquels Schenck a exécuté, à Vienne en Dauphiné, en 1482, l'*Abusé en Cour*; c'est un in-fol., sans date; il porte le titre de : *Magnus Alanfrancus*; son format est un petit in-fol.
Antidotaire, livre qui traite de la composition des remèdes.

68. Un Liure de Medecine, aũq̃s plusss auĩs choses, couũᵗ de cuir rouge.

69. Metheores, en fñcois 2 en pse, 2 historye.

Peut-être l'ouvrage d'Aristote portant ce titre.

70. LAppocalipse, en fñcois, toute figuree 2 ystoriee 2 empse.

« Le Roy la baille a Monss. dAniou p̃oũ fẽ fẽ son
« beau tapis. »

Pour en imiter sans doute les figures.

71. Les Epistres 2 Euanḡles, couuᵗᵉˢ de veluyau

ynde, lesquellez furent trãslateez p maisṽ Jẽh de Baguay, mais ellez sᵗ bñ escr̃ptes.

Jehan de Baguay, — peut-être Jean de Vignay.

72. La Vie S. Martin, S. Brice 2 S. Jehñ lAumosnier, S. Benoist, lez Miracles S. Gr̃main des Prez, la Vie S. Donstan, S. Edmond, les Miracles Nr̃e Dame de Soissonz, de Laon et de Rochemadon, 2 plusĩrs auĩts choses.

73. Les Miraclez Nr̃e Dame rymes, et chascũ ver enlumñe de couleurs, ĩs bñ figuree 2 ystoriee, 2 escp̃te en langage piquart.

« A madame de Bar, xxvj de feũ iiij ˣˣ et xij. » (1392.)

Marie de France, fille du roi Jean, mariée à Robert I, duc de Bar, morte en 1404.

C'est encore un manuscrit des Miracles de Notre-Dame, mis en vers par Gautier de Coinsy.

74. Les vij Sacremens de Sᵗᵉ Eglise, les x Cõmands, les Enseignemens du pᵉ au Filz, les Enseignemẽs S. Loys a Phẽ son filz, 2 auĩts chos³ plusss de deuocõn, couuᵗ de ĩs belle soye, bñ escr̃pt 2 historye.

75. Un Liure faisant menc̃on de Dieu, des Angelz et du Ciel, des Elemens, des vij Sages, des Moraulx Bestes, de Pãdis, dEnffer, 2 auĩts choses, couuᵗ de cuir a queue.

Le Livre des Anges est celui de François Ximenès, composé en espagnol, et traduit en françois par un auteur inconnu. Il a été imprimé à Genève, le 24 mars 1478, sans nom d'imprimeur, petit in-folio.

L'original parut pour la première fois à Burgos, en 1490.

Moraulx des Bestes, c'est-à-dire le Bestiaire.

76. Tacuin, en gñt liure plat, a ij fm̃, couũ^t de cuir.

C'est un livre de médecine intitulé : *Tacuinum sanitatis*. Son auteur est Elluchasem Elmithar.

La Bibliothéque du Roi en possède deux manuscrits du quatorzième siècle, n°s 6977 et 6977/4.

77. Une gñt ptie de la Vie 2 des Faiz de monss.^{3} S. Loys, que fist fẽ le seigñ de Juinuille, t̃s bñ escripte 2 ystorie, couut de cuir rouge a empraintes, a fim̃oers dargt̃.

78. Unes Cronique faisans mençon combñ il a q̃ les P̃ps, les Empreurs de R̃ome, 2 les Roys de F̃nce, c̃omencerẽt a regner chascun en son siege, 2 le temps de chascun, et des Faiz notables, ou de la plus gñt ptie q̃ ou temps de chascun deulx, est avenue jusq̃s au temps du P̃pe Jehan, desrenier t̃spasse de son nom, couu^t de cuir rouge a empreinte.

Pape Jehan, dernier trépassé, — Jean XXII, mort le 4 décembre 1334.

C'est la Chronique Martinienne, dont un autre manuscrit est annoncé sous le n° 81.

79. Unes Croniques de Godeffroy de Billon de la Conq̃ste de la t̃re doult̃rmer, empse b̃n vieillez, couũtes de cuir a queue blanc.

80. Un Liure q̃ sappelle le Liure du t̃sor, empse et y est la Vie Jhãc̃st rymee q̃ fist S. Robĩ, le Lucidaire, le Purgatoire S. Pat̃ce, la Maniere de soy sauoir c̃fesser, lYssue dEgypte, Moralitez des h osophes, la Passion Jhũc̃st, 2 aut̃s bons Enseignemens, t̃s b̃n escp̃t couu^t de cuir a queue.

Le Lucidaire est un ouvrage de théologie en vers, du treizième siècle, sans nom d'auteur, traduit de saint Ambroise.

81. Unes Croniques des Pp̃ez, Empreurs de Rõme, 2 Roys de Fñce, faisans menc̃on comb̃n chascun deulx a regne, et ptie des Faiz notables q̃ en leurs temps s^t advenus, couũ^t de cuir rouge a empraintes.

C'est un autre manuscrit de la Chronique Martinienne, indiquée ci-dessus, n° 78.

82. Le Gouuẽnem^t des Roys 2 des Pñces, selon Gile lAugustin.

« Le Roy le p̃nt xiiij doctob. iiij ^{xx} et j. » (1381).

Le Gouvernement des Rois et des Princes fut traduit de l'ouvrage latin de Giles de Rome, intitulé : *de Regimine principum*, par ordre de Philippe-le-Bel, par Henri Gauchy ou Ganchy.

Il a été plusieurs fois réimprimé.

83. La Plaidoirye de lumain Lignage, 2 Panthaleon, t̃s mal escp̃t 2 enlumine, a iiij fm̃oers.

La Plaidoirye de lumain Lignage est traduite de l'opuscule intitulé : *Litigatio Sathane contra genus humanum.*

Il y en a des éditions anciennes. Voyez un autre manuscrit, n° 518, portant le titre de l'*Advocacie de Notre-Dame.*

Pantaléon étoit médecin; plusieurs de ses traités ont été imprimés à Turin, par Jean Faber, en 1477.

84. Solin, des m̃ueillez du Monde, emp̃se couut̃ de cuir rouge a empraintes.

C'est la traduction françoise de l'ouvrage latin de Solin, intitulé : *Polyhistor.*

85. La Cirurgie de maist̃ Guigo, en vn t̃s gros liure bñ escp̃t, que doña au Roy monss. dAngiou.

Guy de Couliuc étoit un célèbre médecin du quatorzième siècle. Cette ancienne version de sa chirurgie, qu'il a écrite en latin, n'a point été imprimée. Il en existe une plus moderne qui l'a été.

86. Partie de une Legende dorez, q̃ se com̃ence au mariage ñre Dame, ap̃s la passion ñre Segñr, Vie de plusss Sains, les xv Sigñ, emp̃se en un g̃s volume escr̃pt de ij coulombez, de cuir rouge a emp̃tes.

C'est sans doute la Légende de Jacques de Voragine, traduite par Jean de Vignay.

Parmi les manuscrits de Baluze (Bibl. tom. III, p. 114, n° 760) il y a un manuscrit intitulé : *Les 15 Signes du Jugement,* en vieilles rimes.

87. Compillac̃ons de plusss escp̃tur̃ saintes p maniers de paboles 2 de enseignem̃es, et fu fait a lexemple dun liure q̃ fu de la Royne Jehñe dEureux, et se appelle cy nous dist.

88. Le Gouuëmet des Roys 2 des Pñces, selon la t̃rñslc̃on Gile lAugustin, couũt de cuir, a iiij f m̃.

89. Regnart ryme 2 historye, couũt de cuir rouge a emptes.

La Bibliothéque de Charles V renfermoit six manuscrits du célèbre roman du Renard, n°s 89, 256, 342, 345, 417 et 921. Mais comme ce roman en vers a eu pour auteurs et continuateurs, nommément Pierre de Saint-Clost, Richard de Lison, Jacquemart Giélée, il est probable que chaque manuscrit n'offroit pas la même branche, ainsi qu'on appeloit cette suite de contes. La plus ancienne remonte au treizième siècle; elles ont été toutes réunies dans un ouvrage intitulé : *le Roman du Renard*, publié par M. Méon en 1826, en quatre vol. in-8.

On en trouve quelques anciens manuscrits à la Bibliothéque du Roi, que le même auteur a indiqués dans sa préface.

90. Le Gouuënemẽt des Roys 2 des Pñces, aueq̃s plusss aut̃s choses de medecine, a sauoir son corps garder en sante, escp̃t de lr̃e boulenoise.

C'est l'ouvrage de Giles de Rome.

Lettre boulenoise ou boulonnoise. Dans les inventaires des Bibliothéques de Charles V, Charles VI, et du duc de Berry, il est fait mention de différentes écritures employées aux manuscrits de ce temps, sous les dénominations :

1°. De lettre bolonoise, de lettre de forme bolonoise, de grosse lettre bolonoise. Voyez les manuscrits n°s 90, 93, 100, 924, 925, 1088, 1100, 1105, 1119.

Cette sorte de lettre a été peut-être ainsi nommée parce que l'on en faisoit plus d'usage à Bologne que dans aucune autre ville d'Italie.

Ces lettres étoient plus lourdes et plus arrondies, et ayant moins d'angles que les mêmes lettres qu'on appeloit de forme dans les pays septentrionaux de l'Europe.

Elles servoient à écrire les Bibles, les Missels, les Bréviaires, les Heures, et autres livres liturgiques et d'apparat, les livres de droit et de poésie.

2°. De lettre de forme, formée ou fourmée, n° 924 ; elle étoit carrée, à angles ou à pointes. On s'en servoit dans les neuvième, dixième, onzième, douzième, treizième, quatorzième, quinzième siècles, et au commencement du seizième, pour exécuter les mêmes sortes de manuscrits pour lesquels on employoit la lettre boulonoise.

Les premières impressions furent faites avec ces formes de caractères, notamment le calendrier allemand, imprimé avec les caractères d'Albert Pfifter, portant la date de 1455, et qu'on croit avoir vu le jour à Bamberg, à la fin de 1454.

Fust et Schoiffer les employèrent aux différentes éditions de leur Psautier de 1457, 1459, 1490, 1502 et 1513, et dans leur Bible, sans date, qu'ils publièrent en 1456.

3°. De lettre de note, n° 912, bâtarde, n° 1003, ou courante, n° 934. Ces lettres ne différoient entre elles que par plus ou moins de dimension.

C'étoit l'écriture ordinaire des quatorzième, quinzième et seizième siècles, avec laquelle on écrivoit les livres françois, anglois, allemands, flamands et autres langues du nord. Les notaires s'en servoient dans leurs actes.

4°. De lettre de cour ou de cour de Rome, n° 1041.

On l'employoit dans les chancelleries et les tribunaux, soit en Italie, soit en France.

5°. De lettre de somme.

Il n'est pas question de ce genre de lettre sous cette dénomination dans les inventaires ci-dessus ; mais ce sont de petites lettres de forme dont elles dérivent, avec peu d'angles ; on les a appelées de somme depuis que Fust et Schoiffer s'en servirent pour imprimer la somme de S. Thomas en 1467, et d'autres livres de cette époque.

DU LOUVRE.

Gutenberg les employa aussi dans son Catholicon de 1460.

6°. De lettre des Juifs, n° 1027.

C'étoient des manuscrits en caractères hébraïques.

Quelques autres écritures sont désignées, dans les mêmes inventaires, sous les dénominations suivantes :

7°. De très vieille lettre, n° 272.
8°. De grosse lettre, n° 780.
9°. De menue lettre, n° 654.
10°. De très menue lettre de glose, n° 790.
11°. De très menue lettre, n° 687.
12°. De bonne lettre, n° 676.
13°. De très bonne lettre, n° 682.
14°. De bonne lettre vieille, n° 798.
15°. De très bonne et grosse lettre, n° 805.
16°. Lettres d'or, n° 580 ; lettres d'or et d'azur, n° 879.
17°. Lettre très ancienne par diphthongue, n° 1052.
18°. Très mauvaise lettre, n° 797.
19°. Grosse lettre de forme, n° 936.
20°. Bonne lettre de forme, n° 1089.
21°. Menue lettre de forme, qu'on a appelée depuis lettre de somme, n° 961.

91. Troye empse, couũᵗ de soye, bñ hystorie, q̃ doña au Roy monss³ de Berry.

« Le Roy la baillie a Montigny. »

Le duc de Berry, frère de Charles V.

92. Un Psautier, en fñcois 2 en latin, couũᵗ de veluyau sanguin fourre de cendal.

« Le Roy le prnst quãt il alla au mõt Saint-
« Michel. »

Cendal, — étoffe de soie jaune.

2 *

93. Des Faiz de Troye, des Romains, de Thebez, de Alexandre le Gñt, historye au comencemēt, escript de lettre boulenoise, 2 s^t les ystoirez p̄ les marges t̃s anciennes.

p̄ les marges, — sur les marges.

C'est la traduction de l'ouvrage de Guy Columna, intitulé : *Historia destructionis Troiæ*, dont il y a, à la Bibliothéque du Roi, une édition ancienne, imprimée avec des caractères d'un imprimeur jusqu'ici inconnu.

94. Le Liure du Tresor, appelle maist̃ Brunnet Latin.

95. Le Coustumier de Normandie, auecq̃s les Euangīles 2 la page p^r fc̃ le sm̃ent.

Il y a un Coutumier de Normandie imprimé vers 1483, ou en cette année. Un autre manuscrit de ce Coutumier est annoncé ci-après, n° 169.

96. Les x Cõmend' de la Loy, Vices 2 ṽtus, la Sõme le Roy, Godeffroy de Billon, de la Conq̃ste de la t̃ere de Jhlm̃ 2 aut̃s choses de deuõcon, bñ escp̃t 2 historye.

La Somme le roi Philippe, ou Miroir du Monde, traitant des vertus et des vices, fut composée par un frère prêcheur en 1329.

Il y en a des manuscrits à la Bibliothéque du Roi.

97. Messire Marc Paul, qui p̃le de plussieurs seigñs

2 pays ou lui 2 ses deux freres furent, 2 p espāl ple du gñt Caen.

Ce voyageur célèbre florissoit sur la fin du treizième siècle. On ne sait pas au juste en quelle langue il a écrit son voyage; il a été imprimé en allemand à Nuremberg, en 1477, à Venise, en 1496, et traduit dans presque toutes les langues de l'Europe.

98. Le Liure du Sacre des Roys de Fñce, couũt de drap dor vert, en fñcois 2 latin, et non historie.

99. Exposicõns des Euangiles, en fñcois, p mañiē de ĩs beaux s³mons, escp̄t de lr̃e de note, 2 en la fin les regrez S. Pol a nr̃e ssr et la passion.

C'est la traduction françoise des Commentaires de Nicolas de Lyra sur diverses parties de la Bible, faite par un anonyme, et revue par Pierre Desrey de Troyes en Champagne, et laquelle fut imprimée sous le titre des *Grandes postilles sur les Épîtres et Evangiles;* les tomes I et II par Pierre Lerouge, sans date, en deux volumes, et les autres volumes pour Antoine Verard, in-folio, en 1511 et 1512.

100. Le Pc̃es messire Robt̃ dArtoiz, en lr̃e de note, couũt de drap de soie.

Pc̃es, — procès.

Robert, comte d'Artois, fut condamné à un bannissement perpétuel, le 19 mars 1332.

Les pièces de ce procès sont imprimées dans le tome II du père Anselme.

101. Boece de Consolacõn, empse bñ historie et escp̃t.

Cette traduction est de Jean de Meun, qui l'entreprit par ordre de Philippe-le-Bel; elle a été imprimée différentes fois.

102. Un Messel, en fñcois, en petit volume bñ escp̃t.

« Le Roi la donne a la Royne po^r sa suer la Pr̃use « de Poissy. »

Marie, fille de Pierre Ier, duc de Bourbon, morte prieure de Poissy, le 10 janvier 1410.

103. Un Liure ou est lExpõicon de cum nat⁹ eset̃ Jhs, etc., les Miracles S. Loys, Apollonii Tiri, les Vies S. Dom̃que 2 S. Pierre, le Martyre S. Thomas dAquin, et le Dyalogue Galy ryme.

Les Miracles, ainsi que la Vie de Saint-Louis, sont imprimés dans la seconde édition in-folio de la Vie de Saint-Louis, par Joinville.

104. Un Liure q̃ ce commence de lArche Noe, Miracles Nr̃e Dame, la Vie et les Faiz S. Loys, exemples de pluss^{rs} autres choses, ryme.

105. Une Bible en fñcois, escp̃te de lr̃e de note menue, a fm̃ et boulons darg^t, couũ^{te} de cuir, et la donna au Roy maist̃ Nicole de Verez.

Boulons, — bouillons, ornemens.

106. Un Liure q̃ sappelle le Rosier Nr̃e Dame, ou s^t assez de bonñ choses de Nr̃e Dame, mises p exemple et aueq̃s s^t assez desbatm̃es, cõme les mẽns^t de Par et autres.

107. La Vie S. Loys, Roy de Fñce, et les Faiz de son Voyage doultremer.

« Le Roy la deũs soy. »

108. Le Gouuernement des Roys 2 prince, selon Gile lAugustin ĩs bel. Emp̃se.

« Baillé a Monss. de Valois, xiiij dotob. iiij ˣˣ et j. » (1381.)

Philippe de France, duc d'Orléans, comte de Valois, oncle de Charles V, mort en 1375, et, selon d'autres, en 1391.

109. De Quitila et de Dymas, Moralites, Appos. aus Estaz du Monde, ryme et ystorie.

Appos, — apposées.

Ce sont les Fables de Bidpai, écrites originairement en arabe, sous le titre de *Calila et Dimna*, dont M. le baron Sylvestre de Sacy a publié une édition savante en 1816, in-4°.

110. Boece de Consolaõon, ryme et bñ escp̃t emp̃se ptie.

C'est la traduction de Jean de Meun.

111. Unes petites Croniques de Fñce tres abregiees, et en la fin sont aucuñ chartres de Laon.

112. Boece de Consolaõon, ryme et tres bñ escp̃t.

Autre manuscrit du Boèce, de la traduction de Jean de Meun.

113. La Vie S. Eloy, S. Quentin, S. Julien, rymeez, et couuᵗᵉˢ de cuir ṽmeil.

114. Un Liure ancien du Sacre des Roys, couũt dun drap dor, mauvais, raye, et fñ dargᵗ.

115. Un Liure des x Command' de la Loy, de vices et ṽtº, devot. de Lye, des xv Signes, les six

degres de Charite, les Enssengneɱs q̃ S. Loys fist a son filz a soy aprend' a sauoir confesser, et pluss. autres choses de deuoc̃on, et sont empse, et ce cõmence audi Ysrael.

<small>Devot. de Lye, — dévotion de Notre Dame de Lye, — Liesse.</small>

116. Un Psaultier, en fñcois en latin, a une coulombe, et Lucidaire aueq̃s empse.

117. LYmage du Monde, bñ escp̃t de grosse lr̃e empse.

<small>L'Image du Monde est de Gautier de Metz, qui l'écrivit en vers, en 1245.</small>

118. Boece de Consolac̃on, emp, 2 le Testamẽt maist̃ Jeh. de Meung ryme.

119. Vegesse de Cheualerye, empse en ais.

« Baillié a monss. dAniou, xxij de nov. iiij [xx]. » (1380.)

<small>Le duc d'Anjou, frère de Charles V.
Cette traduction ancienne est de Jean de Meun.</small>

120. Les Fais S. Denys de Fñce, en un petit liuret.

121. Les Fables Ysopet, le Bestiaire, maistre Richart de Furnival damours, ystorie et ryme.

<small>Dans la Bibliothéque de Charles V il se trouvoit plusieurs manuscrits des Fables d'Ésope, traduites en vers françois, et entre autres celles d'un anonyme, qu'un manuscrit du quinzième siècle attribue à un nommé Magister Gauffredus, qui paroît les avoir mises en vers élégiaques latins dans le quatorzième siècle.</small>

De la traduction françoise de ces dernières, laquelle date du même siècle, il y a, à la Bibliothéque du Roi, deux manuscrits, n⁰ˢ 7616 et 7616 *ter*. Les fables qu'ils renferment ont été reproduites par M. Robert, dans ses Fables inédites des douzième, treizième et quatorzième siècles, avec un *fac simile* des figures qui les accompagnent.

Le Bestiaire d'Amours de Richard de Furnival, chancelier de l'église d'Amiens, qui vivoit sous le règne de Saint-Louis, est une moralité de divers animaux. Un manuscrit s'en trouve à la Bibliothéque du Roi, fonds de Colbert, n° 3990.

Il en existe une traduction en prose française, imprimée par Jean Treppelet, à Paris, vers 1510, in-4°.

On connoît un autre Bestiaire d'un nommé Guillaume, clerc normand, composé aussi dans le treizième siècle, et se trouvant en manuscrit parmi ceux de l'Église de Paris, n° 2736, fol. 74.

122. Les Meditations S. Bernard, la Vie Ste Elisabeth de Honḡe, dautre l̃re en un petit liuret.

La traduction des Méditations de saint Bernard est d'un auteur inconnu.

123. Le Jeu des Eschez, moralise, q̃ sappelle Moralité des nobles Homes, empse.

Il existe deux traductions françoises anciennes de cet ouvrage, composé en latin par frère de Cessoles, jacobin; l'une par Jean de Vignay, et l'autre par Jean le Féron. Il s'en trouve plusieurs manuscrits à la Bibliothéque du Roi.

124. Le Reclus de Morleenz, ryme et bñ ystorie.

Le livre appelé le Roman de Charité, du reclus de Morlians ou Moliens, est du douzième ou du treizième siècle. C'est un livre de morale en vers. On en trouve deux manuscrits à la

Bibliothéque du Roi, fonds nouveau, n° 2 M, n° 37 E, et n° 6, fonds de l'Église de Paris.

Le même poète a publié, sous le même nom du Reclus de Moliens, un autre ouvrage en vers dans le même genre, intitulé : *le Miserere, ou li Romans du Reclus de Moliens;* il se trouve à la Bibliothéque du Roi, n°s 7649 et 7534.

125. Un petit Liure de Deuoc̃on, couv^t de broderie a fleurs, et dedenz a pluss. choses rymees, de Oraisons de Nr̃e Dame, et la Vie S. Jeh. Bapt., bñ escp̃t et bñ ystorie.

126. Un Liure couũ^t de drap ynde et rouge, ou s^t Euangiles et Espitres, en frencois, tres bñ escp̃t, et ferm̃. dargent.

127. La Vie S. Remy, couu^{te} de drap dor, rymee.

128. La Doctrine des Princes, nomee grace entiere, couũ^{te} de soie jaune.

129. Omeliez S. Gregoire, Expoic̃ons dEuangiles, Hugues de S. Victor, de lerre de lame, couũ^t de veluyau ynde, et fm̃oers darg^t.

Les Homélies de S. Grégoire, traduites en françois, ont été imprimées pour Antoine Verard, à Paris, en 1501, in-4°.

Erre de l'âme, — arrha animæ.

130. La Vie S. Loys et ses Miracles, couũ^t de drap dor marramas, a fm̃oers darg^t et emprose.

Maramas ou mattabas, — drap d'or.

131. Messire Guille de Maureuille, q̃ parle dune ptie des m̃veilles du monde 2 des pays. Couut de veluyau ynde, et le dõna au Roy maistre g̃uaise Xpien, son p̃mier physicien.

« Le Roy la print xxe de nouembre iiij ^{xx} et xij. » (1392.)

Maistre g̃uaise Xpien, — Gervaise Chrestien.

Guillaume, ou plutôt Jean de Mandeville, anglois de naissance, mort en 1372. On croit qu'il écrivit son voyage tout à la fois en latin, en françois et en anglois. La première édition françoise est de Lyon, Barth. Buyer, 1480, in-fol.

132. Vegesse de Cheuallerye, couũ^t de drap dor, a fm̃rs dargent.

133. Omeliez S. Gregoire et Expoicons dEuangiles, couũ^t de cuir tres ṽmeil a emprẽintes.

134. Vie S. Remy, couũ^{te} de drap de soye a queue, a ij fm̃oers darg^t.

135. Le liure appele Charite du Reclus de Morleens, et le Testamĩ maistre Jeh. de Meun, ryme.

136. La miserable Condic̃on humaine, couũte de veluyau vert, en un petit liuret.

C'est la traduction de l'ouvrage latin du diacre Lothaire, depuis Innocent III, pape, intitulé : *Liber miseriæ Conditionis humanæ*.

Il en existe plusieurs éditions anciennes ; la traduction françoise n'a point été imprimée.

3

137. Vegesse de Chlerie, couu^t de drap dor, tres bñ escp̃t et bñ enlumine.

138. Le Liure des Mouches a Miel, couũ^t de soie a queue.

C'est un livre de morale.
On lit dans le compte de François Chanteprime, receveur général: Pour un livre appelé *le Livre des Mouches à Miel*, que le roi (Charles V) a fait acheter pour lui, cinquante livres.

139. Des boñn Feñ 2 des mauueses, la Passion Ñre SS., et pluss. autres bonnes choses de deũoc̃on empse.

Sous le nom de la Passion de Jésus-Christ, il y a, à la Bibl. du Roi, au moins six manuscrits sous les n°s 7206, 7209, 7298, 7304, 7668, 8090.

140. La Vie S. Remy, couu^{te} de soie, q̃ jadis fu drap dor, a fm̃oers darg^t.

141. Un Psaultier en fr̃ncois et latin, la couuerture lozengee a ples, et brodee des armes de Joinuille.

142. Le Miroer aus Dames, q̃ fu de la Royne Jehne Euvreux, a une couṽture de soie, et fm̃s darg^t des armes de la Royne.

Suivant un manuscrit de la Bibliothéque du Roi, n° 7092, le Miroir des Dames fut composé par un cordelier, à la prière de Jeanne (d'Évreux), reine de France; et dans le manuscrit n° 145 ci-après, ce cordelier est nommé Vatriquet.
Il composa aussi un Miroir aux Princes. Voyez n° 397.
Il est qualifié de ménestrel dans le manuscrit n° 454.

143. Le seul parler S. Augustin, couũt de soye vermeille, et ferm̃ dargt.

144. La Vie S. Loys et ses Miracles, couũt de soye, bñ escrp̃t et enlumine.

145. Le Miroer aus Dames de Vãtquet, un menestrel, couũt de drap dor'marramas, a clous et ferm̃ dargt, et y a fatras.

D'autres manuscrits de ce poëme et des Dits du ménestrel Vatriquet sont indiqués sous les nos 369, 397, 454, 480, 505.

146. De lAguelet qui por Dieu fu rosty, ou sont oraisons et deuocõns emp̃se, couũt de veluyau ṽmeil et fm̃oers dargt.

147. Le Dyalogue S. Gregoire en fñcois, couũt de cuir vert.

148. Metheores en fñcois, et emp̃se et fm̃ dargt.

149. Les ppetes du corps humain, et songes rymes, ep̃se.

ppetes, — propriétés.

150. Un petit Liuret.

151. Les x Cõm̃endements de la Loy, Vices et Vertus, et autres choses de deuocõn, couũt de soie a queue longue, et fm̃rs dargt.

152. Le Liure des Esches moralise, couũt de veluyau ṽmeil a queue, a fm̃rs dargt a cignes blancs, et le dõna au Roy monss. de Berry son frere.

153. Du Liure de Genesis, Expoïcons dEuangiles, les Pãboles Sallemon, et pluss. choses de contemplačon, a chemise de toile, a fm̃rs darg^t, tres bñ hystoriez.

154. Les Miracles Nr̃e Dame rymes, couũ^t de veluyau ynde et fm̃oirs, rachetteez des Anglois, bñ escp̃t histories.

« A monss. de Berry. »

155. La Vie Saint Denys, et la Vie de xlvj autres Sains, bñ ystoriee a chemise.

156. Halleret des Espetuelles amnisties, empse.

Espetuelles, — spirituelles.

157. La Vie S. Loys, Roy de Fñce, et ses Miracles, a une chemise blanche et fm̃oers darg^t.

158. Les Compilačons Ysopet et Auiõnet, en latin et en fñcois rymes, histories de noir, et s^t bonnes moralites, couũtes de drap dor.

Ce sont les Fables d'Ésope et d'Avien, qu'un anonyme a traduites en vers latins élégiaques dans le quatorzième siècle.

159. Le Liure du Sacre des Roys, en latin et en fñcois, tous les mysteres, vestures et officiers figures et histories, couũt dun drap dor tene et fm̃rs dargent.

« Le Roy la prins po^r son sacre, v doctobre
« iiij ^xx. » (1380.)

Charles VI, qui fut sacré le 4 novembre de la même année 1380.

160. De lAgnelet, ou s^t plusieurs oraisons, deuoc̃ons et contemplac̃ons, empse couũt dun sandal jaune a queue.

<small>Sandal, — velours de soie.</small>

161. LOrdonnance du Passage dOuťmer, en un petit liuret couũ^t de cuir, peint des armes de Fñce et de Bourgongne.

162. Les Requestes du Psaultier que Dauid fist a Nre Ss^r, et pluss. autres deuoc̃ons et oraisons, en fñcois et en latin, couũ^t de soie.

163. Le Miroer de lEg̃le, translate p fr̃e Jehan de Vignay.

<small>Les PP. Quetif et Échard n'ont point connu cette traduction du Miroir de l'Église de Jean de Vignay.</small>

164. La Vie S. Jaques, et Vies dautres Sains. Commẽt Salhadin p̃nst Hue de Tabarye. La Passion Jhucst en langage piquart.

<small>Un manuscrit de la relation de la prise de messire Hues de Tabarie (de Tibériade), prince chrétien de Galilée, combattant contre les Turcs, manuscrit qui étoit peut-être le même que celui de la Bibliothéque de Charles V, se trouvoit, au commencement du siècle dernier, entre les mains de Bonamy, qui croyoit cette relation composée peu de temps après la mort de Saladin, arrivée en 1193.

Marin l'a insérée dans le tome II, p. 447-455, de son Histoire de Saladin, imprimée en 1758, in-12.</small>

165. Placides et Tymes, couũᵗ de cuir et fm̃oers dargᵗ.

Ouvrage de Christine de Pisan.

166. Le Miroer de lEg̃le empse, translate p fr̃e Jeh' de Vignay, couũt de soie et bñ escp̃t.

167. La Vie S. Denys de Fñce, auecques autres en caiers liez emp̃chemin, et y a autant latin cõme fñ ois tres bñ escp̃t et tres parfaictement bñ enlumine et toutes les ystoirez, et est ce liure couũt de pchemin, et nest pas tout enlumine ne pfait.

168. La Vie S. Martin de Tours, tres pfaitement bñ escp̃te et empse, a fm̃oers dargᵗ esm̃ll. de Fñce et de Bourgongne.

169. Le Coustumier de Normandie, en un petit liuret jaune, et la Charte q̃ S. Loys leur donna.

170. LEnseignement et Gouuernemᵗ des Roys, selon S. Augustin, ryme en un petit liuret.

171. Les iij Morts et les iij Vifs, les x Command' rymes, couũᵗ de veluyau jaune a queue.

Le sujet des trois Morts et des trois Vifs a été mis en vers trois différentes fois dans le treizième siècle. Un a pour auteur Baudouin de Condé, et un autre est de Nicole de Marginal.

On les trouve dans les manuscrits de La Vallière, acquis par la Bibliothéque du Roi, n° 2736.

172. Cassien id est colloēs Patrum, lequel traite p̄ semblable maniere comme la Vie des S. P̄es Hm̄ites, et la trāslata du command' du Roy, frē Jeh. Goulain, et est couūte de soye.

« Baille a monss. dAniou, vij dottob. iiij ˣˣ. » (1380.)

Colloēs, — collationes.

Cette traduction a été imprimée, pour Antoine Verard, avant 1500, in-folio, sous le titre de *Cassiodorus*, au lieu de *Cassien*.

Frère Jean Goulain a encore traduit le Rational des divins Offices de Durand. Voyez n° 202, imprimé pour le même Ant. Verard, vers 1500, — les Chroniques de l'évêque de Vienne ou Viviers, n° 227, — et le livre *de Informatione Principum*, n° 231.

173. Le Reclus de Morleens ryme, couūt de veluyau ynde a une fleur de lis de broderie dor, q̄ doña au Roy le gouuerneur du baillage dAmiens.

En 1375, le gouverneur du bailliage d'Amiens se nommoit Jean Barreau.

174. Un liure appele les Voiez de Dieu, q̄ trāslata un sergent darmes du Roy, nōme Bauchant de S. Quentin, et est couū^t de veluyau ynde.

175. Vegesse de Cheuallye empse, tres bn̄ escp̄t et ystoriee, couū^t de veluyau celestin, et fm̄oers darg^t des armes dAnceure.

Célestin, — jaune.

176. La Conjuroison Katherine, et aucuns des conseuls de Julius Cesar empse, couut de drap dor.

Probablement la traduction de Salluste.

177. Chansons pastourelles couroñees, Demandes damours, Sermontois de Nře Dame, en un liure couũt de pchemin.

178. Lays notes, en un cayer couut de pchemin.

179. Motes et Conduis, en un cayer couut de pchemin.

<small>Conduis, — sorte de cantique.</small>

180. Demandes et Responses damo^r, escp̃t de lettre de note, en un cayer couũt de pchemin.

<small>Il existe plusieurs livres anciens imprimés portant le même titre.</small>

181. Wytasse le Moyne rymè, en un mescheant caier sans nulle couũture.

<small>Ce roman est à la Bibliothéque du Roi, sous le n° 7595, fol. ccc xx iij^e, v°, col. 2. Il est du treizième siècle.</small>

182. Le Lappidaire, en un cayer couũt de pchemin, bñ escp̃t.

<small>C'est une traduction du poëme latin de Marbode, sur les pierres précieuses et leurs propriétés, vraies ou supposées; elle est du treizième siècle. Plusieurs manuscrits s'en trouvent à la Bibliothéque du Roi.</small>

183. Les xxv p^e de Monnoye. La Misere de la ville Condiçõn humaine. Les ppretes du Corps humain. Ciromancye. Le Compost. LOrdonance du monde. En un liure sans ais, couũt de pchemin.

184. Avalnement des Monnoies, en un cayer tres petit.

 Avalnement, — diminution.

185. La Vie S. Martin de Tours, en lettre de note, en caiers, couũt de pchemin.

 Il existe une édition de la Vie de S. Martin, faite à Tours, par Matthieu Latron, pour Jean du Liége, en 1496, in-4°.

186. LAnticlaudianus, les Dis Baudouin de Condet, la Voie de pdis, q̃ fist Ruttebeuf, la Succession des Euesques de Liege, en un liuret, couũt de pchemin.

 Le même manuscrit étoit passé de la Bibliothéque du Louvre, après sa dispersion, dans celle du seigneur de la Gruthuyse. (Voyez Rech. sur Gruthuyse, 1831, in-8°, p. 160, n° LII.)
 L'Anticlaudianus est d'Alain de Lille.

187. Florence et Ottouien ryme, en un petit liuret.

 On ne connoît pas le nom de l'auteur de ce roman, dont un manuscrit se trouve à la Bibliothéque du Roi, parmi ceux de Cangé et de l'Église de Paris, n° M 21, n° 219.

188. Un Psaultier en latin et fr̃moers, de lr̃e de note, sans enluminũr, couũt de pchemin.

189. Aucun Figures et Notables de la Bible, histor̃ tres mauuaisement, en un gros volume.

 Notables, — choses notables.

190. Moralites du Jeu des Eschies. Les ppheties Merlin, et celles de Sebille, Sallemon. Les ppheties Methode.

Les Prophéties de Merlin ont été traduites du latin en françois, et imprimées pour Antoine Verard en 1498.

Sebille, — Sibylle.

L'ouvrage de Méthode est intitulé, en latin, *de Fine mundi*.

191. Hystoire du Roy Phle le Conquerāt, des Mackabees, de Pamphilet, et les Epistres Seneque, en lr̃e de note.

Il existe à la Bibliothéque du Roi un manuscrit daté de 1280, n° 2190, d'un roman composé d'environ 22,000 vers, contenant une histoire de Judas Machabée, commencée par Gautier de Belleperche, arbalétrier, et achevée par Pierrot Duries.

Le livre intitulé : *de Pamphilet* est probablement la traduction françoise d'une pièce de vers en distiques latins, portant pour titre : *Pamphilus, de Amore*, dont il existe plusieurs éditions sans date, faites vers la fin du quinzième siècle, poëme qu'on attribue à un poète nommé Pamphilus Mauritianus, qui vivoit dans le quatorzième siècle.

Une autre traduction françoise du même poëme, si ce n'est pas la même, avec le style rajeuni, a été offerte, en 1494, à Charles VIII, et imprimée dans la même année pour Antoine Verard, petit in-fol.

192. Un liure ou s^t les p̃aboles Sallemon, et les Machbeez, en caiers, sans ais, couũt de pchemin et en gñt volume, bñ escp̃t.

193. Un liure de la Cite de Dieu, en ij volumes tres gñts, couũt de soie a queue, a iiij fm̃oers darg^t chascun.

« A monss. dAniou, xvij de nouemb. iiij ^{xx}. » (1380.)

DU LOUVRE. 43

Cette traduction, ordonnée par Charles V, est de Raoul de Presles, qui la commença à la Toussaint 1371. Elle a été imprimée pour la première fois à Abbeville, par Jean Dupré, en 1486, in-fol.

Extrait du Compte de Jean Laisnier, receveur général des Aydes, en Mccc lxxj.

« Maistre Raoul de Praesles, advocat et conseiller du Roy, par mandement donné à Paris le 28 octobre Mccc lxxj, par lequel il luy ordonne, pour l'utilité de luy, du Royaume et de toute la chrestienneté, translater de latin en françois le livre de S. Augustin, de la Cité de Dieu, et pour ce luy a donné quatre cens livres par an jusqu'à la fin de l'ouvrage, payables en quatre termes. »

194. **Placides et Tymes, Dis et Esbatemens contre les Piquars et Normans, et autres pluss. en cayers et en lr̃e de note.**

195. **Gliges et Ypomecol ryme, en un petit liure.**

Gliges, roman en vers du treizième siècle, par Chrestiens de Troyes, est à la Bibl. du Roi, parmi les manuscrits de Cangé.

196. **Du bel Estamor de la Montangne, et de Witasse le Moine, aueq̃s tres grãt truffes.**

« A la Royne p̃ le Roy, xxixe dauoust. »

Du bel Estamor, roman inconnu.

Truffes, — ornemens.

197. **Le Romant de la Rose, le Testam^t m^e Jeh. de Meun ryme, tres bñ escp̃t et ystorie.**

198. **Exode empse, le Reclus de Morleens, escp̃t en un liure de papier sans enlumiñeur.**

199. Jehan, duc Dumont, aus fees en lr̃e de note.

Livre inconnu.

200. Artus et Jehannete, bñ escrp̃t et istorie. Tout mencõges.

« Donne au comte de Sauoie. »

Amédée VI, comte de Savoie, mort en 1383.

201. Une Carte de Mer en tableaux, faite p maniere de unes tables painte et ystoriee, figuree et escrp̃te, et fermant a iiij fm̃oers.

202. Un liure a vne chemise de soie longue, nõme le Racional de leg̃le, au fm̃ darg^t esmailez, et le trñslata maisr̃ Jeh. Goulain.

« A monss. dAniou, vij dottob. iiij ^{xx}. »

Voyez un autre manuscrit de cet ouvrage, et qui est l'original, ci-après, n° 1088.

203. Un liure a une chemise blanche de soie, nõme la Vie des Pẽs, a ij fm̃oers darg^t, doñe au Roy p Gilet.

« A monss. dAniou, ce vij^e iuin. »

C'est le même Gilet Malet, bibliothécaire ou garde de la librairie de Charles V, qui a dressé ce présent Catalogue.

Le duc d'Anjou, oncle de Charles VI.

C'est sans doute la traduction des Vies des Pères de saint Jérôme.

204. Un liure fm̃ant a clef, couuĩ de cuir vermeil,

dun auiz cõmẽt le p̃p ne leğle ne puent ne dõient auoir aucune cõgnoissance en ce q̃ touche le temporel du Royaume de Fñce, de la courõne ne des apparteñ.

C'est le Songe du Verger, composé par ordre de Charles V, par Raoul de Presles, et dont on a diverses éditions.

205. Un liure des Miracles, 2 de la Vie monss[3] S. Loys, Roy de Fñce, et couũt de cuir vermeil a empraintes, a ij fm̃ dargent, doñe au Roy p Gilet.

206. Un liure appelle Decacordium, couũt de cuir vermeil a empraintez. Petit volume.

Livre de chant.

207. Un liure des m̃veilles du Mõde, nõme Solin, coũt de soie vert, a ij fem̃ dargent, donn. au Roy p Gilet.

« A monss. dAniou, xxij[e] de no. iiij[xx]. » (1380.)

208. Un liure a une chemise blanche de la Vie 2 des Miracles de fre Pierre Thãs, jadis carmelistre 2 patriarche de Constantinople, a ij fm̃oirs darg[t] esmaillies.

Pierre Thomas, carme et patriarche latin de Constantinople, mort en 1366. Sa vie et ses miracles ont été décrits en latin peu de temps après sa mort par Mazzerius, et sont insérés dans le tome II des Bollandistes, au 29 juin (p. 995).

C'étoit vraisemblablement une traduction françoise qu'en possédoit Charles V.

209. Un liuret ryme q̃ se nõme les pphetiez Nr̃e Dame, de liustitucõn du Royaume de Fñce, 2 de la Noblece dycelui; au petit fer̃m darg^t.

« Donne au Roy p Gilet. »

210. Un liure de lEpoiõn des Songes, selon Daniel, couut̃ de veluyau.

On trouve ce livre à la Bibliothéque du Roi, n° 7474 des Manuscrits français.

211. Un liure nor̃me Polithiques et Yconomiques, couũt de soie a queue, a ij fr̃moirs darg^t haschie des armes de Fñce.

« A monss. dAniou, vij dottob. iiij ^{xx}. » (1380.)

Extrait du Compte de François Chanteprime.

« A Nicolas Oresme, doyen de l'église de Notre-Dame de Rouen, pour avoir écrit et translaté en françois un livre appelé Politiques, par le commandement du Roy, l'an Mccc lxxij. » (La somme n'est pas marquée dans l'extrait.)

Autre extrait :

« Le Roy a donné cent livres à M. N^{cle} Oresme, lequel luy a translaté de latin en françois les Ethiques et Politiques, Mccc lxxj. »

En marge il y a : « *Dictus magister Nicolaus habuit alios denarios pro dicta causa, prout in computo precedenti videtur.* »

Montfaucon, tom. III, p. 32, a décrit et fait graver la miniature qui représente l'hommage qu'Oresme fait à Charles V de sa traduction des Politiques.

Ces ouvrages d'Aristote, traduits par Nicolas Oresme, ont été imprimés à Paris pour Antoine Verard; le premier, le 8 août 1489, et le second, le 8 septembre 1488.

212. Un petit liuret nõme Calio, q̃ translata Jaquemart Bauchant, couũt de veluyau ynde, a ij fm̃ dargt̃ esmailliez.

213. Une Legende doree, en latin, couũ^{lt} de cuir.

« Maistre Jeh. Blanchet avoit oublie a escrip̃re les
« deux liur̃ q̃ s^t cy deuãt ainssy signes x, et en son
« roule les a mis cy ou droit. »

214. Un liure dont les aiz sont couũt de broderie a fleurs de liz a deux fleurs dor de la pfecõn S. Jeh. lEuangeliste.

« Donñ au Roy p mad. dOrleans. »

C'est Valentine de Milan, femme du duc d'Orléans, second fils de Charles VI; elle mourut à Blois, le 4 décembre 1408.

215. Un liure couũt de soie, a deux fm̃oirs darg^t dores, ou s^t escripts en lr̃e de note les pvilleges doñe des pappes aus Roys de Fñce.

« Il y a un liure designe cõme cestui, mais il
« ǫtient les alliances des rois auec pluss. psoñn. »

216. Un liure couũt de cuir a queue, ou est lissue dEgipte des enff. dYsrael. Un traicte de philosophie. La Passion et autres choses, donne au Roy par Gilet.

217. Un roule couuert de drap dor, ou s^t figurez dun coste 2 dautres aucũn ystor̃ de la Bible.

« Le Roy la done a mad' Marie. »

Marie, sœur de la reine, femme de Charles V, et prieure de Poissy.

218. Un petit liure en fñcois, couũt de cuir rouge, a empraintes, a ij fm̃ dargt̃, de la Vie de Ste Geneuieue.

« Venue de la Royne. »

219. Le Gouuernemẽt des Pñces, couũt de cuir rouge, a empraintes, a ij fm̃ darg^t, haschies des arm̃ de la Royne.

Cet ouvrage est traduit du latin de Giles de Rome.

220. Un petit liure couũt de camocas jaunet, appelle le liure f̃re Thoas de Brandon, a enseignier sa dame, a ij petis fm̃ dargt̃ dores.

Camocas, — étoffe riche.

221. Les xv Joyes. La Vie Ste Marguerite, en vn petit liuret, couũt de cuir rouge a empraintes, a ij fm̃oers dargt̃ blanz.

222. La Complaincte Nos̃t Dame, en vn t̃s petit liur̃, couũt de vert, nomez lez Regrez.

223. Un liure couũt de cuir rouge a empraintes, des Signifiances du nouvel 2 viex Testam^t.

C'étoit sans doute l'explication de l'ancienne et de la nouvelle loi.

224. Un liure couũ^t de cuir rouge a empraintes, dEspr̃s et de Euangiles, en francois.

225. Un Messel en francois, couu^t de broderie a aigles, a deux fm̃oers dor, aus arm̃ de la Royne.

« A monss. de Bourgongne, M. cccc. et iij (1403), « xviij dauril, p cõmand. du Roy. »

Monss. de Bourgongne, — Philippe-le-Hardi, duc de Bourgogne.

Au rapport de l'abbé Lebeuf, ce Missel fut traduit par Jean Golin, pour la commodité des gens de la cour. (*Dissertations sur l'Histoire de Paris*, tom. III, p. 401 et 464.)

226. Le Pelerinage du Monde, de lame, de Jhũcst, couuũ de soie vert a queue, q̃ doña au Roy le comte de Harcourt.

« A monss. dAniou, xxij de nov^e iiij ^{xx}. » (1380.)

Jean VI, comte d'Harcourt, mort en 1388. Il avoit épousé Catherine de Bourbon, fille de Pierre Ier, et sœur de la reine.

L'auteur de ce poëme est Guillaume de Guilleville, moine de l'abbaye de Chaalis, de l'ordre de Cîteaux. Il naquit au commencement du treizième siècle. Ce Pélerinage est divisé en trois parties : le premier voyage, intitulé : *Pélerinage de l'Homme durant qu'il est en vie*, fut composé en 1330; le second, *de l'Ame séparée du Corps*, peu de temps après; et le troisième, *de Notre Seigneur Jésus-Christ*, fut achevé en 1358.

Les deux premiers, après avoir été imprimés d'abord séparément pour Ant. Verard, vers 1511, furent réunis au troisième dans une édition donnée à Paris par maître Bartholde et Jehan Petit, in-4°, sans date.

227. Les Croniques de lEuesq³ de Vṽs, t̃nslateez en fñcois p maist̃ Jehan Goulain, en deux volum̃, couũt de soie ynde 2 blanche a queue, 2 fm̃ darg^t.

4

« A monss. dAniou, vij dottob. iiij ˣˣ. » (1380.)

On croit que c'est la traduction de la chronique latine d'Adon, archevêque de Vienne, laquelle va jusqu'en 870.

Un manuscrit de la même traduction se trouve au Vatican parmi ceux de Christine, reine de Suède. L'auteur latin y est anonyme.

On ne connoît point de chronique sous le titre de *Chronique de l'évêque de Vvs* (Viviers).

228. Policraticon, tñslate en fñcois p frē Denys Fontechat, couũt de belle soie a queue, 2 fñ dargᵗ.

« A lui (monss. d'Anjou), vij dess. dit. »

C'est l'ouvrage de Jean de Salisbury, intitulé : *Policraticon, seu de Nugis curialium*. La traduction de Denis Fontechat n'a jamais été imprimée.

229. Seneques, couũt de soie a queue, a cignes blans 2 deux fñ. darḡt.

230. Titus Liuius, en vn gñt volume, couũt de soie, a deux gñs feñ darḡt, esmailles de Fñce.

« A lui (le duc d'Anjou), vij dess. dit. »

C'est la traduction françoise faite par Pierre Berchoir.

231. De Informačone princip̄, en fñcois, trãslate p maisĩ Jeh. Goulain, 2 est a ij ferñ des armes monssz le Dalphin, couũt de soie a queue.

« Au Roy, dernēr decemb. iiij ˣˣ 2 j. » (1381.)
« A lui, vij dess. dit. »

Ce manuscrit se trouve encore à la Bibliothèque du Roi, sous le n° 7899, in-4°. Il porte le titre suivant : *le Livre de l'In-*

formation des Princes, translaté du latin en françois du commandement du roi de France Charles-le-Quint, par son clergonnet (enfant de chœur), frère Jehan Golein, de l'ordre de Notre-Dame-du-Carme, maistre en théologie.

A la fin on lit :

Henry du Trenon a escript ce livre de l'Information des Roys et des Princes, l'an mil ccclxxix, pour le Roy de France Charles, son tres cher et redoubté seign.

Au commencement est le portrait du roi Charles V; vis-à-vis du Roi sont deux carmes, dont l'un, qui est Jean Golein, auteur de cette traduction, lui présente un livre fermé. Au bas se trouve l'écu de France chargé de fleurs de lis sans nombre.

232. De Erudicõne pũorum nobilium, en fñcois, tñslate p maist. Jeh. Dandin, et a ij fmoers des armes mouss. le Dalphin, couũt de soie a queue.

« Au Roy, dernier dauril iiij ˣˣ et j. » (1381.)

Ce même Jean Dandin a également traduit en françois, pour Charles V, Pétrarque, *des Remèdes de Fortune*, dont un manuscrit se trouve à la Bibliothéque du Roi, n° 7368.

233. De Celo et Mundo, en fñcois, tañslate p maist Nicole Oresme, euesque de Lixiex, couũt de soie ṽmeille a queue, a ij fm dargt dores, haschies aux armĩ de France.

« A monss. dAniou, vij dess. dit. »

C'est la traduction d'un ouvrage d'Aristote portant ce titre, et qui n'a point été imprimée.

234. Vincent, en iij volumes, couũt de soie a queue, ĩs bñ ystoriez, chasc̃ iiij fm dargᵗ esmailliez.

C'est le Miroir historial de Vincent de Beauvais.

235. Item, la Cite de Dieu, en deux volumes, couũ^{te} de soie a queue, 2 fm̃ cõ dess³.

« A lui, vij dess. dit. »

C'est le livre de la Cité de Dieu, de saint Augustin, traduit par Raoul de Presles, et imprimé pour la première fois à Abbeville en 1486. (Voyez ci-devant, n° 193.)

236. Item, Rustican⁹ de Agricultura, couũt de soie a queue, 2 ij fm̃ cõme dessus.

C'est l'ouvrage latin ou la traduction françoise du livre de Pierre de Crescens, intitulé : *Opus ruralium commodorum,* ou livre des Profits champêtres, dont il existe plusieurs éditions anciennes. La première du texte latin est d'Augsbourg, 1471, in-folio.

237. Item, Ethiques, en vn volume, couũt de soie a queue, 2 fm̃oers dor tres bñ ystorie.

C'est le livre des Ethiques d'Aristote, traduit par Nicolas Oresme. (Voyez ci-devant, n° 211 et ci-après, n° 244.)

238. Item, un liure couũt de soie a queue, ou s^t le Gouuernem̃t des Roys 2 Pñces, le liure de Moralitez. Boece, de Consolaçoñ. Des Philosophes. LEstablissem̃et de Ste Eglise. Le Miroer de la Messe. Ysopet et la Misere de lOme.

Le Miroir de la Messe est traduit du latin de Hugues de Saint-Victor.

La Misère de l'Homme est de Lothaire, depuis Innocent III, pape.

Un autre manuscrit de ce dernier ouvrage se trouvoit parmi ceux de la ci-devant abbaye de Saint-Vincent à Besançon. (Montfaucon, Bibl. Bibl., tom. II, p. 1190, col. 1.)

239. Item, le Gouuerm̃t des Roys et des Pñces, en un liure couũt de cuir rouge a empraintes.

240. Item, une Legende doree, couũte de drap dor, bñ ystoriee.

« Le Roy la p̃nt xxiiij^e de sept̃^e iiij ^{xx} 2 xij. » (1392.)

241. Une Legende doree, couũte de soie ynde a queue, a ij fm̃oirs, et y s^t toutes les Vies des Sains selon Vincent, donnee au Roy par Gilet.

« Au sire de Gõmont, xxviij^e de januier iiij ^{xx} 2 j. » (1381.)

Selon Vincent, — selon Vincent de Beauvais.

242. Valeri⁹ Maximu⁹, couũt de soie ṽmeille a queue, t̃s bñ escp̃t 2 ystorie.

« A monss³ dAniou, vj^e de mars, iiij ^{xx}. » (1380.)

Cette traduction françoise de Valère Maxime fut ordonnée en 1373, ou quelque temps avant, par Charles V à Simon de Hesdin, frère servant de l'ordre de Saint-Jean-de-Jérusalem ; mais il ne put traduire que les sept premiers Livres. L'ayant laissée imparfaite, Nicolas de Gonesse l'acheva en 1401.

Elle a été imprimée, sans date, vers 1480, sans noms d'imprimeur ni de ville, en 2 volumes in-folio.

243. Un Messel en fr̃cois, couũt de soie a queue, a feuliages vertz 2 rouges.

« Baille a la Royne. »

C'est vraisemblablement la traduction de Jean Golein, dont parle l'abbé Lebeuf dans le tom. III de son *Histoire du Diocèse de Paris*. (Voyez ci-devant, n° 225.)

244. Un t̃rs beau liure de Politiq̃es et Yconomiques, t̃rs bñ escript̃ 2 ystorie, couũt de soie ynde a queue, 2 fm̃oers dor.

Ce sont les deux ouvrages d'Aristote, traduits par Nicolas Oresme. (Voyez ci-devant, n°s 211 et 237.)

245. Un liure appelle le Songe du Vergier, q̃ est dun auis cõm̃et le Pp ne doit auoir cognoissance en ce q̃ touche le temporel ne la iustice du Roy, couũt de soie a queue, q̃ est le latin du fñcois dudit liure.

« Baille p le Roy a maistre Eurart Tr̃magon. »

246. Item, un aut̃ liure couũt de soie a queue, q̃ est le latin du fñcois dudit liure.

On attribue avec assez de fondement le Songe du Vergier à Raoul de Presles, avocat du roi Charles V, par ordre duquel on croit qu'il le composa. On ignore s'il fut d'abord écrit en latin ou en françois, mais il est certain que le même monarque le chargea de traduire, vers la même époque, la Cité de saint Augustin, ainsi que nous l'apprend l'extrait des comptes de Jean Laisnier, receveur général des Aides, en M. ccc. lxxij. (Voyez ci-devant, n° 193.)

Quelques écrivains attribuent aussi, mais à tort, le Songe du Verger à Philippe de Maizières, auteur du Vieil Pélerin, qu'il composa pour Charles VI, et dont l'original sur papier se conservoit chez les Célestins de Paris. Il n'a point été imprimé, mais il s'en trouve deux très beaux manuscrits à la Bibliothéque du Roi.

247. Un aut̃ petit liuret couũt de soie a vne crure dũ gresillon, q̃ traitte de celle mat̃re.

Crure, — serrure. — Gresillon, — lien, menotte de fer.

248. Un auī liure couūt de soie blanche 2 vert a queue, a fm̃ dor, ou sī ij liures ; lun, nõme Gile lAugustin ; 2 lauī, dun Cordelier ; īs p̃faitemēt bon a linīducõn dū p̃nce.

« Au boys deũs le Roy. »

Au château de Vincennes.

L'un de ces deux ouvrages est celui qui est intitulé : *Ægidii columnæ romani ord. S. Augustini de Regimine Principum lib.*, dont il existe plusieurs éditions ; et l'autre, portant le même titre, par saint Thomas d'Aquin, dominicain, qualifié ici de cordelier, et sans doute par erreur.

Ces deux ouvrages étoient vraisemblablement des traductions françoises.

249. Un liure nom̃e Ethiques, couūt de soie blanche et vert a queue īs bel, bñ ystorie 2 escp̃t, a fm̃ dor esmaillez de Fñce.

250. Un liure couūt de soie noire 2 blanche, appelle Cy no⁹ dit.

Il y avoit quatre manuscrits de ce livre dans les Bibliothéques des ducs de Bourgogne. (Voyez la *Protypographie* de M. Barrois, p. 127, n° 744 ; p. 241, n° 1688 ; p. 268, n°⁵ 1874 et 1875.) Quelques uns portent le titre suivant ; c'est le livre nommé : *Cy nous dit qui traicte des Saintes Ecritures.*

251. Un liure couūt vert 2 rouge, a rosettes blanchez, ou s^t escp̃s aucunz respons, oraisons, 2 auīs chos³ en fñcois, en maniē de breuiaire.

252. Item, un liure de Titu⁹ Liui⁹ īs bñ escp̃t 2 bñ

ystorie, a iiij fm. dargᵗ, couũt de soie a queue, en ẽs gñt volume.

« Au boys deũs le Roy. »

C'est sans doute un autre manuscrit de Tite Live, de la même traduction, annoncée ci-devant, n° 33.

253. Les Croniques de Fñce, en deux volumez, couũrtes de soie ynde a queue, 2 sᵗ en deux estuys de cuir escorchez aux armͫ de Fñce.

« Au boys deũs le Roy. »

254. Une Bible abregiee, en un volume, couũte de cuir rouge a empraintez, a iiij fm̃oers.

« Par le Roy a maisͭ Phle Ogier. »

255. Item, aucũs liurez de la Bible, en un volume, cõmencñt a Genezis, et finant a Ecclãstique, couũt de cuir q̃ fu rouge, mal escp̃t, et fu Jehan de Vauboulon.

256. Le liure du Regnart, couũt de cuir rouge, 2 avĕq̃s les Fables Ysopet.

« A maisͭ Aymery de Menginac. »

257. Un liure couũt de soye, q̃ est appele la Compoicõn de la Sᵗᵉ Escp̃ture. Des Miraclez de Nr̃e Dame, de Theophile, de pluss³ autͨs, a ij fm̃oers dargent, esmaillez de Fñce, et tissuz de soie vert.

Le Miracle de Théophile, pièce dramatique du treizième siècle, n'a point été imprimée ; elle se trouve dans les manuscrits du Roi, n⁰ˢ 7218 et 7625. Son auteur s'appeloit Rutebeuf. Il a composé d'autres poésies, dont il a adressé quelques unes a Saint-Louis, sous le règne duquel il vivoit. Il mourut en 1310.

258. Vegesse de Cheuallerye, couūt de cuir blanc.

259. Le Pelerinage du Monde, de lAme 2 de Jhũ Cr̃t, en ij volumes, couūt de cuir blanc.

260. Item, le Gouuernem̃t des Princes. Le Tresor de Philosophie, Cydrac. Placides et Thimee, en un gñt volume, couuert de cuir rouge a empreintez.

Cydrac a été imprimé pour Antoine Verard vers 1496, sous le titre de : *la Fontaine de toutes Sciences de Philosophie*, petit in-fol.

261. Troye la Gñt, couūt de cuir a boullions t̃s vieil, recouū͏ᵗ de cuir vert.

262. Un liure couūt de cuir blanc, q̃ est des Miracles Nr̃e Dame, rymes.

C'est l'ouvrage de Gautier de Coinsy.

263. Un liure couūt de soie tẽnee, ou sᵗ les Testamẽs des Roys de Fñce.

264. Item, un liure couūt de cuir rouge a empraintes, ou est ptie de la Bible, ystoriee, a iiij fm̃oers, de soie azuree.

265. Un liure de Code en fñcois, couūt de cuir rouge, a iiij fm̃oers, du conte de S. Pol.

« Rendu par le Roy au conte de S. Pol. »

C'est Walleran, fils aîné de Gui de Luxembourg, châtelain de Lille, et connétable de France.

266. Un liure couũt de veluyau vermeil, ou est la Vie de S. Loys, a ij fmoers darg^t, aus armes du conte de S. Pol.

« Venus du conte de S. Pol. »

267. Un liure couũt de drap dor, a ij petis fmoers darg^t, ou est la Vie S. Denys, bñ ystoriee.

268. Le Miroer de la Messe 2 dArmes, en un liure plat, couũt en cuir, q̃ jadiz fu rouge a petis bouillons.

269. Lxij Caiers de la Bible, q̃ cõmenca maist Jeh̃ de Sy, et laq̃lle faisoit tr̃slater le Roy Jeh̃, dont Diex ait lame.

« A monss. dAniou, iiij de may iiij ^{xx} 2 j. » (1381.)

Le roi Jean, père du roi Charles V.
On ignore si cette traduction de la Bible a été jamais terminée. Une autre partie est sous le n° 12.

Après le n° 269 on lit ce qui suit :

Une guiṽre a une teste de lyon, en un estuy de cuir.
Une autre guiṽre a une teste de dame.
Un lut.
Une guiṽre a une teste dangelot divoire garnie darg^t, dont les broches sont darg^t a façon de seraines, et bordee darg^t, tout au tour esmaille de Fr̃ce, a un estuy de cuir fr̃mant a clef.

DU LOUVRE.

En marge des noms des cinq instrumens ci-dessus, on lit ce qui suit :

> Le Roy les a rebailliez a ses petis menestrelz, a q il estoit corrussie quāt il leur fist oster.
>
> Une guiẽre non pfaite, en un estuy.
>
> Une mescheante ribebe, et le fonds de ure.
>
> Une guitre diuoire, ou il a un donaremẽet diuoire tres bien ouuree au bout.
>
> Uns tabliaux de boys, ou il a dedens un couronemẽt de cyre viel.
>
> Il a este gete hors pce quil ne valoit riens.

Cy apres enssuient les Liures qui estoient en la chambre du milieu.

Et premierement :

270. Du S. Graal 2 de Meliagant, et de Lancelot du Lac, et fine ou il doit recommencier a agrauain.

« Au Roi, xxve de januier iiij ^{xx} et j. » (1381.)

Un très grand nombre de manuscrits de ce roman et des suivans se trouvent à la Bibliothéque du Roi.

271. Du S. Graal 2 de ĩstan, ĩs ancien et menue lr̃e vielle, et nest point enlumñne, 2 est en gñt volume.

272. La Table Ronde, de ĩstan, du Roy Marc de Cornouaille, tres ancien 2 ĩs vielle lr̃e, sans enluminũ 2 en gñt volume.

273. Tristan, appelle le Brest ou Braist, du Roy Marc de Cornouaille, dYseult la blonde, 2 dautres bons chlr̃s de la Table Ronde, bñ escp̃t 2 bñ enlum̃ne, a iij coulombes 2 en gñt volume.

« Au Roy, xxve de januier iiij {xx} et j. » (1381.)
« Il la envoie a la Royne dEspagne. »

274. De Charles 2 dOgier, 2 de pluss[3] auẽs choses ryme, 2 en langage picart, en gñt volume 2 de mauuaise lr̃e.

> Mauvaise lettre, — mal écrit.
> En picart, — en langue d'oïl.

L'auteur du roman d'Ogier le Danois, en vers, est le roi Adenès, qui en a fait plusieurs autres dans le treizième siècle. Ce dernier se trouve à la Bibliothéque du Roi, et vient du duc de La Vallière. (Son Cat., tom. II, p. 211, n° 2929) (3).

275. Du Saint Graal, de Lancelot 2 de ĩstan, de Palamedes 2 Galaad, en iij coulombes, bñ escp̃t 2 enlumine, 2 de gñt volume.

« A Mad' de Bourg̃ne, xiiij doctob. iiij {xx} et j. » (1381.)

Marguerite, femme de Louis de Male, comte de Flandre.

276. Du Roy Artus, de la Table Ronde, et de la Mort dudit Roy, ĩs bñ escp̃t 2 enlumine, 2 de gñt volume, a iij coulombes.

« Le Roy la baille a la Royne, iiij {xx} 2 iiij (1384), « xx dauril. »

La Royne, — Isabelle de Bavière.

277. Du Saint Graal 2 de la Table Ronde, bñ escp̃t 2 enlumine, a iij coulombes 2 en gñt volume, couũt de cuir rouge a grñs boulions, a iij fm̃oers.

278. De Meliagant, de Lancelot 2 de ĩstan, empse, en bñ gñt plat volume, a ij coulombes.

« pste a mons³ Domont, xxviij de janv. iiij ˣˣ 2 ij. » (1382.)

Pierre II, dit Hutin, sire d'Aumont, porte-oriflamme de France, mort le 13 mars 1413.

279. Expoicõns de Droit ou Decretales, en un volume plat.

280. Buefue dAgremõt. La Vie S. Charlemane. Les iiij fils Aymon. Dame Aye dAuignon. Les Croniques de Jhlm. Doon de Nantueil. Maugis le larron. Viuien et Raoul de Cambray.

Presque tous ces romans en vers se trouvent à la Bibliothéque du Roi.

Buesve d'Agremont, sous le n° 7183.
La Vie de Charlemagne, par Girard d'Amiens, n° 7188.
Les Quatre fils Aymon, n° 7182.
Doon de Nanteuil (par Huon de Villeneuve), n° 7553.⁵
Maugis le larron, n° 7183.
Vivien, dans Cangé, n° 25; dans l'ancien fonds, nᵒˢ 7535 et 6985.
Raoul de Cambray, dit Taillefer, n° 8201.
Dame Aye d'Avignon, sous le titre d'*Amiles et Amis*, nᵒˢ 7227, 2713; La Vallière, n° 632 (15); et dans le manuscrit de Saint-Victor, n° 383.

Les Chroniques de Jérusalem, dans le manuscrit de Colbert, n° 7498.

281. Les Faiz et la Vie Cesar 2 Suetone, 2 des Romains, bñ ystorie 2 escp̃t.

« Au Roy, xxve de janv^r iiij xx 2 j. » (1381.)

282. Godeffroy de Billon, de la Conqueste de Jhlm, empse 2 ij coulombes, couũt de cuir blanc a queue.

« Le Roy, le xxiiij^e de sept. iiij ^{xx} 2 xij. » (1392.)

283. LEnsserremẽt de Merlin, 2 toute lystoire de sa Vie, empse, escp̃t en ij colombez.

Ce roman est traduit du latin de Geoffroy de Montmouth.

284. Commẽt Jhlm fut conq̃s avẽqs la tr̃e douťmer, p Godeffroy de Buillon, emp̃se.

« Doñe au marq̃s de Salucez, quãt il plaida en
« plement par le roy Charles. »

Thomas, marquis de Saluces, mort fort âgé en 1416.

Le roy Charles, — Charles-le-Mauvais, roi de Navarre.

285. Du Cheuallier au Cisgne, 2 Godeffroy de Billon, de la tr̃e douťm̃, en ryme.

Un manuscrit du Chevalier aux Cignes, en vers, se trouve à la Bibliothèque du Roi, n° 7192, et un autre à celle de l'Arsenal (Belles-Lettres), in-folio, n° 165.

M. Michaud a analysé ce roman dans le tome I de sa Bibliographie des Croisades; il contient l'histoire de la conquête de Jérusalem par Godefroi de Bouillon.

Ce roman, composé de 11578 vers, a été commencé par un nommé Renax ou Renaud, et achevé par Candor de Douai, qui est aussi auteur des romans d'Anseis de Carthage, dont il existe un manuscrit à la Bibliothéque du Roi, sous le n° 2727, ainsi que de la Cour de Charlemagne, ou du voyage de ce monarque en Espagne.

286. Les Croniq̃s dOutrem̃r, et com̃et Mahomet 9quist p̃que toute la tr̃e de Surye, 2 Godefroy de Billon.

287. De Merlin, 2 des Faiz de Lancelot du Lac 2 de Gauuain, empse 2 a ij coulombez.

288. LAcheuemẽt du Brest. Bramor, et aussi Guyon le Courtoiz, empse., 2 iij coulombez.

« Porte a Meleun po^r le Roy p Colin de Lisle, « dern. sept. iiij ˣˣ. » (1380.)

L'Achèvement du Brut étoit sans doute une continuation du roman d'Artus de Bretagne ou du Brut, dont un manuscrit se trouvoit dans la même Bibliothéque. Voyez n° 499.

Meleun, — Charles V y avoit fait construire un château.

289. De la Tr̃e de Jhl̃m 2 de la 9q̃ste diceluj, p Godeffroy de Billon, empse.

290. Un liure de Chancons. Les Faiz de la Tr̃e dOut̃mer. Le Bestiaire. Robert le diable. Vies de pluss. Sains. Le Miracle de Theophile, de S. Jehan leuangeliste, et aut̃s choses rymees.

Robert le Diable, roman en vers du treizième siècle, se trouve à la Bibliothéque du Roi, dans un manuscrit du duc de La Vallière, n° 2732 (4) et 2733 (1).

Le Miracle de Théophile à huit personnages, composé par Rutebeuf, qui vivoit sous Saint-Louis, se trouve aussi à la Bibliothéque du Roi, dans le manuscrit n° 7218. (Voyez ci-devant, n° 257.)

291. Alexandre le Gñt, ryme.

Charles V possédoit plusieurs manuscrits de ce roman en vers, dont les différentes branches ou continuations eurent pour auteurs Eustache ou Eustache Lambert li Court de Châteaudun, Alexandre de Paris ou de Bernai, etc. Le plus ancien de ces auteurs paroît avoir vécu vers la fin du douzième siècle.

292. Les Enseignemẽs Aristote a Alexandre. Croniq̃s de Frñce. Geoffroy de Bilon, empse.

Les Enseignemens d'Aristote étoient-ils ceux que Pierre de Vernon avoit mis en vers, vers le milieu du douzième siècle, et dont il y a un manuscrit à la Bibliothéque du Roi, n° 5, fonds de l'Église de Paris?

293. LEnsserremẽt de m̃lin et de Vter Pandragon, en un g̃s volume 2 empse, b̃n escr̃pt en̄ ij coulombez.

« A la Royne, xij ͤ de nouẽb. iiij ˣˣ 2 xij. » (1392.)

Jeanne, fille de Pierre I, duc de Bourbon.

294. Le p̃mier volume du Miroer hystorial, empse.

295. Le ij ͤ volume du Miroer ystorial, emp̃se.

296. Le iij ͤ volume du Miroer ystorial, emp̃se.

297. Le ive volume du Miroer ystorial, empse.

« Il ny a point de iij^e, mais il y en a un quart
« volm̃e en lieu. »

En lieu, — en place.

298. Ouide le Gñt, ryme 2 moralise, escp̃t en lr̃e de note, glose 2 mal ystorie.

Ce sont les Métamorphoses moralisées de Thomas Waleys, traduites en françois.

299. De la Mort le Roy Artus, des Faiz de la Table Ronde, empse, escp̃t en iij coulombez.

« Au Roy, xj dottob. iiij ^{xx} 2 iiij. » (1384.)

300. Julius Cesar empse, t̃s bñ escp̃t 2 tr̃s gñt volume, et couũt de cuir blanc, a queue.

« Au Roy, derreñ de decemb. iiij ^{xx} 2 xvij. » (1397.)

301. Un excessiuemẽt gñt liure, ou s^t pluss. chozes de deuõcon, en langage doc, et breuiaire latin aueq̃s, couũt de cuir noir.

Langage doc, — provençal.

302. Du saint Graal, de Lancelot, de Gauuain, en gñt volume plat, empse, couũt de cuir rouge a empraintes, a ij fm̃ darg^t, des armes de la Royne Jehñe de Bourbon, 2 bouillonz darg^t.

« La Royne, le xixe daoust iiij ^{xx} 2 j. » (1381.)

Jeanne de Bourbon, femme de Charles V.

303. De Marques de Rom̃e, de Laurin 2 de Cassio-

dorus, de pliarmenus, des Faiz de Rõme 2 de Constantinoble, empse, en iij coulombez 2 t̃s gñt volume.

C'est le roman des Sept Sages de Rome, autrement nommé *Dolopatos*. Il fut originairement écrit en indien, et traduit ensuite dans presque toutes les langues. Un nommé Hébers le mit en vers françois sur la fin du douzième siècle. Il s'en trouve un manuscrit à la Bibliothéque du Roi, sous le n° 6767, où l'on en conserve un autre sous le n° 7974, lequel renferme une version en prose du même roman, faite dans le courant du treizième siècle.

304. Tristan le Leonoys. Histoire de S. Graal empse, gros volume escp̃t en iij coulõbes.

305. Croniques assembleez de Julius Cesar et de Godeffroy de Billon, ẽ p̃pier 2 ẽ p̃se.

306. La Passion 2 Resurrec̃on de Jehũc̃st, Viez de pluss. Sains, empse, t̃s bñ escp̃t, 2 es marges les armes de Chambly.

« A mad' de Bar, xxve de fevr. iiij ^{xx} 2 xvij. » (1397.)

Marie de France, fille du roi Jean.
La femme de Giles Malet étoit de la famille de Chambly.

307. Digeste vielle en fr̃ncois.

308. Decrettales.

309. Digeste vielle.

310. Enforcade, sans aiz, couũt dune pel de pchemin.

Pel, — peau.

311. Digeste vielle.

312. Decretallez.

313. Institude.

314. Decrettales.

315. Institude.

316. Tacuin.

317. Alexandre le Gñt, ryme, sans enlumineur.

Sans enlumineur, — sans miniatures ou ornemens peints.

318. Le iij^e Liure de īstan, empse.

319. Unes Decretales en fñcois, couūt de cuir a queue.

320. Le Recluz de Morleenz. Les Cronq̃ues des Euesques de Liege, 2 auts choses en ryme 2 pse, 2 ts grosse lr̃e.

Un manuscrit de cette Chronique des Évêques de Liége est à la Bibl. du Roi, n° 7632, et *Recherches sur Gruthuyse*, p. 163.

321. Des vij Sacremens, 2 maist Jĕh de Meun. Le Recluz de Morleenz. Le Traittie des iij Fleurs de Liz. La Voie dEnffer 2 la Voie de pãdis, couū^t de cuir rouge.

La Bibliothéque du Roi possède deux fabliaux intitulés *la Voie d'Enfer*; l'un est de Raoul de Houdanc, l'autre d'un poète inconnu.

322. Les pãboles Sallemon, et les Viez de pluss[3] Sains, et se cõmence aus Miracles de la Chandelle Nr̃e Dame dArraz, et y s^t aussi les Enssengnemẽs

S. Loys a son filz 2 a sa fille, 2 pluss³ auts choses, et y a ptie empse 2 ptie en ryme.

323. Perceual le Galoys en ryme, ses Faiz 2 sa Cheuallerye.

Ce roman est de Chrétien de Troyes, qui vivoit dans le treizième siècle.

La Bibliothéque du Roi en possède des manuscrits, sous les nᵒˢ 7523, 7536, 7538.

324. Godeffroy de Billon, de la Conq̃ste dOultmer, ryme, bñ viel, em pappier.

325. Tristan 2 Lancelot, et de ses Faiz. De la Table Ronde, empse, bñ viel.

326. Aubery le Bourguignon, ryme 2 mal escp̃t.

Ce roman est du treizième siècle. La Bibliothéque du Roi en possède le manuscrit qui se trouvoit chez le duc de La Vallière. (Le Cat., tom. II, p. 213, n° 2731.)

327. Fouques Faucon, Gũrart le Conte, ryme en gascoing.

Fouques Faucon est à la Bibliothéque du Roi, n° 7181.

Un autre roman de Gérard, dit de Nevers, a été mis en vers dans le treizième siècle, par Gibers de Monstreuil, sous le titre de : *Roman de la Violette.* Il s'en trouve un manuscrit à la Bibliothéque du Roi, n° 7595. Ce poëme a été traduit en prose dans le quinzième siècle, et publié avec des notes par Gueulette en 1727, in–12.

328. Meditacoñs S. Bernart, Josaphat 2 Barlaham. La Vie S. Brandain. Le Purgatoire S. Patrice, empse, 2 auts choses.

Le livre de Barlaham et Josaphat est une traduction du grec de saint Jean Damascène.

Il a été traduit en vers dans le treizième siècle, et est à la Bibliothéque du Roi, n°⁸ 7208 A et 7595 des Manuscrits françois.

La Vie de S. Brandain est traduite d'une Vie latine de S. Brandane, abbé, dont il existe plusieurs manuscrits à la Bibliothéque du Roi.

Le Purgatoire de S. Patrice a été également traduit du latin.

329. Alexandre, ryme et ystorie dencre sans couleurs.

> C'est-à-dire orné de dessins à l'encre, sans enluminures.

330. Les Miraclez Nře Dame, rymes, bñ escript̃ 2 bien ystoriez.

331. Le liure du Faits 2 de la Passion S. Denys. Des xj M. Martirs. Les anz de la Natiuite Nss. La Cronologie des Pappez, Empereurs 2 Roys de Fñce, et les temps q̃ils ont regne, et daucũs des Faiz q̃ en leurs temps sᵗ aduenuz. La Passion Nss. La Vie Nře Dame, rymes, ptie du Bestiaire, empse, et sans com̃et. Autſ Notablez en fñcois, moralises en latin. Les Seurs Regñ de Dampm̃artin, rymes. La Patenostre exposee, empse.

> Des xj M. Martirs, c'est-à-dire Vies d'Vndecim et Millia, vierges et martyres.
>
> Les Seurs Regñ de Dampmartin. — Les sœurs du comte Regnaut de Dampmartin, qui vivoit au commencement du treizième siècle, et qui fut fait prisonnier à la bataille de Bouvines en 1214, s'appeloient Alix, qui épousa Jean, seigneur de Trie; Agnès, mariée à Guillaume de Fiennes; et Clémence, femme de Jacques de Saint-Omer.

332. Le roman dArtus le Retore, t̃s mal escp̃t.

Il s'en trouve deux manuscrits à la Bibliothéque du Roi, n°s 1099 et 7180.

333. Chanz royaux notez 2 empse.

334. Chans royaulx. Chancons du Roy de Nauarre, b̃n escp̃t.

Levesque de la Ravalière a recueilli les Chansons de Tibaut, roi de Navarre, en deux vol. in-12, imprimés en 1742, ainsi que de la Borde, dans son *Essai sur la Musique*, tom. II, p. 222-230.

335. De Blanchandin 2 de Beaumauuaiz, t̃s viel.

Il y en a deux manuscrits à la Bibliothéque du Roi, n° 6987, et fonds de Saint-Germain, n° 1239.

336. Berinus, empse, sans enlumineur.

La Bibliothéque du Roi en possède un manuscrit, sous le n° 7187.

337. Troye la Gñt, ryme, escp̃t en ij coulombez.

L'auteur est Benoist de Sainte-Maure, poëte anglois-normand, qui vivoit sous le règne de Henri II, roi d'Angleterre. C'est la traduction de l'*Histoire de Troye* de Darès de Phrygie.

On en trouve plusieurs manuscrits à la Bibliothéque du Roi, n°s 7189, 7624, 7595.

338. La Naissance de touc̃ choses, appele le Liure du Tresor, empse, escp̃t en ij coulombez.

339. Parceual le Galoiz.

Il y a un manuscrit de ce roman en vers, à la même Bibliothéque du Roi, n° 7536.

340. Judas Macabeus. La Passion Nr̃ SS. La Vie des Perez. Cõment on doit amer Dieu. Les Regrez a la Croix. De la Tr̃e p̃s̃t Jeh̃. Sm̃ons 2 autr̃s choses de deuõcon.

« Au senescal dEu, le derrenier de decemb. iiij ˣˣ et xvij. » (1397.)

Un roman historique, sous le titre de *Machabées*, par Charles de Saint-Gelais, a été imprimé à Paris par Bonnaire en 1514, in-folio; mais il ne peut pas être le même.

La terre de Prestre-Jean étoit la Tartarie, dont il étoit roi.

La Bibliothéque du Roi possède, sous le titre de *Prestre Jehan*, un petit écrit in-4° contenant douze feuillets, imprimé avec des caractères dont on faisoit usage à Lyon vers la fin du quinzième siècle.

Il commence par ces mots, qui forment un titre : *PRestre Jehan*, et finit par ceux-ci : *Cy finist Prestre Jehan*.

Cet opuscule paroît être celui dont il est question ci-dessus; il contient un état des possessions de ce prince et de son gouvernement. Il est daté de 507.

341. Aubery le Bourguignon, en ryme, vieil 2 mal escp̃t.

342. Regnart ryme, escp̃t en deux coulombez.

343. Chans royaulz notes.

344. Le poës mss. Robert dAartoiz.

345. Des Philosophes. Du Regnart 2 Ysengrin. Le Reclus de Morliens, ryme.

346. La Vie S. Martin de Tours, rymee, escp̃ᵗᵉ en t̃s grosse lr̃e 2 bõne.

347. Sydrac, 2 Josaphat 2 Balaam. Le Reclus de Morleenz, empse 2 ryme.

La Fontaine de toutes Sciences, du philosophe Sydrac, passe pour avoir été composée par un anonyme dans le treizième siècle. Antoine Verard l'a fait imprimer en 1486. Ce dernier ouvrage est en prose.

348. Jehan le duc du Mont aus Feez, empse.

« Donne a la Royne. »

349. Les pphecies m̃lin, empse.

Les Prophéties de Merlin ont été imprimées pour Antoine Verard en 1498, in-fol.

350. Le Passage de la tr̃e Saincte, nõme Directoire ou Adrecemẽt de la Cõqste dOultĩmer, tres bñ escp̃t, empse.

Cet ouvrage a été traduit du latin par Jean de Vignay en 1333.

Il s'en trouve un très beau manuscrit à la Bibliothéque du Roi, exécuté dans le quinzième siècle.

351. Merangis, ryme, t̃s viel.

Roman du treizième siècle, mis en vers par Raoul de Houdanc. Il est à la Bibliothéque du Roi, n° 7183.

352. La Passion Nr̃e SS., rymee, p psonages. La Vie des Pẽs. LYmage du Monde. Viez daucũs Sains. Pluss. choses de S. Pol. Chancons 2 aũts choses rymeez.

La Passion par personnages a été imprimée plusieurs fois à la fin du quinzième siècle et au commencement du seizième.

Il y a parmi les manuscrits de la Bibliothéque du Roi plusieurs Passions de Jésus-Christ, n°s 7206, 7209, 7296, 7297, 7299, 7304, 7668, 8030, et une en vers du treizième siècle, citée par les auteurs de l'*Hist. Litt. de France*, tom. XIII, p. 40.

L'Image du Monde ou Mappemonde, ou Traité de Clergie, a pour auteur Gautier de Metz, qui le composa en 1245.

On en trouve des manuscrits à la Bibliothéque du Roi, et entre autres ceux du duc de La Vallière. (Le Cat., tom. II, n°s 2721 et 2722.)

Cet ouvrage a été traduit plus tard en prose, et imprimé.

353. LExp̃oicon du Pseaume *Eructauit*. Le Reclus de Morleenz. Marcon 2 Salmon.

Il y a à la Bibliothéque du Roi, dans le manuscrit n° 7218, une pièce de quarante strophes, intitulée : *Marcoul et Salomon;* elle a été imprimée, au commencement du seizième siècle, sous le titre *des Dits de Salomon et de Marcon*.

Cette pièce consiste en quarante-six dits de Salomon, exprimés chacun en trois vers, avec autant de réponses très libres de Marcon. Elle est réimprimée, augmentée de 96 nouveaux dits, dans le tome I, p. 416-436, du nouveau recueil de Fabliaux par M. Méon, 1833.

354. La Reuenue de la Conte de Montfort.

355. La Vie des p̃es, rymee, t̃s viel.

Probablement celle de Gautier de Coinsy.

356. Les Secrez dAristode, et Girart dAmiens, empse.

Girardin d'Amiens a mis en vers, vers l'an 1260, le roman de Méliacin.

Il s'en trouve deux manuscrits à la Bibliothéque du Roi, n°s 7538 et 7631.

Dans un autre, n° 7610, le même roman porte le titre *du Cheval de Fust*. (Voyez ci-après, n° 418.)

357. Unes petites Croniq̃s abregiez sur Vincent, empse, bñ escp̃t, faisans meñcon des Pappes, Empeurs 2 Roys de Fñce, jusq̃s a lan M ccc xlii.

C'étoit un abrégé du Miroir historial de Vincent de Beauvais.

358. Glorion de Bretagne, rymee.

Roman à nous inconnu.

359. Les Veux du Paon, ryme.

C'est le complément du roman d'Alexandre, composé dans le douzième siècle.

Cette fin est du quatorzième siècle. Il s'en trouve plusieurs manuscrits à la Bibliothéque du Roi.

360. La Guerre du Roy de Fñce 2 du Roy dAngletrre, 2 les Faiz du Roy de Nauarre, 2 de ceulx de Paris, quãt il furẽt cont̃ le Roy, escp̃t en vn papp, sans'ais, couũt de pchemin.

C'est la guerre entre Jean II et Édouard III, depuis 1337 jusqu'en 1360.

Les Faiz du Roy de Nauarre, — Charles-le-Mauvais, en 1356.

361. Les Pronosticacõns Socrates Babylee.

Babylee, autrement Basilée.

362. De la Malle Marrastre, Marq̃s le filz Chaton, et des vij Sages, empse.

Marq̃s, — Marques.

C'est le Dolopatos, dont un autre manuscrit est annoncé ci-devant, n° 303.

363. Thessaluz, ryme.

Peut-être le roman de Theseus de Cologne, dont un manuscrit se trouve parmi ceux de Colbert, n° 3020.

364. Chans royaux, notez.

365. Alexandre, empse, ĩnslate lan M ccc xlj, p frē Jeh. de Vignay.

Il y a à la Bibliothéque du Roi, sous le n° 7504, un manuscrit du quatorzième siècle, de cette traduction françoise du roman d'Alexandre, par Jean de Vignay, et qui a été imprimée avec quelques changemens, à Paris, au commencement du seizième siècle, par Nicolas Bonfons, in-4°.

Cette Bibliothéque en possède un autre qui traite du même sujet ; il est d'une exécution magnifique, avec des miniatures de la plus grande beauté. Il porte pour titre : *les Nobles Faits d'Armes d'Alexandre-le-Grand*, compilé à la requête de Jean de Bourgogne, comte d'Estampe.

Ce Jean de Bourgogne, depuis Jean-sans-Peur, duc de Bourgogne, fut assassiné à Montereau le 18 août 1419.

366. LYmage du Monde, ryme.

367. Des Eschez, le jeu figure 2 escpt.

C'est l'ouvrage de frère Jacques de Cessoles, qui a été traduit du latin en françois par Jean de Vignay. Il en existe une seconde traduction faite par Jean le Ferron. Ces deux traductions sont du quatorzième siècle. Celle de Vignay a été imprimée à Paris par Michel Lenoir en 1505, in-4°.

Celle de Jean le Ferron, dédiée à Bertrand Aubery, est à la Bibliothéque du Roi, parmi les manuscrits du duc de La Vallière. (Cat., tom. I, p. 398.)

368. De Pierre Alphonse, et de la Rose, abregie. Laistre perilleux, acheue par mess. Gauuain, empse.

Alphonse, juif, vivoit dans le douzième siècle.

Il y a à la Bibl. du Roi trois manuscrits de *Laistre* ou l'*Atre périlleux*, n°s 7034 et 7384, et fonds de Baluze, qui le dit composé par un chartreux, pour une nonain de l'ordre de Fontevrault. (Cat. de Baluze, tom. III, p. 124, n° 812.)

Le second manuscrit porte le titre du *Château périlleux*.

369. Vaĩquet, ryme.

Vattiquet ou Vatriquet.

370. Le Jeu q̃ se fait p le Jeu des Dez, bñ ystorie 2 bñ escp̃t.

371. La Bataille des vij Ars, de Phle le Conq̃rant. La Genealogie p maniẽ de Croniques des Roys de Fñce.

La Bataille des Sept Arts se trouve en vers, sans nom d'auteur, dans le manuscrit du Roi n° 7218.

372. Chans royaux.

373. Guill. dOrange, ryme.

Le roman de Guillaume d'Orange, surnommé *au Court-Nez*, est du treizième siècle, et se trouve en manuscrit, non seulement à la Bibl. du Roi parmi les manuscrits du duc de La Vallière, n° 2735 du Catalogue, mais dans ceux de Colbert, n° 1377.

L'auteur s'appeloit Guillaume de Bapeaume.

374. Les Faiz dEspagne. Athis 2 pphirias, ĩs viel.

Athis et Phirias a été mis en vers par un poète du treizième siècle, nommé Alexandre, peut-être Alexandre de Bernay, surnommé *de Paris*, un des auteurs du roman d'Alexandre, composé dans le douzième siècle.

Il y a des manuscrits d'Athis qui portent le double titre de *Siége d'Athènes*; tels sont ceux de Cangé, à la Bibliothéque du Roi, n° 73, et de Gruthuyse, n° 7191, à la même Bibliothéque. (*Rech. sur ce Seigneur*, in-8°, p. 158.)

375. Le coṁcemēt des Gestes de Fñce, ryme, 2 escr̄pt en gascoing, t̃s viel.

376. Charlemaine 2 Turpin. Les Anz de Adam jusq̃s a Jhūčt, quantes foiz Jhlrm̃ a este prise. Le liure de Ponthigny, 2 autī̃s choses empse.

La Chronique ou la Vie de Charlemagne, par l'archevêque supposé de Reims, a été originairement écrite en latin. Il en existe une traduction françoise par Gaguin.

377. Tristan de Leonnoys, filz du Roy Meliadus, 2 du Roy Marc de Cornoaille, empse.

378. Du Roy Phle le Conq̄rant, ryme.

Parmi les manuscrits de Colbert, n°s 1506 et 3031, il y a un roman de Philippe de Macédoine et d'Alexandre-le-Grand.

Il y en a un autre à la Bibliothéque du Roi, sous le n° 3498.^{3}

Ce roman est du treizième siècle.

379. Le Voyage de padis. La Vie Ste Margarite, 2 autī̃s choses rymeez, en un petit liuret.

padis, — Paradis.

380. Le Lappidaire, empse, de lr̃e courant.

C'est une traduction en prose du poëme latin de Marbode ; il en existe aussi une en vers françois : toutes les deux sont du treizième siècle, et se trouvent à la Bibliothéque du Roi.

Le Lapidaire traite des pierres précieuses, de leurs propriétés tant vraies que prétendues.

Deux manuscrits sont à la Bibliothéque du Roi, fonds de l'Église de Paris, M 17 et F 19. (Voy. *Notices des Manuscrits*, tom. V, p. 167.)

381. Jugemens dAmours, empse, sans enlumineur.

382. Le Courõnemẽt des Roys, et m̃lin et Ambroise son maist̃, empse.

383. Le R̃omãt du conte Roals dAngletẽre, ryme.

Roman inconnu sous ce titre.

384. Solin⁹ des m̃ueilles du Monde, ryme.

385. Josaphat 2 Balaam, ryme, en vn petit liuret.

Ce roman du treizième siècle se trouve à la Bibliothéque du Roi, n° 7595, fol. clxlvij, recto.

386. Guille dAniou, en vn caier sans fin et sans commencem̃t, et empse, sans aiz.

387. La Chasse aus Medissans, en vn caier, sans aiz 2 sans enlumineur.

388. Un Pappier dAmours, sans aiz, ryme.

389. Vn petit liure dune p̃e de Ñre Dame.

p̃e, — patenôtre.

390. Oraisons en fñcois, empse, en t̃s grosse lr̃e.

391. Le Reclus de Morleenz, en vn caier, ryme.

392. Chans royaux.

393. La Cirurgie, maist̃ Henry de Mondeuille, en caiers, sans aiz.

Henri d'Amondavilla étoit chirurgien de Philippe-le-Bel. Sa pratique de chirurgie est en latin et manuscrite, à la Bibliothéque du Roi, nᵒˢ 6910 A, 7130, 7131, 7139.

394. Les Eschez moralises, en vn caier couũt de pchemin.

395. Un Aduiz enuoie a vne Royne, empse, en caiers, sans aiz.

396. Marcus Paulus, en vn caier, couũt de parchemin.

397. Le Miroer aus Pñces, p Vaĩquet.

398. Vegesse de Cheuallerye, en vn caier.

399. Troie la Gñt, ryme.

400. Demandes q̃ vn Escuier fait sur lordenance du passage de la t̃re doult̃mer, en un caier.

401. Les Secrez Aristote, empse, en vn caier.

402. La Vie ⁊ les Faiz de Cesar, empse, en deux coulombez.

« Le Roy la a Beaute, xij^e de septembre iiij ^{xx} 2
« xiij. » (1393.)

Beauté, château des Rois de France, situé aux environs de Paris, près du bois de Vincennes, sur la Marne.

403. Le Retour du Paon, 2 dAlexandre, ryme, en vn petit liure.

C'est une branche du roman d'Alexandre, composée dans le quatorzième siècle; elle consiste en environ 1165 vers. Le manuscrit du duc de La Vallière n° 2703, qui la contient, se trouve à la Bibliothéque du Roi.

404. LYmage du Monde, ryme, et de Cirurgie, empse, bñ ystorie. En la fin s^t les xij moys de lan figurez, 2 les xij signes.

405. Meliachin 2 du Cheual de Fust. Du Chastelain de Coucy. De la Dame de Fayel, ryme, bñ escp̃t 2 enlumine.

Meliachin ou le Cheval de Fust est intitulé, dans d'autres

manuscrits, *Cleomades*. Ce roman est du roi Adenès, qui le composa, vers 1275, pour Marie de Brabant et Blanche de France.

Il s'en trouve des manuscrits à la Bibliothéque du Roi, n°ˢ 7538, 7231, 7135, 7610.

De la Borde en a donné un extrait dans son *Essai sur la Musique*.

Un manuscrit du quatorzième siècle, du Chastelain de Coucy, est conservé à la Bibliothèque du Roi, n° 7973. Ce roman en vers a été publié dans la nouvelle édition des *Fabliaux de Barbazan*, donnée par Méon, tom. IV, p. 196. (Voyez *Recherches sur Gruthuyse*, p. 156.)

406. La Cirurgie maist̃ Pierre Fremõt, bñ escp̃te.

407. Taillefer, dit Raoul de Cambresiz, ryme, t̃s viel, 2 bñ petit.

(Voyez n° 280.)

408. Un romant en gascoing, ryme, t̃s viel.

409. Un liure du Sacre des Roys de Fñce, en fñcois 2 latin, couũt de drap dor.

410. Damis 2 Damille, de Jourdain de Blaiauez, ryme 2 bñ escrp̃t.

Ce roman a été traduit en prose sous le titre de *Miles et Amis*, et imprimé à Paris pour Antoine Verard vers 1503, in-fol.

Le roman de Jourdain de Blaves contient une partie de celui de Miles et Amis. Il n'est connu jusqu'ici, en vers françois, dans aucune Bibliothéque. Réduit en prose, il a été imprimé en 1530, in-folio, par Michel le Noir.

411. Des Wandrez q̃ vindrẽt en Fñce. Du Loherans Garin. Du Begue de Belin, ryme, en petit volume.

Wandrez, — Sarrasins.

Ce sont trois branches ou suites du roman de Garin Loheran ou le Lorrain, composé en rimes par un anonyme durant le douzième siècle. Dom Calmet, dans son Histoire de Lorraine et dans sa Bibliothéque de Lorraine, en a donné de longs extraits; mais M. Paulin Paris vient de le produire en entier, avec les soins et l'exactitude qu'il a mis à nous faire connoître le roman de Berte, et en y ajoutant, pour compléter son intéressant travail, l'indication de tous les manuscrits dont il s'est servi.

La Bibliothéque du Roi en possède un grand nombre sous différens titres, suivant les différentes branches qu'ils renferment.

412. Le Reclus de Morleenz, dit Charite, ryme.

413. Troie la Gñt, ryme.

414. Les Songes Danyel, empse.

415. Guyon de Nantueil, ryme.

Le roman de Guyot de Nanteuel ou de Nanteuil a pour auteur Huon de Villeneuve. Il est en manuscrit à la Bibliothéque du Roi, fonds de Colbert, n° 3131.

416. Toirrez, chlr̃ au cols dor, ryme, bñ ystorie 2 escp̃t.

« A la Royne, xij° de nou. iiij^{xx} 2 xij. » (1392.)

Roman inconnu sous ce titre.

417. De Regnart 2 Ysopet, Avioñet, moralitez, rymeez.

Avioñet, — Avien, ses fables.

418. Meliachin 2 du Cheual de Fust, ryme 2 bñ escp̃t.

(Voyez ci-devant, n° 357.)

419. Le Tresor du Roy Phē poʳ aller oultremer, et y sᵗ les engins figurez telz q̃ il les fault poʳ assaillir citez, chasteaux, fortessez, passer riuieres, escp̃t emp̃se.

420. Les Euangiles en fr̃cois, puiz le p̃mier dymanche des Auans jusq̃s a la Thiphñie. Les Pãboles Sallomon. Sapience, Cantiq̃s, Ecclastique, emp̃se.

421. Parceual le Galoys, ryme.

422. Le Passage S. Loys oultremer. Du Roy Pĥle, qui mourut en Arragon, et quant le Roy Phē p̃nt la croix poʳ aller oultremer, ryme.

Philippe III, dit le Hardi.

423. Cirurgie 2 Medecine dOiseaux, et Cirurgie poʳ Genz, et auts̃ choses.

424. Fouques Faucon, 2 Girart de Rossillon, petit 2 t̃s bñ enlumĩne, t̃s viel.

Le roman de Girard de Roussillon, en vers, se trouve à la Bibliothéque du Roi, parmi les manuscrits de Colbert, n° 1904.

425. Aucũs des Faiz de la Bible, rymez, et la Passion aussi, Viez de pluss. Sains, emp̃se, 2 le t̃spassemẽt Nr̃e Dame.

426. La Fleur des Ystoirez de la tr̃e dOrient, emp̃se.

Cet ouvrage a été plusieurs fois imprimé sous le titre des *Fleurs des Histoires de la terre d'Orient*, par frère Hayton, seigneur de Cort. Paris, Janot, rue Neuve Notre-Dame, vers 1520. Petit in-4°.

427. Le Romans de la Rose, t̃s viel 2 mal escp̃t.

428. Des vij Pechiez mortelz, en vn petit liure, empse, et Cõmẽt on se doit confesser.

429. Un Roumant de la Rose.

430. Un petit liure de Cirurgie 2 Medecine, empse.

431. Unes Croniq̃s de Fñce t̃s abregieez, empse, 2 petit volume en vn viez caier.

432. Les x Cõmand' de la Loi, Vicez et ṽtus ystoriez.

<small>Vices et Vertus, livre autrement nommé *la Somme le Roy*.</small>

433. La Vie Ste Geneuieue, en latin et ryme, et le S³ũice note.

434. Cydrac, empse, bñ escp̃t et ystorie.

435. Boesse de Consolcõn, ryme.

436. Le Romant de la Roze, maist̃ Jeh' de Meun, bñ escp̃t.

« Le Roy la enuoie au conte de Salzebȳ, p larche-
« uesq³ de Rouen. »

<small>Guillaume II, comte de Salisbury, né en 1328, mort en 1397, fut un des commissaires envoyés en 1392 pour traiter de la paix. (Voyez n° 462.)</small>

437. La Bataille de Cassel en Fland', ryme, bñ escrp̃t 2 ystoriee.

« A la Royne, iiij ˣˣ 2 xij (1392), xiij^e de no-
« uemb. »

<small>Ce fut le 23 ou le 24 août 1328 que Philippe de Valois livra bataille aux Flamands, et remporta la victoire sur eux.</small>

438. Le Bestiaire maisĩ Richart de Furnyual damõs. Le Cõpost. LYmage du Monde. Le Tõrnoiemẽt Antecst, q̃ fist un moine de S. g̊main des Prez, aueq̃s pluss³ chancõs noteez.

Le Tournoiement de l'Antechrist fut composé en vers, en 1245, par Hugues de Méry, moine de Saint-Germain-des-Prés.

Il se trouve à la Bibliothéque du Roi, parmi les manuscrits du duc de La Vallière, n° 2736 (20) de son Catalogue.

Ce Tournoiement ou Tournoi, est un combat entre les Vices et les Vertus.

439. Cirurgie, en fñcois.

440. La Vie des Peres, rymee, ĩs viel.

441. Le Gouuernemt̃ des Roys et Pñces.

442. Ansseys de Cartage. Attis et Porphiryas, ryme.

Il y a à la Bibliothéque du Roi deux manuscrits du premier roman; l'un, sous le n° 7191, 540 ⁵, fonds nouveau; l'autre, sous le n° 6987.

443. De Charlon, conte de puence, q̊ cq̃uist la čcille 2 Puille, ryme, ĩs mal escp̃t 2 viel.

Charles I, comte de Provence en 1245, reconnu roi de Naples et de la Pouille après la bataille de Bénévent.

444. Un Psaultier ẽn fñcois 2 latin, bñ escp̃t 2 ystorie.

445. Le Reclus de Morleenz, ryme.

446. Marcus Paulus, couũt de drap dor, bñ escp̃t 2 enlumine.

447. Vegesse, de Cheuallerye, bñ esp̃t.

448. Du Saint Graal. De la Creacõn Adam. La Naissance de tout̃ choses. Merlin. Les pphetiez Sebille. Les Prophetiez Methode, Euesq̃ de Patraz, empse.

Méthode, évêque de Patras, vivoit vers la fin du troisième siècle. Son ouvrage, dont il se trouve plusieurs manuscrits à la Bibliothéque du Roi, est intitulé : *de Principio et fine mundi.*

Un autre Methodius, avec lequel il peut avoir été confondu, florissoit vers le milieu du treizième siècle. L'ouvrage que nous en avons manuscrit porte le titre de *Revelationes.* On y trouve beaucoup de choses sur les Turcs, l'Antechrist et le dernier Jugement.

449. Vices 2 Vertus. La Sõme le Roy. Questions de Diuinite, du pff̃et q̃ vient de t̃bulacõn, et aut̃s choses pluss³.

450. Marcus Paulus, non enlumine.

451. La Vie S. Fiacre, et le S³uice note. Chancons noteez, 2 aut̃s chos³ bñ escp̃t.

452. Un liure de Chanz, bñ note, bñ escp̃t 2 enlumine, en latin, et a point dorgue.

453. Josaphat 2 Balaam, ryme.

454. Vat̃iquet, ryme, q̃ sᵗ diz du Menest̃el, bñ escp̃t et ystorie.

455. Un liũe de Deuocõn 2 c̃templacõn, qui fu de la Royne Jĕhne dEureux, ou q̃l sᵗ pluss³ oroisons 2 maniere densseignem̃et en sm̃ons, poʳ aq̃ir lamour Nr̃e SSˢ, couũt de cuir.

456. Lexpoicõn de la Patenr̃e, et Aue Marya ainssi

en fñcois, et õ Intemerata en latin, et pluss³ auĩs choses rymees.

457. Bestiaire, et Chancons en langage piquart, 2 Demandez 2 aulcuñ chos³ a point dorgue.

458. Vegesse, de Cheuallerye.

459. Les vij Sages, et Marques le filz Caton, en petit vol.

<small>C'est un manuscrit du Dolopatos.</small>

460. La nature des Pierez, en vn petit liuret.

<small>C'est le Lapidaire.</small>

461. Un ĩs petit liure sans aiz, intitule dess³ les Enseingemẽs Loys caieuaire, Roy de Fñce, enuoiz a sa fille la duchesse de Bourgongne.

<small>Ces Enseignemens se trouvent à la Bibliothéque du Roi, dans un des manuscrits de Baluze (n° 313 du Roi, n° 9648², numéro nouveau), à la suite des Annales du Règne de Saint-Louis, par Guillaume de Nangis, manuscrit de la fin du quatorzième siècle, sur vélin, en ancienne bâtarde.

Ils n'ont point été imprimés comme ceux qu'adressa le même Roi, avant de mourir, à Philippe son fils aîné, et publiés par Melot et Capperonner, dans leur seconde édition de la Vie de Joinville, à la suite des mêmes Annales de Guillaume de Nangis (page 284).

Ces Enseignemens sont adressés à Agnès, troisième fille de Saint-Louis, mariée à Robert II, duc de Bourgogne, née en 1279, morte en 1327, et ils sont précédés du sommaire suivant :</small>

<small>Ce sunt les Enseignemẽs que Loys caieuaires, Roys de Frãce, envoya a Agnes sa fille, duchesse de Bourgoigne.</small>

<small>Le surnom de *Louis Caieuaires* donné ici à Saint-Louis venoit</small>

de ce qu'il portoit habituellement un vêtement de saye (étoffe) et de vaire (fourrure). (Voyez la Dissertation de M. Boivin sur ce nom, dans les Mémoires de l'Académie des Belles-Lettres, tom. I, Hist., p. 319.)

La Bibliothéque des ducs de Bourgogne possédoit autrefois deux manuscrits semblables, qui portoient, suivant M. Barrois (*Bibl. Protyp.*, p. 224, n° 1591), le simple titre : l'un, n° 1591, *du Livre de Cavaire;* l'autre, n° 2124, celui de *Cavare*.

462. Vegesse, de Cheualerye, en prose.

« Au conte de Chalebruche. »

(Voyez n° 436.)

463. Les Veux du Paon, rymes.

464. Le Kalendrier. Les Festes muables. La Passion mess[3] S. Phanoel. De Vaspasien 2 Appolonien. Le Lucidaire. Oraisons de Nře Dame, et lArbre de Sapience.

Appolonien, — Apollinaire.

465. Medecine 2 Cirurgie, poʳ Oyseaux de pře.

466. Les x Cõmand' de la Loy. Vices 2 Vẽtus, empse.

467. La Vie des iij Mariez, rymee, et le Sũice en latin, en vn liuret.

Cette Vie en vers est de Jean Fillons de Venette, de Compiègne, carme; il la composa en 1357.

Le duc de La Vallière en possédoit un beau manuscrit, n° 2765, qui est aujourd'hui à la Bibliothéque du Roi. Elle n'a pas été imprimée, mais la traduction qui en a été faite en prose par Jean Drouin, l'a été à Lyon en 1513, in-4°, et à Rouen, sans date.

468. Le Jeu des Eschez figure, ainssi q̃on doit jouer, en petit liuret.

469. La Vie S. Denys, en un petit liuret couũt de veluyaũ, empse, b̃n escp̃t.

470. Chancons noteez, viellez.

471. Un liure dOraisons de Ñre Dame, Aue Maria, et plussieurs autres rymees, 2 t̃s b̃n escpt.

472. Le Costumier de Normandie.

« Baille p le Roy au bailli de Rouen. »

Le bailli de Rouen, en 1375, étoit Oudard d'Otteville, et en 1376, Guy Chrestien.

473. Les xv Joiez de la Vierge Marie, en vn t̃s petit liure.

474. Un liuret des Monno. b̃n escp̃t.

C'est le traité des Monnoies, composé par Nicolas Oresme, par ordre de Charles V, et dont il y a une édition sans date imprimée par Colard Mansion, à Bruges, vers 1477, petit in-fol.

475. Un petit liuret du Bestiaire, historie et ryme.

476. LYmage du Monde, ryme.

477. La Vie suer Ysabeau de Longchamp, q̃ fu suer S. Loys, 2 ses Miracles.

Elle est nommée de Longchamp parce qu'elle avoit fondé le monastère de Longchamp en 1260; elle y mourut religieuse en 1269.

478. La Vie S. Blaise, en fñcois 2 latin, en un t̃s petit liuret.

479. La Vie S. Thmas de Cantorbue, rymee.

480. Les Dis Vatquet, rymez, en vn ĩs petit liuret.

481. Oraisons de la Feste Nře Dame mi aoust, q̃ fu faite a lostel de S. Ouyn po^r la feste de lEstoille, et s^t empse, en fñcois, en vn ĩs petit liuret, et les fist fẽ Pierre Asincors.

Voyez, au sujet de l'hôtel de Saint-Ouen et la fête de l'ordre de l'Étoile, l'abbé Lebeuf, *Hist. du Diocèse de Paris*, tom. III, page 300.

482. Le Traittie de lEspidemie, empse, en vn caier couũt de cuir, sans aiz.

« Le Roy la p̃int po^r la mortalite. »

483. Solinus des m̃ueilles du Monde.

484. Un pap̃pr fm̃at a clef, couũt de cerf blanc, ou s^t escp̃t aucũnes choses secrettes.

485. Un autre papp preil du dessus dit.

486. Les Anz de la Natiuite Nře SS. Jhũc̃st puis Adam, de lAage du Mõde, 2 aussi des Pp̃ez, Empereurs 2 Roys de Fñce, paint, ystorie 2 escp̃t selon ũ arbre, en un p̃chemin plaiez p̃ maniere de unes tablez.

487. Un liure de p̃chemin, ou s^t escp̃t aucũs joyaux, et est sanz aiz, couũt de veluyau ṽmeil.

488. Un liure de Cidrac, couũt de cuir ṽmeil a emprainte, a ij fm̃. darg^t de la Royne.

489. Florimont, peillemẽt couũt, 2 fmoirs haschiez des armes de la Royne.

Le roman de Florimont, consistant en plus de 13,900 vers, est d'un poète nommé Aimes ou Aimons de Varines, et daté, dans quelques manuscrits, de 1180, 1128 et 1324, et de 1189 dans celui du duc de La Vallière, aujourd'hui à la Bibliothéque du Roi.

Il a été réduit en prose, et imprimé à Lyon en 1555, in-4°.

490. Un liure preillemẽt couũt, a ij fmoirs darg[t], haschiez des armes de la Royne. Des Enffãces Ogier, de Robt le Dyable, 2 de pluss[3] auũt choses, couũt de cuir rouge 2 a empraintes, et a ij coulombez, historye.

« Le Roy la baille au chantr̃ de la Royne pareulx. »

Le roman des Enfances d'Ogier-le-Danois fut composé par Adenès au treizième siècle, par ordre de Guy, comte de Flandre. Il s'en trouve plusieurs manuscrits à la Bibliothéque du Roi, entre autres celui de Colbert, n° 5177.

Robert le Diable s'y trouve aussi sous le n° 7883, et sous le n° 187[3] du Supplément.

491. Un mescheant liure couũt de cuir blanc, de dame Aye dAuignon.

« Le Roy la p̃int de la Royne, 2 la porte en Lan-
« guedoc. »

Dame Aye d'Avignon étoit dans un manuscrit cité par Lenglet Dufresnoy (tom. II, Bibl. des Romans, p. 230), et dans lequel se trouvoit Garnier de Nantuel. Fauchet donne des extraits de ces deux romans, dont l'un est la suite de l'autre.

492. Des Guerres dAngletrre 2 dEcoce, en pappier, et Godeffroy de Billon.

493. Un liure de lAduocacie Nře Dame sur lumain lignage, couũt de cuir blanc, venu de la Royne.

> Aduocacie, — plaidoierie.

Un autre manuscrit de ce livre est sous le n° 518.

494. Buefues de Hantõne et Johãne sa mie, petit, couũt de cuir rouge, mescheant, venu de Jacques de Rue.

> Beufves de Hantonne est en vers à la Bibliothéque du Roi, n° 7553. Il a été traduit en prose, et imprimé pour Ant. Verard vers 1510.

495. La Vie des Pẽs, rymee, couũrte de cuir blanc, de petite value, dud. Jaq̃.

496. Hector de Troies, couũt de cuir, ryme, de petite value, dud. Jaq̃.

> C'étoit peut-être l'épître d'Othea à Hector de Troie, par Christine de Pisan, et qui a été imprimée depuis à Paris chez Philippe Pigouchet, in-4°.

497. Lancelot du Lac, couũt de cuir, empse, de peu de value, dud. Jaq̃s.

498. Aymery de Narbõe, couũt de cuir rouge, ryme, Jaq̃ de R (Rue).

« A Bussy, q̃ est a monss. de Coucy. »

> Le roman d'Aymeri de Narbonne se trouve dans le manuscrit du duc de La Vallière n° 2735, acquis par la Bibl. du Roi.

499. Meliadus, et du Chlr̃ sans Paour, q̃ aucũs nõ-ment le Brust, en ĩs gñt volumes, couũt de cuir blanc.

« Donñ a mons de Harcourt, quãt il dõna au Roy
« le Pelerinage. »

Le premier roman a été imprimé, pour la première fois, sous le titre de *Tristan de Léonois*, chevalier de la Table Ronde, en deux volumes in-folio, à Rouen, en 1489; et, pour la seconde fois, sous le même titre, à Paris, pour Antoine Verard, sans date, mais vers 1496, aussi en deux volumes.

L'édition imprimée à Paris en 1533, en deux petits volumes in-folio, porte pour titre :

> Les grandes Proesses du tres vaillant, noble et excellent chevalier Tristan, fils du noble roi Meliadus de Leonois, et chevalier de la Table Ronde.

Le second roman, appelé *le Braist* ou *le Brust*, est celui d'Artus de Bretagne, non pas celui qu'a mis en vers françois, au douzième siècle, Richard Wace, et qui comprend l'histoire fabuleuse des rois de la Grande-Bretagne, depuis la prise de Troie jusqu'à Cadwaladrus, qui vivoit à la fin du septième siècle, mais celui qui fut écrit en latin par Geoffroy de Montmouth, et traduit depuis en françois par Rusticien de Pise, sous le règne de Henri III d'Angleterre, vers le milieu du treizième siècle. Cette dernière traduction a été imprimée dans un style rajeuni, et pour la première fois, sous le titre d'*Artus de Bretagne*, en 1493, in-folio, sans nom d'imprimeur ni de ville.

Il en existe plusieurs autres éditions.

500. Vices 2 Vertus, de Rolant 2 dOliuier, de Mahõmet, 2 de pluss[3] auĩ choses, empse, couũt de cuir blanc.

501. Le Pelerinage du Monde, en pchemin, sans aiz.

DU LOUVRE.

502. Le Pelerinage de lAme.

503. Le Pelerinage de Jhũ Cr̃t.

Ces trois Pélerinages sont de Guillaume de Guilleville.

504. Item, vn liure couũt de cuir a queue, ouquel a pluss[3] choses de deuocõn. Le Recluz de Morleenz, et se nõme la Joye de Pãdis.

505. Un petit liuret de Vatquet.

506. Un liure t̃s bñ ystorie des x Cõmand' de la Loy, de Vices 2 ṽtus, et aut̃ choses de deuocõn.

507. Un liure couũt de cuir noir a queue, appelle lYmage du Monde.

508. Un liure couv^t de cuir a queue, ou s^t motez et chancons.

509. Un liure de Cidrac, couũt du cuir q̃ fu vert.

510. Un liure couv^t de cuir noir, q̃ sappelle le Voiage dOult̃mer.

511. Un liure couv^t de cuir rouge a empraintes, nõme Vegesse de Cñlerye.

512. Un liure couv^t de cuir rouge, ou est la Passion.

513. Un liure nõme Institude.

Institutes de Justinien.

514. Un liure de Vices et ṽtus, des x Cõman' de la Loy, couũt de cuir rouge a ẽpreintes.

515. Un romant de la Table Ronde, couũt de cuir rouge, t̃s mauuaisemẽt escpt.

516. Un liure des vij Sages, 2 de Cassiodorus, couũt de cuir rouge a queue.

C'est le roman de Dolopatos.

517. Unes Croniques des p̃pez 2 des Empereurs.

C'est la Chronique Martinienne.

518. Un petit liuret de lAduocacie Nr̃e Dame, de lUmain lignage, couũt de cuir blanc, de la Royne.

519. Un liure couũt de cuir vert sans aiz, ou est le Traitie de la Paix du Roy de Fñce 2 du Roy dAngleterre.

Voyez n° 360.

520. *Vacat.*

521. LYstoire de Thebez, empse, sans enlumineur, dont les aiz ne s^t point couũts.

Le duc de La Vallière (son Cat., tom. III, p. 120, n° 4823) avoit un manuscrit, qui est maintenant à la Bibliothéque du Roi, intitulé : *la Destruction de Thèbes,* et qui paroît être le même ouvrage.

522. Un Code de Justinien.

523. Un liure des Miracles Nr̃e Dame, bñ ystorie, qui ce commence de chancõs, t̃s mal couũt.

524. Un auť liure des Miracles Nr̃e Dame, q̃ cõmence a la Genealogie Nr̃e Dame, couũt de cuir a queue, a bouillions, a ij fm̃oers darg^t.

« Il vint du conte de S. Pol xj liũ, desq̃lz le Roy
« en mist iiij en la Tõ de Beaute, et j q̃il a baillie
« a monss^3 le Dalphin, q̃ est de Godeffroy de Billon,

« et les vj, cest assauoir iiij cidessus immed., et
« les deux autres a fo. xiiij, s^t cy deuãt escpt, et enĩ
« ceulx q̃ furẽt mis en la Tour de Beaute, oit unes
« tres belles Heures, dont les fm̃oers sont garnis de
« ples et armories des armes de Chambly, et aussy
« y a ij autres Heures du Roy.

« Monss. de Bourgogne doña les Heures a mad'
« de Bourgñe (signé) Charles. »

525 — 529. *Vacant.*

Cy ensuient les Liures qui estoient en la iij^e Chambre, au plus hault.

En latin.

Et est la greyneur part. dastronomie, et se aucune chose y a de fñcois, cest de la dr̃e science et des dependances.

530. La Vie de S. Martin de Tours, en un gñt volume.

531. Une Bible en latin, de lr̃e boulenoise, a iiij fm̃oers, et couũte de cuir vert.

532. La Vie des pẽs, a iiij fm̃oers, couũte de cuir rouge, a empreintes.

533. Une ptie dun Messel, cõmencant a lAuent, q̃ est en tres gñt volume, de grosse lr̃e, a iiij fm̃oers.

534. Lautre ptie, commencant a la Trinite, et de celle lr̃e.

« Baille p le Roy a ses chanoines q̃il a fondez
« au bois de Vñceñ nouuellement. »

Charles V fonda la chapelle de Vincennes au mois de février
1379.

535. Un Messel gñt, note, en un vol., a lusage de
Rouen, couũt dune chemise de soie a queue, q̃
dona au Roy le cardinal de Beauuais.

« Baille p le Roy a monss. de Guienne son aisne
« fils, le viij^e dauril mil iiij et x, po^r la chappelle. »
(1390.)

Le cardinal de Dormans, fondateur du collége de Beauvais à
Paris, mort le 17 novembre 1372. (Voyez n° 795.)

536. Une p̃tie dun gñt Breuiaire, en deux voll.,
note, cõment a lAuent, couv^t de cuir blanc, a
queue.

537. Lautre partie dud' Brev^e, cõm̃ecant. a la m̃ite
du volume, et couũture de lautre.

« Baille aus dis chanoines. »

538. Un liure plat, couũt de soie, ou est le S³uice
de Ste Clotilde, note.

539. Une ptie dun Messel, coẽncant a lAuent, et
finant a Penthecouste, de grosse lr̃e a fm̃oers darg^t.

540. Lauũ ptie audit Messel, com̃encant a Penthecouste, de celle lr̃e, 2 volumes, 2 fm̃ors darg^t.

541. Augustinus, de Ciuitate, couũt de cuir blanc,
a queue.

542. Les Morales S. Gregoire cõpletes, sur le liure de Job, couũt de cuir plain.

543. LOrdinaire de lEglise po' lan, couũt de cuir rouge.

« Baille ausdis chanõies. »

544. Un liure de p̃aces, Euangilles 2 Epistres, Colectez, 2 auĩs choses.

545. Sũma de Vicijs, couũt daiz an fm̃oers.

C'est la Somme de S. Thomas d'Aquin, intitulée : *Secunda secundæ.*

546. Sermons en un liure couũt de cuir blanc.

547. La Vie S. Anthoine, en un liure ṽmeil, a iiij fm̃oers, auecq̃s les puerbes de Salmon, Ecclesiastiques, la pphecie de la Royne Sebille, historie.

548. Geometrye.

549. Hugusse, couũt de cuir blanc, a queue.

Hugusse ou Hugo, évêque de Ferrare en 1212, a composé *Glossa in Decretum.* (Voyez les nos 3891 et 3892 des Manuscrits de la Bibliothéque du Roi.)

550. Lectura Alkabici.

« A màisĩ de Chasteaux, xxij de janũ iiij ˣˣ 2 iij. » (1383.)

Alkabitius, astrologue arabe. Son *Introductorium in Astrologiam judiciariam* est en manuscrit à la Bibl. du Roi, n° 7437.

551. Medecina trotula dña. mulier⁊. Sinonima 2 Rogerm̃a.

Probablement *Medicina Trotula Dominarum mulierum.*

Sinonima; c'est une table alphabétique des noms des plantes médicinales et des drogues cités dans le livre intitulé : *Antidotarium Nicolai (Falcutii)*, dont la première édition a été imprimée à Venise en 1471 par Nicolas Jenson, in-4°.

Rogerīna, ouvrage de médecine, par Roger de Parme, et qui est en manuscrit à la Bibliothèque du Roi, n°ˢ 6954, 6976, 7030, 7050, 7051, 7056.

552. Ciromencia, a iiij fm̃oers 2 fñcois.

553. Commenta Haly 2 Galinᵒ, sup Amphorism., couũt de cuir vert, a ij fm̃oers.

Haly ben Rodohan, égyptien, astronome et astrologue du dixième siècle.

Son ouvrage est en manuscrit à la Bibl. du Roi, n° 6869.

554. Medecine, couũt de cuir rouge.

555. Geomencie, couũt de cuir vert.

556. Geomencie, Ciromencie, Ymage du Monde, en fñcois, couvᵗ de cuir jaune.

557. Natura Rerum, a ij fm̃, couũt de cuir a boulons.

558. Nouem Judicum.

Cet ouvrage se trouve imprimé à la fin d'*Albohazen Haly filii Aben Ragel*, donné par Scupa, et imprimé à Bâle en 1571, in-fol. Il porte pour titre : *de Judicum in Judiciis astrorum novem liber.*

559. Almagest. Johis de Cicilia, couũt de cuir vert, a ij fm̃rs.

Un autre ouvrage manuscrit du même est indiqué ci-après, n° 750.

560. Ethiques gloseez, couũt de cuir vert, a ij lies et ij fm̃rs.

« Donñ aus escolles mᵉ Geruese. »

Chrétien Gervais, connu sous le nom de Maître Gervais, premier médecin de Charles V, et chanoine de Paris. Il y fonda, en 1370, le collége qui a porté son nom jusqu'à la destruction révolutionnaire des colléges de cette ville.

561. Geometa Euclidiz, cũ com̃ento m̃gri Campani glosaĩ. couũt de cuir blanc, 2 ij fm̃s.

Il s'en trouve plusieurs manuscrits à la Bibliothéque du Roi, n° 7213, 7214, 7216 A.

562. Geomencie.

563. Collões Patrum, yd est Cassien, couũt de cuir blanc, a ij fm̃oers.

564. Ally Abbarageel, a ij fm̃oers dargᵗ, couũt de cuir rouge a empreintes.

« A monss. Henry de Bar. »

Henri de Bar, fils de Robert, et tué en Hongrie l'an 1396, à la bataille de Nicopoli.

A la Bibliothéque du Roi se trouve un manuscrit intitulé : *Aben Ragel liber de Electionibus.*

565. Quadripti. Tholomei, Amphorismi Johis Dacuin, 2 Tholomeus Pludenssis 2 plurib³ alij glosaĩ, a iiij fm̃, couũt de cuir rouge a empreintes.

566. Ethiques, couũt de cuir noir, a iiij fm̃.

« Doñe p̱ le Roy a maisĩ g̃uese. »

567. Historie Scolastice, couũt de cuir blanc, a ij fm̃ 2 bouillons.

568. Commentãr. Geber sup Almagest. 2 Alfragany, couũt daiz, a ij fm̃rs.

Geber, astronome arabe du onzième siècle ; son Commentaire sur l'Almageste, qui se trouve manuscrit à la Bibliothéque du Roi, n° 7406, n'a point été imprimé.

Alfraganus, autre astronome arabe du neuvième siècle, a composé une Astronomie et d'autres ouvrages de ce genre, qui sont manuscrits dans la même Bibliothéque, n° 6506, etc.

569. Guido Bonãt. de Florinõ, de Pluuiis 2 Ymbrib³.

« A maisĩ Regñ de Chasteaux, xxiiij de janv. iiij ˣˣ
« 2 iij. » (1383.)

Bonatus de Forli vivoit dans le treizième siècle.

570. Planimeťa. Altimeťa. De Judiciis rer⁊ futuror⁊, de specƫris, p̃spectiua. B̃o. Anglicy, Arismetica. De ejusd' 2 alliis plub⁹, couũt de cuir rouge, a iiij fm̃rs.

571. Quadripti. Tholomei, Fastidica Zael ben Bizer caldei 2 all., couũt daiz, a iiij fm̃rs.

Zael ou Zahel, astronome arabe du treizième siècle.

572. Questioẽs de potencia Dei, de aiã, de uirtutib³ in diu. Thome de Aq̃ũo, Questio p̃rctata de g̃duu³ p̃ualitate, Richelĩ, couũt daiz, a ij fm̃s.

573. Introductoriu⁹ Johĩs yspalens³. flor. Hmetĩ. de Mutationẽ saťur. Abratie de q̃stoĩb³, de elecib³,

de reuolũõib³, de cõñcoib³, 2 all. plib³, couũt de cuir rouge, a ij fm̃rs.

Jean de Séville a fait plusieurs ouvrages d'astronomie, de physique, etc., qui sont en manuscrit à la Bibl. du Roi.

574. Almgest. Tholomei et Almagesti. de disciplialib³.

575. Perspectiua Halhacen filii Huran de aspectib³, a iiij fm̃rs, couũt de cuir rouge a empreintes.

Alhazen, astronome arabe du huitième siècle. Son ouvrage est imprimé dans *Aisneri Thesaur. opticus*, p. 283.

576. Geomencie, en un gñt volume, en frñcois, a iiij fm̃rss.

577. Collaẽs patrum, de cuir blanc a queue, a ij fm̃rs a boulonz.

Ouvrage de Cassien, intitulé : *Collaciones patrum*.

578. Speculum Juris, yd est Specm̃ judiciale mag̃tri Durant., couũt de cuir qui fu blanc, a queue, 2 ij fm̃rs.

Guillaume Durand, auteur du *Rationale divinorum officiorum*, qui a été imprimé souvent, ainsi que son *Speculum Juris*.

579. Philosophie, en laquelle sᵗ conten⁹ de Celo 2 Mundo, de Geñacõe 2 Corrupcoẽ metheorom̃, de Aiã, de Morte 2 Vita, de Vita Aristotell., et tous les auts̃ liures jusqqs a xxviij, en un volume, iiij fm̃rs, couũt de cuir vert, a queue.

« Donne p le Roy a fr̃e Morice, le compãnon du
« confesseur. »

Tous ces ouvrages sont d'Aristote ou de Thomas d'Aquin. On a de l'un et de l'autre des ouvrages portant les mêmes titres.

580. Le liure q̃ S. Jehan escpt, q̃ est espt de lr̃e dor sur pchemin noũ, ou s^t les Euangiles, a ij fm̃rs de fin or, couũt de drap de soie.

« Le Roy la p̃ns po^r le mettre en liez dor. »

581. Une Legende doree en meme lr̃e, 2 petit vol. couũt de cuir blanc, a j fm̃r de soie 2 de cuir.

582. Maniplm̃ Flor̃, couũt de cuir vert, a ij fm̃rs 2 a bouillions.

583. Canonez in motib³ ptaɏ, couũt de cuir noir, a ij fm̃rs rouges.

584. Medecine, en vn petit liure ṽmeil, a vn fm̃r.

585. Heurez en vn petit liure ṽmeil, a vn fm̃r, 2 y a des rymes en fr̃ncois.

586. Questiõs sup plurib³ libris, couũt de cuir vert, a iiij fm̃s.

587. Les Tables des Figurez de Geomẽcie, de cuir sans aiz, a iiij lasnier̃s.

588. Sm̃ons en j petit liure vert, a ij fm̃rs.

589. Sequenies noteez.

« Baille aus chanoñes du bois. »

Sequenies de Sequentia, chant de joie, prose.

590. Expõicon du Cadran, 2 ce q̃ peut est̃ sceu p ycelui, couũt de cuir rouge, a ij fm̃rs.

591. Ciromẽncie en q̃ier, en roulle, sans aiz, couũt de rouge.

<small>Roulle, — rouleau.</small>

592. Geomancie, en vn liure sans aiz, couũt de groz p̃chemin, bñ escp̃t, 2 est bñ petit.

593. Algorism⁹ 2 s^t libri Astrolabii Johis de Sacrobosco, couũt de cuir jaune a queue, a ij f̃m̃rs, 2 boulionz.

<small>Cet ouvrage de Jean de Sacrobosco a été plusieurs fois imprimé sous le titre de *Sphæra*.</small>

<small>*Algorismus*, mot tiré de l'arabe qui veut dire *arithmétique*.</small>

594. Tractat⁹ de Sphera. Algorism⁹ 2 q̃drãnt., sans aiz.

595. Le Psaultier de Constantinoble. Le tttie des Ymages ab viri ben Thebit ben Corab. Les ãnaux Salomon. Les Secrez Auber̃, 2 pluss³ autz choses en fñcois, en q̃iers de pappier.

<small>*Thebit ben Cora* n'a point été imprimé. Cet astronome, qu'on croit du treizième siècle, a fait plusieurs autres ouvrages d'astronomie dont les traductions latines sont restées manuscrites.</small>

<small>Secrez Auber̃, — Secrets du grand Albert.</small>

596. Les Heures de la Passion, et celles du S. Espit, en g̃sse l̃re, couũt de cuir rouge a empreintes, a ij f̃m̃rs.

597. Augustin⁹ de Dot̃rina xpiana cum aliis õrgenis, couũt de cuir blanc a queue, a bouillonz 2 f̃m̃oer.

<small>Or̃genis, — origenis.</small>

598. Le Traittie de Geomencie, cõpile p maist̃ Jeh.

des Murs, couũt de cuir rouge, sans aiz, a iiij lasñees.

D'autres ouvrages de Johannes de Muris, mathématicien célèbre qui florissoit vers 1330, sont manuscrits à la Bibliothéque du Roi, n⁰ˢ 7443, 7190 et suiv.

599. Lapostile sur le Psauĩ, fᵗᵉ p maisĩ Nicole de Lire, couũt de cuir a bouillons, a iiij fm̃rs.

Nicolaus de Lyra, cordelier du quatorzième siècle. Ses Apostilles sur le Psautier ont été imprimées en 1519 par Antoine Verard.

600. Les Tables du Kalendrier, appelle le Kalendrier la Royne, petit, a fm̃ors darg̃t, a vne chemise de toille blanche.

Ce calendrier est de Guillaume de Saint-Cloud, dont un manuscrit est à la Bibliothéque du Roi, n° 7281.

601. Les S³mons fr̃e Guibert de Sainz, couũt de cuir a ij fm̃rs.

On a à la Bibliothéque du Roi, n° 3539, de ce frère Guibert, un manuscrit intitulé : *Fratris Gilberti de Tornaco Sermones de sanctis per annum.*

602. Les Heurez de pluss³ festes de lan, duquel liure fu oste vn Psaultier poʳ le Roy, 2 est couũt de soie, 2 fm̃rs darg̃ᵗ.

603. Geomencie en fñcois, couũt de cuir vert, a ij fm̃rs darg̃t.

604. Patefit Johĩs des Murs.

605. Diriuoer q̃ traitte et est expoĩcon des mos,

ainssi q̃ fait Hugues en Catholicon, couũt de cuir rouge.

Hugutius, Hugusse ou Hugo, grammairien du treizième siècle, a fait un glossaire latin, sous le titre de *Derivationes majores*.

606. Un liure de Pc̃essions, a lusage de la Sr̃e Chappelle du Palais, note.

« Baille aus chanoines du boys. »

607. Les Eschez tous figurez, 2 la maniẽ de y jouer, couũt de cuir rouge, a boullions 2 a ij fm̃oers.

608. Lart de Diter selon lusage de cour de Rõme, compose p maisr̃ Jeh. de Capue, couũt daiz a ij fm̃oers.

Diter, — rédiger en style de la cour de Rome.

609. Sũma de Casib³ scdm̃ mḡrũ Remũd', a ij fm̃oers petis, couũt de cuir vert, a bouillion.

Raymundus de Pennaforti, jacobin, auteur de cet ouvrage, en a composé beaucoup d'autres qui sont en manuscrit à la Bibl. du Roi. Il existe de ce dernier une édition faite à Louvain en 1480.

610. Secreta fidelium crucis, a ij fm̃oers darḡt̃, couũts de soie.

611. Antainez, 2 aur̃s choses noteez, 2 respons.

« Baille aus chanõies. »

612. Litaniez 2 Angnus, glorias, kyrieleyson, notez.

« Baille aus chanoînes. »

613. Ypocras, couũt de cuir blanc, a .1 fm̃oer.

Ypocras, — Hippocrate.

614. Un Ordinaire, note po^r eglise.

« Baille aus chanoines. »

615. Thebith de Ymagĩne spe. Algorismus. Thebith Bencorath, astrolabium. Messchalath 2 alt. ptib^z, couũt de cuir a empraintes, a iiij fm̃rs, sans aiz.

Spe, — sphère.

Thebit ben Corà n'a point été imprimé.
Messalath, de Scientia motus orbis, a été imprimé en latin.

616. La Muse maisĩ Raoul de p̃elles, couũte de cuir bñ ṽmeil, a frm̃. dargent.

C'est un ouvrage latin mêlé de prose et de vers, que l'auteur dédia à Charles V.

Il n'a point été imprimé. Il en fit présent au Roi, qui, en retour, lui donna un livre intitulé : *Philosophie morale*. (Voyez n° 678.)

617. Un Psaultier couũt de cuir bñ ṽmeil, a fm̃rs darg^t.

« A Arnault Guillon. »

618. Astrolabe 2 Messchalath, couũt daiz, a ij frm̃.

619. Theoria Planeta♃, Ameti, Alfragani, 2 plib^3 alijs 2 notablĩs, couurĩ de cuir rouge a empraintes, a ij fem̃s.

Cette théorie a été plusieurs fois imprimée en arabe et en latin.

DU LOUVRE.

Ametius filius Josephi a fait un autre ouvrage, intitulé : *de Proportione et Proportionato*, manuscrit du Roi n° 7377 B.

620. processions, et auťs choses noteez.

« Baille aus chanoïes. »

621. Liber impatoꝝ, Flores Albumazar, couũt de cuir rouge, a ij fermͫ.

Albumazar, astronome arabe, vivoit dans le dixième siècle. Son livre a été plusieurs fois imprimé en latin.

622. pfaces, Collectes, Oraisons, en vn liure couuͭ dun ĩs uiel drap dor.

« Baill' aus chanõnes. »

623. S³uice S. Loys, Roy de France, note.

« Baill' aus chanõnes. »

624. Medecine, couũt daiz sans fmͬr.

625. Un Traittie dAstronomie, couũt de cuir rouge a empreintes 2 j fmͬoer.

626. Les Espitres Seneque a son amy Lucille, 2 Ludum Senece, a aiz 2 ij fmͬoers.

Cette traduction des Épîtres de Sénèque a été imprimée vers 1500, dans celle des œuvres de cet auteur. (Voyez ci-devant, n° 65.)

Le *Ludum Senece*, sans doute *Ludus Senecæ de Morte Claudii Cæsaris*, dont il y a dix ou douze copies manuscrites à la Bibliothéque du Roi, se trouve imprimé avec les Commentaires de Beatus Rhenanus, dans *Erasmi Moriæ encomium. Basileæ*, 1554, in-8°, p. 367-449.

627. Un liuĕ dOraisons de Nře Dame, Heures, 2 auťrs deuocõnes pluss³ que dõna au Roy le cardinal de Boulongne, couũť de soie ṽmeille a queue 2 fm̃ darğt.

On a cherché vainement ce cardinal parmi ceux qui vivoient sous les règnes de Charles V et Charles VI.

628. Une petite Bible en latin, couũte dune chemise de sendal ynde a queue, a un escucon de France de broderie dessus.

629. Les Tablez Alphous, Roy de Castille, translateez en fñcois du cõmand' du Roy Charles q̃ est apñs, 2 s^t en vn caier sans aiz, raye pdessus.

Ces Tables des Mouvemens célestes furent composées par Alphonse IV, roi de Castille, né en 1203, mort en 1284. Elles ont été imprimées plusieurs fois dans les dernières années du quinzième siècle, et les premières du seizième.
La première édition porte la date de 1483 ; elle est imprimée à Venise par Ratdolt, in-4°.

630. Coectõnes planetaʯ, couũť daiz, a j frm̃r.

Coectõnes, — conjectationes ou correctiones.

631. Le Seruice de S. Cosme 2 S. Damien, note, couũť de cuir rouge, a ij fm̃.

632. Le Compost, en vn liuret rouge, sans aiz, a empraintes, sans fm̃.

Compost, — *computus*, supputation des temps, almanach.

633. Un petit caier ou s^t Recõmandaçons des Trespasses.

« Baille aus chanõnes. »

634. Pluss³ Heurez en vn liure a une chemise blanche, 2 fm̃õrs darg̃.

635. Liber aq̃arũ xij. ignoti Philosophi, Alphidis Alkimie. Sahid fillij Haniel in copoĩone carminũ figuraɎ 2 ymagiũm Razi Euobauerre, 2 all. p̃libus, couũt de cuir bñ ṽmeil, a ij fm̃oer.

<small>Un manuscrit de la Bibliothéque du Roi, n° 6514, renferme *Alphidis liber meteorum*.</small>

636. Pluss³ Heurez en vn liuret, couũt de vert, a j ferm̃.

637. Le Gouurm̃et des Roys 2 des p̃nces, couũt de cuir noir, selon Gile lAugustin, en petit volume, a ij fm̃oers de soie.

638. Excepoẽs de sũma de casib³, et sũma Gauffridi, en vn liure t̃s vermeil, de petit volume, a ij fm̃oers de soie.

639. Quartum ex quartis Platonis, cum cõmento Thebostabez. Tractat⁹ Hm̃etis. Allegorie sapientũ 2 philosophorũ³ antiquoɎ. Turba Geber de sum̃a collõis, Complementj secretorɎ nature, pfecti magr̃i siue adminisraõis plta, et autr̃s pluss³ choses, en vn liure couũt de cuir ṽmeil a empraintes, a ij fm̃rs de soie.

<small>*Geberi liber complementi occultæ secretorum naturæ* est en manuscrit à la Bibliothéque du Roi, n° 6514, ainsi que son *Summa perfectionis*, nᵒˢ 6679 et 7156.</small>

640. Unes Heurez du S. Espit 2 de Nr̃e Dame, a

Vegilles des Mors, en petit volume, couũt de cuir a empraintes, 2 ij fm̃rs darg̃ᵗ.

641. Geomencie en fñcois, en vu liuret t̃s petit, couũt de cuir ṽmeil, a ij fm̃rs de soie.

642. Moralites et Notables sur Job, couũt de cuir noir, a ij fm̃ dargᵗ.

643. Un petit Psaultier, couũt de soie vert a queue, 2 ij fem̃ dargᵗ.

644. Les Heur̃ de Marie Magdaleñe, en vn t̃s petit liuret, couũt de soie, a j fm̃r.

645. Les Heures du S. Espit. Les iiij Euangilez, les Passions 2 aut̃s chosez, en vn liuret, a vne chemise blanche, 2 ij fm̃rs dargᵗ esmailliez.

646. Un petit liuret couũt de cendal ṽmeil a queue, ou sᵗ les Heurez Nr̃e Dame 2 aut̃s choses, a ij fm̃ dargᵗ.

« Baill' a mad' Katarine, iiij de feur̃ iiij ˣˣ 2 iiij. » (1384.)

Catherine, fille de Charles V, née le 4 février 1378, morte en 1388.

647. Oraisons poʳ chascune pseaume du Psautier, 2 les Passions, en vn liuret, a chemise blanche a queue, a ij fm̃ dargent.

Les Passions des quatre Évangélistes.

648. Le Seruice des Sᵗᵉˢ Reliques, en vn t̃s petit liuret, couũt de sathanin ṽmeil.

« Baill' aus chanõies. »

Sathanin, — satin.

649. Un petit liure ou s^t Oraisons, couũt de drap dor viez, a ij fm̃ de cuir.

650. Un petit liuret, couũt de sõie a queue, a feuillez vers, a ij petits fm̃ dor des armez de mons. dAniou, ou s^t Oraisons en fñcois, 2 Vegiles de Mort en latin, 2 lez Heures de Nr̃e Dame, ĩs bñ enluminez de blanc et noir.

« Baille a mad' Marie de Fñce. »

Marie de France, fille du roi Jean. Elle épousa Robert I, duc de Bar.

651. Unes Pet:tez Heur̃ 2 Suice des Mors, en vn petit liuret, couũt de cuir vert, a ij fm̃rs.

652. Un petit Psautĩ, couũr̃t dargĩ a lozenges, dess. esmaill.

653. Les vij Pseaumez penitenciaux. Vegiles de Mors 2 auĩ choses, couũt de veluyau ṽmeil a broderie, et fm̃r darg^t.

654. Une Bible en latin, de meme lr̃e, en ĩs petit volume, a vne chemise blanche, ouuree dess^3, 2 ij fm̃ darg^t.

655. Boesse de Consolacõn, en fñcois 2 en latin, en vn petit liuret. Les Pelerinages dOulĩmer, et a sauoir demander en langage sarrazin les necessitez po^r viure, couũt de cüir, a ij fermoers.

656. Les Heurez de Cheuallerye, couũt de soie a queue, en vn petit volume.

« A mons. le Dalphin. »

Le Dalphin, — Charles VI.

657. Geomencie en fñcois, en vn petit liuret couũt de cuir, a j fm̃r rouge.

658. Le Gouũernẽt des Roys 2 Pñces, en meme lr̃e, couũt de cuir vt̃, a ij fm̃ rouges.

659. Un t̃s petit liuret note, a Sacrer les Roys de Fñce, couũt de cuir a empraintes, 2 deux fm̃ de soie.

660. Unez Heur̃ de la t̃rite, 2 pluss. autr̃s de Mors, en vn petit liure couũt de soie vert a queue, 2 ij fm̃ darg^t esmaillez.

661. Raban^9 sup. Paralipomenon 2 Judit, en vn volume, couũt de cuir a emprainctez, sans fm̃, q̃ dona au Roy Gilet.

Cet ouvrage est imprimé dans les œuvres latines de Rabanus.

662. Le Psaultier, glose de grosse lr̃e, en un vol., a ij fm̃rs, couũt com̃e Rabanus, q̃ doña au Roy Gilet.

663. Cantica Canticoɣ, sapiẽcie, ecclasti^9, de g̊sse lr̃e, gloze, couũrt de cuir, sans ferm̃, et le doña Gilet au Roy.

664. Les paholes Salmon, et le liure de Ecclãstes, glose, de grosse lr̃e, en vn volume, couũt de cuir, a j fm̃r, 2 doñe par Gilet.

665. Jheremye le pphœte 2 les Lamĕntaĉons, tout glose en g̃sse lr̃e, 2 en vn volume couũt de cuir, a j fm̃r, doñe p Gilet.

666. Les xij petits pphetes Osee, Joel, Amoz, Abdias, Micheas, Naum, Abacuc, Sophoniaz, Aggeus, Zacharial, Malachias, Gaad, tout de g̃sse lr̃e glosez, 2 vn vo. couũrt de cuir a queue, a ij fm̃, q̃ doña Gilet.

667. Les Euangiles S. Marc 2 S. Mathieu, en g̃sse lr̃e glozes, que doña Gilet, a aïz sans cuir, 2 ij fm̃.

668. Les Euangiles S. Luc 2 S. Jeh., en g̃sse lr̃e tous glosez, couũt de cuir sanz aiz, a iiij fm̃rs de lasnieres.

669. Les Epistres saint Pol, cest assauoir ad Romanoz, ad Corinthyoz, ad Galathas, Titum, Philippenss[3], ad Hebreos, tous glosses, en vn volume de g̃sse lr̃e, couũt de cuir blanc a queue, que dõna Gilet Malet.

670. Actus ap̃plo⁊. Les Espisr̃s S. Pierre, S. Jaques, S. Jeh. et lApocalipse, gloses en vn volume, couũt daiz sans fm̃rs, q̃ doña Gilet.

Les livres ci-dessus de la Bible, traduits en françois, contenoient les Commentaires de Nicolas de Lyra.

671. Le liure de ppetatib[3] rerum, de fr̃e Bthelemy Angloiz, de lordre des fr̃es Meneurs, couũt de cuir noir, a iiij fm̃.

Cet ouvrage de Barthélemy de Granville a été souvent imprimé

8

en latin, ainsi que la traduction françoise qui en a été faite dans le quatorzième siècle.

Jean Corbechon, religieux augustin, eut ordre de Charles V de faire cette traduction en 1372. Montfaucon (tom. III, p. 34, *des Monum.*) a décrit et fait graver la miniature qui est à la tête du livre.

Extrait du Compte de François Chanteprime, Registre 6.

« A frere Jean Corbechon, augustin, pour avoir translate de latin en francois, pour le Roy, le livre de Proprietatibus rerum, l'an M ccc lxxij. »

Cette traduction fut mise sous presse à Lyon en 1481. Il en existe une version angloise et une autre en hollandois; cette dernière a été imprimée à Haerlem en 1485.

672. Haly de Elecõibu[3], Centilõgium Tholomei, Zael, 2 vñ nouuel Traittie dAstronomie, en vn volume, sans ais, par quaiers, le pappier sans lyer.

Zael, *de Electionibus*, est en manuscrit à la Bibliothéque du Roi, n° 7329.

673. Introductoire Alkabice, inr̃prete de Jeh. dYspalence, en vn caier, sans aiz, couũt de cuir vert, a ij fm̃ lasnieres.

Jeh. dYspalence, — Jean de Séville.

Deux manuscrits s'en trouvent à la Bibliothéque du Roi, n°s 7282 et 7321.

674. Tabula Johĩs de Linerijs e equatuo♃ eiusd[3], et ptib[3] all. tact̃ de Astronomia, sans aiz, couũt de cuir vert, a iiij lasnieres.

Un manuscrit sous le titre de *Theorica planetarum Joan. de Lineriis*, n° 7281, et d'autres ouvrages aussi en manuscrit du même auteur, sont à la Bibliothéque du Roi.

675. Introductori⁹ maior in magisťio scie judicioꝝ astroloḡ, edit⁹ ab Albumazar, couũt dune pel rouge.

Cet ouvrage a été imprimé à Augsbourg en 1488.
Albumazar, astrologue arabe, vivoit dans le huitième siècle.

676. Almagest. Tholomei Phli de disciplialib³, de boñ lr̃e, 2 en q̃iers, couũt de pchemin sans ais.

Phli, — Philosophi.

677. Natiuitas cuiusd. dñi. Dyonisii epĩ. siluañ. Exemplũ natiuitat̃ maḡri Henrici de Melchin. Natiuitas eiusd'. imperator̃ Constantini. Albertus de Reuolutionib³ natiuitat̃ 2 quasd' det̃minatõnes siue q̃stiones, escp̃t en papp̃, de t̃s menue lr̃e, couũt de pchemin sans aiz.

Denis, évêque de Senlis, vivoit du temps du roi Jean. Sans être confesseurs du Roi, les évêques de Senlis en portoient le titre honorifique.

78. Sũma judicial. de accidentib³ mũdi, et Octauus liber Haly Abbaraguel, de t̃s menue lr̃e, en pappier, couũt de pchemin.

679. Geomencie, de t̃s menue lr̃e, empapp̃, couũt de pchemin t̃s viel 2 lait.

680. De intenčoib³ lune in signis, int̃oductor̃ in ast̃ uel ars in medicis int̃rogaoñib³ libellu³ et all. plib³ 2 all. empapp̃, sans aiz.

681. Theorica Campani. Hally de imp̃ssione aer̃.

Qustiões spe Thebich 2 all., empapp, de t̃s menue lr̃e, couũt de pchemin, t̃s viel.

<small>Jean Campanus de Novare vivoit dans le treizième siècle. Sa Théorie n'a point été imprimée.</small>

682. Geometie, de t̃s boñe lr̃e, en vn liure couũt de cuir vert a queue, a ij fm̃.

683. Expõsico Theorie com̃unis, figuracõ kardaga♃. compo⁹t judaic⁹, en t̃s menue lr̃e, empappier, couũt de pchemin.

<small>Dessin de machines à carder.</small>

684. Geomancie maist̃ Pierre dEspaggne, nouuellemẽt compilee en vn liuret, en fñcois, couũt de cuir a lasñẽs.

<small>Peut-être Pierre d'Espagne, depuis pape Jean XXII, auteur de plusieurs ouvrages de médecine.</small>

685. Indicium cuiusd' natiuitat̃., quidem liber de interrogacõib³, et all., en caiers, en latin, couũt de pchemin.

686. Centilogium, en quaiers.

687. Aliqua notabilia in judiciis, de coniuncõib³ magnis, calculacões de cõjunciõb³ 2 reuelacõib³ anno♃, empap., de t̃s menue lr̃e, couũt de parchemin.

688. De Iudiciis in Astrologia, q̃ composuit Albohacem, Haly filii Abbaragel, t̃s viel, couũt de pchemin.

<small>Cet ouvrage d'Albohazin, astrologue arabe du treizième siècle,</small>

a été imprimé à Venise en 1485, in-folio, par Ratdolt, et depuis, à Bâle, en 1571, in-folio.

689. Tabula sup philosophiam moralem, couũt de pchemin tene cõme cuir.

690. Geometrye, couũt dun viez pchemin.

691. Ysidor⁹ de Sũmo bono, lib. scintillarij, explanãcoes bti g̊gorii sup q̃sdam sentencias, sup libr̃ Sinasurim, yd est Cantica Cantico⩩, p̃nosticacio futuri leti. Liber Juliani Tholetane sedis ep̃i, de Origine mortis humane, quomodo mors, etc., couũt de p̃chemin.

<small>Lib. scintillarij, — livre de sentences.
Sinasurim ; — il y a, dans l'inventaire de 1411, *Sinacherin*.</small>

Julien d'Espagne, surnommé de *Tolède*. Il existe beaucoup de manuscrits de son ouvrage. Il a été souvent imprimé. La première édition est de Leipsick, 1535, in-4°.

692. Breuiloquium de Geomencie, t̃aslate en fñcois, escp̃t empapp, de mcnue lr̃e, couũt de pchemin.

693. Abraham Queuestre, iij q̃iers, en fñcois, couũrt de pchemin.

694. Notabilia super librum ethicorum.

695. Abraham Quevestre, en fñcois, en t̃s menue lr̃e, iij quaiers, couũt de cuir ṽmeil, sans aiz.

696. Le Traittie de lAstrolabe, en fñcois, couũt de pchemin.

697. Almanach, couũt de p̃chemin.

698. Geomentie, en vn liure couũt daiz, et auecq̃s en la fin st en latin xij experirm̃ta extracta de libro Alcani q̃ Salus vite vocatur.

699. Le S³uice S. Loys, Roy de Fñce, note, couũt de pchemin.

700. Lyber vij Scientiar♃, jd est de vij artib³, couũt de p̃chemin noir.

C'est probablement l'ouvrage de Martianus Capella, auteur du cinquième siècle, intitulé : *de Septem artibus liberalibus*, souvent réimprimé.

701. Tablez viellez en pluss³ caiers ensemble, couũt de pchemin.

702. Tractat⁹ optim⁹ sup totm̃ Astrologiam, edit⁹ a fr̃e Bernardo de Virduno, couũt de pchemin.

Il s'en trouve deux manuscrits du quatorzième siècle à la Bibliothèque du Roi, nos 7333 et 7334.

L'auteur étoit de l'ordre des Frères Mineurs.

703. Centilogium Tholomei. Theorica planetar♃. Alkabici⁹, couũt de pchemin.

Alcabitius, astronome arabe du douzième siècle. Plusieurs de ses ouvrages, en latin, sont manuscrits à la Bibliothèque du Roi.

704. Canone³ in motib³ celestium corpo♃, en caiers, sans aiz.

705. Le Miroer Aubert en fñcois, en papp, couũt de pchemin.

Aubert, — Albert-le-Grand.

C'est la traduction françoise de son *Speculum astronomiæ*,

imprimé dans le tome V, p. 656, de la collection de ses ouvrages in-folio.

706. Egidi⁹ de p̄destinacōe. Boeci⁹ de t̄nitate, 2 de Sūmo bono. Ciromĕcia pulcra. Alforabi⁹. Ciromĕcia Alberti. Phinosomia magisr̄ Petry de Padua. prosticāo Pithagore, 2 all., couūt de p̄chemin.

Giles de Rome, *de Prædestinatione*, est en manuscrit à la Bibliothéque du Roi, n° 6747.

Alfaragius, Alfarabius ou Farabius, vivoit dans le quatorzième siècle. On a à la Bibliothéque du Roi son Commentaire sur Rhazis, n° 6912.

La Chiromancie du Grand Albert est dans la collection de ses œuvres in-folio.

707. Les pnosticaōns Socrates en fn̄cois, empapp, couūt de p̄chemin.

« Mises en lestage moiĕ. »

708. Tractat⁹ sup̄ Quadrantem Judei, expoīconib³ sup̄ Theoricam planer̄ 2 all., en caiers, couūts de p̄chemin.

709. Marcheologe, et aur̄ Tablez r̄s vielles, sans aiz.

710. Ciromencie en fn̄cois, couūt dune pel velue dont le poil est cheu.

711. Introductoire Alkabice, couūt de cuir ṽmeil.

L'*Introductio ad Astrologiam judiciaram* de cet astronome a été imprimé à Venise en 1485.

712. Arishmetique, couūt dune pel velue dont le poil est cheu.

713. Spēlm̄ Scientiaɋ Albti, couūt de pchemin.

Voyez la traduction françoise de cet ouvrage, qui est sous le n° 705 ci-dessus.

714. Geomeste, sans aiz.

715. Mathesis, en caier de pchemin.

716. De Iudiciis en latin, en vn caier de pchemin.

717. Almazori⁹ t̃anslatat⁹ a mḡro Girardo Cremonencys, 2 all. plub³, en q̃aiers.

Almansor vivoit dans le douzième siècle, et son traducteur, Gérard de Crémone, dans le quatorzième.

718. Sūma Remūdi q̃ diciťr ars demonstrtiā, couūt de une pel velue dõt le poil est cheu.

Raymundus de Pennaforte a fait une *Summa de Casibus* qui a été plusieurs fois imprimée.

719. Almageste, en vn liure dõt les aiz ne st plus couūts, 2 est de papp̃.

720. Lib. Gaffard q̃ vocaẗ Albumazar, couūt de pchemin.

Cet auteur a fait plusieurs autres ouvrages, dont quelques uns ont été imprimés.

721. Aucūs caiers t̃s viez en latin du liure Albumazar, sanz couuerture, en papp.

722. Aucūs caiers empapp, escp̃t de menue lr̃e du liure de Tholomee, sans couuerture.

723. Tablez Alphons., en vn liure couūt de pchemin.

724. Vn petit liuret en fñcois, de la natuȓ du Zodiaque, couũt de pchemin.

725. Un petit caier en fñcois, appelle Ouide de Vetula, sans couũȗure, en papp.

Ce poëme supposé d'Ovide a été imprimé pour la première fois à Cologne, par Jean Koelhoef, en 1479, in-folio.

726. Le Traittie de la glose Hally, du ij^e Traittie du ij^e liure, du Quatript. Tholomee, en fñcois, en caiers de ppp, sans couueȗure.

727. Alkicid⁹ de Ymbrib³ 2 Pluuiis, en latin, et est auẽq̃s la Redempcõn des filz dYsrael, en vn uolume couũȋ de pchemin, que fist trȧnslater debrieu en fñcois, a Paris, maisȋ Ernoul de Quq̃uempois.

Le *Liber de Nativitatibus* d'Alkissibi ou Alkassibi, est en manuscrit à la Bibliothéque du Roi, n°s 7325 et 2326.

728. Jugement dAsȋologie, selon Aristote, en fñcois, sans aiz, en papp.

729. Le Traittie du Zodiaque en francois, selon Albumazar et Alkabice, auẽq̃ couũt de pch.

730. Geomencie en francois, estrecte du gñt liure dAldala, filz dAly, couũt de pchemin.

731. Socrates Babilee, en fñcois, q̇ s^t demandes sur Esbatemẽs, couũt de pchemin.

Un manuscrit intitulé : *Esbatemens de Geomancie en vieilles rimes* est à la Bibliothéque du Roi, n° 7651.

732. Aucũs caiers de papp en fñcois, de Haly Abbaragel, sans couũt.

733. Zael, couũt de cuir vert.

« Preste a maisȓ Rayn. de Chasteaux, xxiiij de
« jenã iiij ˣˣ 2 iij. » (1383.)

Zael a composé plusieurs ouvrages d'Astrologie, qui sont restés en manuscrit, et dont quelques uns, en latin, se trouvent à la Bibliothéque du Roi.

734. Les Tablez a trouũ les degrez ascendãs p̄ les heuȓ, en vn caier couũt de p̄chemin.

735. Un liure en fñcois, q̇ deuise la vertu de la greine de la fauchiē, et les anneaux Salmon, couũt dune pel velue noire dont le poil est cheu.

Greine de la fauchiē, — graine de fougère.

736. Les p̄nosticacõns Aristote en fñcois, en papp̃, couũt de p̄chemin.

737. La Geomencie maisȓ Jeh. Robert de Marmillon engloiz, en caiers de papp̃ sans couũture.

738. Geomeȓe, en vn liure couũt de cuir rouge.

739. Messehallat de conjuncõns 2 recepcõns, 2 inȓogãcons, en fñcois, en papp̃, couũt dun ȓs viez caier.

Cette traduction latine est en manuscrit à la Bibliothéque du Roi, nᵒˢ 7282 et 7316 A.

740. Fastidica Zael ben Bizer, en ij caiers, sans couũture.

Fastidica Zael, ouvrage d'astrologie.

741. Niğmancie en fñcois, 2 en papp̃ couũt de cuir vert.

742. Messchalath, en vn caier de pchemin.

743. Messcalath arabiz, lib. Recepcōnum, couũt de pchemin.

Il y en a deux manuscrits à la Bibliothéque du Roi, n°s 7282 et 7316.

744. Aucũs caiers de pchemin, en roullez, de Haly.

Roullez, — rouleaux.

745. Aucuns caiers de papp̃ de Messchalath, en fn̄cois, sans couũt̃ue.

746. La Cōjoncōn en fn̄cois, q̃ fu lan m. ccc. lxvij, en vn caier couũt de p̃chemin.

747. Geomẽcie en fn̄cois, en vn liuret couũt de p̃chemin. Compotus.

748. Polus septent̃onis, en vn caier sans couũture.

749. Le Traittie de lEsp̃e en fn̄cois, en caier 2 figures, bn̄ escp̃t, en q̃iers couũts de pchemin.

750. Sc̃pta Johĩs de Cicilia sup canonez Arzachachellis, tãblas Tholetañ, en caiers couũts de pchemin.

Le premier ouvrage est en manuscrit à la Bibliothéque du Roi, n°s 7281 et 7406.

751. Ars Nottoria, en caiers couũts dune pel velue noire dont le poil est cheu.

Probablement l'ouvrage de Rollandinus, *Tractatus de Arte Notariæ*, dont un manuscrit est à la Bibl. du Roi, n° 4093.

752. Tablez Alphons. 2 ãl, couũt de pchemin.

753. Almanach Johĩs de Xaxonia, couũt de pchem.

Il a été imprimé à Augsbourg en 1488.

754. Puritaĩ Raziell., en caiers de papp̃ sans coũ^e.

755. Table anglicane, couũt de pchemin.

756. Albateni in motib³ celestium corpoɤ et plane corbam, editum a fr̃e Girardo Mutonis, en caiers couũt de pchemin.

Cet astronome arabe vivoit dans le neuvième siècle. Son livre a été imprimé à Nuremberg en 1537.

757. Un cahier en fñcois, appelle la Tour de Sapience.

758. Le Courõnmẽt lEmpeur par le Pap̃, sans couũture.

759. Zael.

Zael, astronome arabe du treizième siècle, est imprimé en latin dans *Stupa, Basileæ*, 1571, in-folio, p. 411 et suiv.

760. Stellãne visse mioris, en caiers couũt de pchemin.

761. Expõiõ sup Theorica planetaɤ, j caier de pchemin.

762. Tractat⁹ magr̃i Campani, magr̃i Guilli. de Scõ Clodoaldo de equacõne dieɤ planetaɤ 2 all., couũt de pchemin.

A la Bibliothéque du Roi on trouve deux manuscrits, n°s 9292 et 7281, intitulés : *Liber de Æquationibus Planetarum Joann. Campani Novariensis.*

Il y a de ce dernier auteur un autre ouvrage, sous le nom de Guillaume de Saint-Cloud, intitulé : *Calendarium Reginæ*, n° 7281.

763. Le Traittie de lEspe.

> LEspe, — la sphère.

764. De Alkabice, en aucũs kaiers de papp̃, sans couũt̃.

765. Belem ap̃polis, en papp̃, couũt de pchemin.

> Ap̃polis, — Apocalypsis.

766. Ciromãcie en fñcois, couũt de pchemin.

767. Summa Lupoldi de Ausĩã, compilaco͂ Firmini de Benecale, de Mutaco͂ne aeῖ 2 all. ptib³, escp̃t en papp̃, ĩs menue lr̃e, couu. de pchemin.

> Un manuscrit de Firminus de Bellavalle est à la Bibliothéque du Roi, n° 7482.
>
> Leopoldus de Austria, célèbre astrologue qui vivoit vers 1200, a composé un ouvrage intitulé : *de Astrorum Scientia compilatio*, qui a été imprimé à Augsbourg en 1489, in-4°.

768. Le Traittie du Zodiaque en fñcois, en vn petit caier couũt de pchemin.

769. Le Traittie appelle la Põme, en fñcois, en vn caier couũt de pchemin.

770. Unes viellez Tablez, couũt de pchem.

771. Breuiloqui³ de Geomencie, fait p̄ maisũ Bthelemi de Parme, en frñcois, couũt de p̄chem.

Bthelemi, — Barthélemi.

772. Socrates, en caiers couũts de p̄chem.

Socrates Babilee, ses Pronostications. (Voyez n° 707.)

773. Tractat⁹ de Magnete, et qd. Tractat⁹ p̄spectiue, en caier sans couuert̃.

774. Table Alphonsi, en caiers couũs de p̄chem.

775. Canonez Eclipsis, empap͠p et p̄chem., couũt de p̄chem.

776. Le Traittie du Zodiaque, couũt de p̄chemin.

777. Almanac de Tempore p̄terito maḡri Johĩs de Saxonia, en caiers de papp couũt de p̄chemin.

Plusieurs manuscrits de cet astrologue sont à la Bibliothéque du Roi.

778. Table Astronomie, en q̃iers couũs de p̄chem.

779. Grecisme glose, en vn liure couũt de cuir a iiij lasnieres.

780. Un liure dEuanḡles en t̃s ḡsse lr̃e, 2 est bñ petit.

781. Un liure couũt de cuir ṽmeil, appele la Science des Mains, et auĕqs le Compost, le Kalendier. Table Fugonis 2 Dyonisii. allegorism⁹. misteriũ de Edificãoe eccle. Tractat⁹ Cadrant̃. Sũma maḡri Pauli, 2 all.

A la Bibliothéque du Roi il y a un manuscrit du douzième siècle, de Paul, moine camaldule, intitulé : *Summa dictaminis*.

782. Un liure de Hympnes gloseez, t̃s viel, couũt de cuir rouge.

783. Ouide le Gñt, t̃s bñ gloze.

Vraisemblablement les Métamorphoses commentées par Thomas de Valois.

784. Le Compost en vn liuret en francois.

785. Ouidius de Puntulo, en vn liuret t̃s viel.

De Puntulo, — de Ponto.

786. La Vie Ste Beautheute, jadiz Royne de Fñce, t̃s bñ escp̃t, en vn caier couũt de p̃chemin.

Sainte Bathilde, femme de Clovis II.

787. Le Traittie de lEspe, sans aiz, couũt de pchem̃.

788. Lucan, t̃s viel, sans couurture.

Lucan, — Lucanus.

789. Ouidius de Vetula rustica deflenti, couũt de p̃chem.

790. Plato in Thimeo, en vn caier de lr̃e t̃s menue, lr̃e de glose.

791. Les puinces du Monde, en vn caier couũt de pchem.

792. Habũdancia exemplor⁊, en caiers couu^s dun t̃s viel cuir.

793. Julien Frontiⁱ⁹, en vn caier de papp, couũt de pchem.

« F̃r Morisse la. »

Julius Frontinus, sans doute ses Stratagèmes, plutôt que ses aquéducs.

Fr. Morisse, — frère Maurice de Coulanges, dominicain, confesseur des rois Charles V et Charles VI, mort évêque de Nevers, le 16 juin 1394.

794. Un liure plat de Geomencie, couũt de rouge.

795. Une ĩs belle Bible, b̃n escp̃te 2 ystoriee, que le Roy presta pieca a leuesque de Beauuez, laquelle fu rendⁱ⁹ au Roy ap̃s le tr̃passe. dudit euesq³, couuerte de soie, a vne chemise, et fu de S. Lucien de Beauuaiz, de q̃ le Roy la achetee.

« A monss. de Berry, 27ᵉ de nouᵉ iiij ˣˣ 2 iij. » (1383.)

Voyez n° 535.

796. Ung liure dOraisons, petit, couũt de drap dor verm. 2 fm̃rs dargᵗ, q̃ a doñe au Roy larcheuesque dAmbrun.

Pierre Amélius, archevêque d'Embrun, mort en 1390.

797. Honoriⁱ⁹, en vn quaier de papp̃, escp̃t de ĩs mauue lr̃e, couũt dun viez pchem.

Sans doute son ouvrage de *Origine mundi*.

798. Unes Heur̃, non pas a lusage de Par̃, petit 2 mescheãt volume, 2 boñe lr̃e vielle, 2 sᵗ au cõmencemᵗ les Heur̃ Nr̃e Dame, et ap̃s les p̃ees de

DU LOUVRE.

p̃me, Vigilles des Mors, 2 auts choses, couuu^{tes} dun viez cuir noir, 2 y fault vn demy aiz.

799. Un liure dAuicene complet, a iiij fm̃ darg^t, et couũt de soie blanche, et la donne au Roy maist g̃uaise Xpien, son phisicien.

« Le Roy la fait bailler a maist Regñ Fieron. »

800. Item, iiij gñs volumes en latin, ou s^t touĩ Viez de Sains, lesquelz vindrẽt des jacobins de Venise, ausquelz le Roy les acheta, et les fist venir Frederic Cornier.

801. Un petit liuret plat, en latin, nom̃e Bestiaire, figure, q̃ Gilet a doñe au Roy.

802. Un liure couũt de cuir ṽmeil a empraintes, a iij escucons sur les feuillez, de la Vie Nr̃e Dame, en latin, rimez.

803. Un liure en latin, nome de Ciuitate Dei, couũt de cuir blanc a queue.

C'est l'ouvrage de saint Augustin portant ce titre.

804. Concordances ĩs bell^s 2 g̃ndes, couũt de cuir blanc a queue, a iiij fm̃rs.

Sans doute les Concordances de la Bible.

805. Un ĩs beau liure gñt, couũt de soie, a ij fm̃s darg^t, ou s^t les v Liurez Moyse, glosez en ĩs bõne 2 g̊sse lr̃e, doñe au Roy p Gilet.

806. Catholicon, couũt de cuir vermeil a ampraintes, ĩs bel, que doña au Roy madame la duchesse dOrlẽnz.

« Doñe a maist̃ Jeh̃ de la Chaleur. »

La duchesse d'Orléans étoit femme du duc d'Orléans oncle du roi Charles VI.

C'est le livre intitulé : *Joannis Balbi de Janua Catholicon*, dont la première édition est imprimée à Mayence en 1460, in-fol.

807. Un liuré nom̃e Royal, en latin, a une chemise blãche, a queue, a iij fm̃rs darg^t, q̃ fist 2 doña au Roy le p̃riarche dAlexandrie, 2 est du Roy Pietre 2 du Roy Henry.

Le patriarche d'Alexandrie, Jean X, jacobite, qui fut patriarche d'Alexandrie en 1365.

Du Roy Pietre, — Pèdre IV, le Cruel, roi d'Aragon, mort en 1387;

Du Roy Henry, IIe roi de Castille, mort en 1379, son frère.

808. Tegny Galiani. Les Amphorismes Ypocrat̃, 2 all., couũt de cuir viez, a ij fm̃rs.

Le premier ouvrage est la traduction latine du *Liber Tegni* de Galien.

809. Ag̃gacones Serapiõis 2 Flebotomia mãg̃ri Ernald; de Villeneuue, couũt daiz a ij fm̃oers.

Ag̃gacones, — aggregaciones.

Cet ouvrage de Jean, fils de Serapion, a été imprimé à Milan en 1473, in-fol.

Le livre *de Phlebotomia*, d'Arnoldus de Villanova, dont les ouvrages sont nombreux, et dont quelques uns sont imprimés, est en manuscrit à la Bibliothéque du Roi, sous le n° 6971.

810. Un liure couũt de vert, en latin, sans aiz, fermãt a la surẽs a nouyaux, nõme Practica Platearĩi, q̃ vint de maist̃ Jeh. de Marregny.

Surẽs, — peut-être serrure.

La Bibliothéque du Roi possède un manuscrit de Platearius, sous le n° 8160, ainsi qu'une traduction françoise du quinzième siècle, avec un Glossaire des mots en usage dans la médecine.

811. Un liure en latin, couũt de ij aiz seulemt̃, dont lune est pdu a moitie, nõme Viaticus, q̃ est venu dudit maist̃ Jehan.

Plusieurs manuscrits d'Isaac, juif, auteur du *Liber Viaticus*, sont à la Bibliothéque du Roi, nᵒˢ 6888, 6889, 6890, 6951, 7035, 7043, 7044.

812. Un liure sans aiz, en latin, nõme Theorica Panthegny, dud. mᵉ Jeh.

Plusieurs manuscrits d'Isaac, juif, sont sous ce titre à la Bibliothéque du Roi, nᵒˢ 6885, 6886, 6887, 6887 A, 7042, 7137, 8157.

813. Un aut̃ caier en pchem̃, en latin, nõme Ars grãliz vltima, sans aiz 2 couũture, excepte de pchemin, q̃ est dudit mᶜ Jeh.

814. Un aut̃ cair sans aiz 2 couũtūre, nõme Amphorismi Johĩ Damascenis, en latin, q̃ est dud. mᵉ Jehan, sans aiz 2 sans com̃encemẽt.

815. Un autre liure en latin, sans ais, nõme Liber Platearii de Singulari et simplici medicĩa, dudit mᵉ Jehan.

Cet ouvrage est en manuscrit à la Biblioth. du Roi, nᵒˢ 6988, 6954, 6976.

816. Un autre liure, en latin, couũt dais, nom̃e Tractatus mgr̃i Johis de Scõ Amando, dudit Jehan.

817. Un autre liure de Medecine, en latin, couũt de cuir rouge sans ais, fmant a lasnieres, nomme Abbubec͂, Rasis filii Zacharie, dudit Jehan.

Rhases, *Abubecker Mohammed ben Zachariœ*, fameux médecin du neuvième siècle, dont les ouvrages ont été traduits en latin, et imprimés dans le quinzième siècle.

818. Un liure de Medecine, couũt de vert, fmant a lasnieres, nõme Liber de Drã sp̃s et aĩe, dudit mᵉ Jehan.

819. Un liure couũt de viez pchemin, nõme Thesaur⁹ paupᵣum, dudit mᵉ Jeh.

820. Un aut̃ t̃s viez liure, couũt de cuir blanc, a ij aiz, intitule : Incipiũt dicte uniũalez, 2 est de mediciñe, q̃ vint dudit mᵉ Jehan.

Plusieurs manuscrits de cet ouvrage d'Isaac, juif, sont à la Bibliothéque du Roi, nᵒˢ 6868, 6871 A, 6883, 7034, 7035, 7036, 7037, 7039, 7044.

821. Un aut̃ liure sans aiz 2 sans couũture, de medecine, intitule : Febrium Yseau, dudit mᵉ Jehan.

Il y a en manuscrit, à la Bibliothéque du Roi, *Libri quinque de Febribus*, nᵒˢ 6871 A, 7034, 7041, 7043.

822. Un autre liure sans aiz, en latin, de medecine, intitule : Febrium Ysaaci, dudit mᵉ Jehan.

823. Ung aut̃ t̃s viez liure de medecine, couũt de noir sans aiz, intitule : Mõd³ cõficiendi, dudit maist̃ Jehan.

824. Un auĩ liure couũt de rouge sans aiz, nõme Ysagoge Johñis Astegny Galiani, dudit mᶜ Jehan.

825. Un auĩ ĩs viez caier intitule : Jncipit p̄faccõ Petri Aboolardi, dudit mᵉ Jeh.

<small>Aboolardi, — Abælardi.</small>

826. Un liure appelle le Canon, mᵉ Jeh. de Ligniĕs, sur les Tablez dAlphons, Roy de Castille, en latin, couũt de p̄chem, dudit mᵉ Jehan.

<small>Plusieurs manuscrits de Joannes de Lineriis, sous le titre de *Canones Alphonsis regis Castellæ*, sous les n°ˢ 7281, 7282, 7285, 7295 A, 7405, sont à la Bibliothéque du Roi.</small>

827. Un petit liure empap̄p̄, nõme Nouus ĩctᵒ, en latin, dud³ Jehan.

828. Un liure en latin, couũt de cuir fauue, nõme Alkabice introductõre, q̃ fu dudit maisĩ Jehan.

« A maisĩ Regñ de Chasteaux, xxviijᵉ de juin
« iiij ˣˣ et iij. » (1383.)

829. Un autre liure couũt de vert, fermant de lasnieres, ouquel sont figurez les signez du ciel, dudit maisĩ Jehan.

830. Un auĩ liure couũt de cuir rouge sur le tẽne, nõme Tractatᵒ Alfragani cum comento, et de Motibus planetarum, dudit maisĩ Jehan.

831. Un autre liure en latin, a deux fm̄rs 2 deux aiz de bois sans couũture, leq̃ est du Canon dastronomie, Alfraganᵒ, Centiloquium Tholomei,

Albumazar, de Coniuncoibus, en latin, dudit maisͫ Jehan.

Ces ouvrages ont été imprimés.

832. Un auͭ liure couūt de rouge, fm̄oer a laniẽs, nõme Nouem Judicum, dudit mᵉ Jeh.

« A maist. Regñ de Chasteaux, xxiiij de juin « iiij ˣˣ 2 iij. » (1383.)

833. Un liure sans aiz, nõme Albumazar Abbatachy, en latin, dud³ m̄ Jeh.

834. Un auͭ liure sans aiz, nõme Centum ūbonྻ Tholomei, dud³ mᵉ Jeh.

835. Un caier viex, ex dicto de Floratis sup̱ Albumazar, dud³ mᵉ Jeh.

836. Un auͭ caier sans aiz, de añiz Arabum, dud³ mᵉ Jeh̄, 2 est en papp̱.

837. Un Breuiaire a lusage de Rõme ou dauͭ, couuert dune chemise de sendal a soleilz, a ij fm̄s dor, aus armes de Monss. le Dalphin 2 de la Royne.

Le Dauphin, depuis Charles VI, la reine Isabelle sa mère.

838. Un auͭ Breuiaire couūt dune chemise de sathenin double de sendal azure, brode aus armes de la Royne, a ij fm̄rs dor, dont les tissus sᵗ gñis de p̱les, et les ferm̄rs aussi chascū a iiij p̱les, et a au bout a chascun desdits fm̄rs un laz de soie, ouquel a vn bouton de p̱les a une pippe dor a ij p̱les, et y fault la pierre du milieu.

839. Un liure nõme Collectaire, couũt de veluyau sanguin, a ij fm̃rs darg* dorez, esmaillees de la Royne Jehñe de Bourgongne.

Jeanne, comtesse de Bourgogne, épouse de Philippe-le-Long, roi de France.

840. Un liure couũt de broderie a ymages, ou s* le Roy 2 la Royne, q̃ ce commence a Beat⁹ vir, et y a pluss³ Heures de deuocõn, a ij fm̃rs dor, chascun dune fleur de liz, 2 iiij ples, a vne pippe dor, a ij ples 2 j balay.

« A la Royne, ixe de jan. iiij ˣˣ et xiij. » (1393.)

Isabelle de Bavière.
Charles V et Isabelle de Bourbon.

841. Un liure a couũt̃ure de ples de broderie, a unes estoilles 2 croissant, a ij fm̃rs dor a facon de ①, historie au com̃encem̃t de la Passion, et s* au com̃encem̃t les Heures de Nr̃e Dame, et pluss³ autr̃s choses de deuocõn, tãt en latin cõme en fr̃ncois.

A facon de ①, — peut-être de boucle.

842. Un Breuiaire q̃ fist faire la dame Duuaugour, a lusage des freres Mineurs, couũt de cuir rouge a empreintes, 2 deux fm̃s darg* dancienne facon.

« A monss. dAniou, xxij^e de nou. iiij ˣˣ 2 deux. » (1382.)

843. Un liure couũt de soie blanche, ou s* pluss³ Heur̃e et Breuiaire a lusage de Rome. La couũ-ture de broderie a violettes yndèz; dun coste

vn C, de lauṭ coste un J, couronnes, a ij fm̃r dor esmaill. des arm̃ de la Royne.

« A mons. dAniou, viij^e dottob. »

C, initiale de Charles V ; J, initiale du nom de Jeanne de Bourbon, sa femme.

844. Un auṭ petit liure a une chemise de sathanin ynde a queue, a ij petits fm̃rs darg^t blanz, q̃ ce com̃ence aus absoluc̃ons 2 beneycons a lusage de Rõme, et pluss. auṭ choses, Vegilles de Mort et autres.

845. Un Messel, en deux volumes, couũt de veluyau more a queue, a ij fm̃ors darg^t esmaillez, equartelez de Fñce 2 dAthenez, 2 s^t notez et furẽṭ mess³ Jeh. Roger, euesque de Meaulx.

Jean Roger, évêque de Meaux, mort en 1378. Il avoit fait don apparemment de ce Missel à Charles V.

Gautier de Brienne, connétable de France, tué à la bataille de Poitiers, le 19 septembre 1355, étoit duc d'Athènes. Jean de Luxembourg eut ensuite des droits sur ce duché.

846. Une Bible t̃s belle, couũte de drap de Damaz ynde, de leuesque de Troyez, confesseur du Roy.

C'étoit Pierre de Villers.

847. Une Bible couũte de cuir rouge, q̃ fu dudit confesseur.

« Le Roy la miz dans sa chappelle, en la garde du
« pẽ chappelain. »

pẽ, — premier.

848. Catholicon, q̃ vint dudit. confess.

« Le Roy la miz en sa chappelle p^r ses chappelains, « en la garde du p chappelain. »

849. Un Breuiaire a lusage de Par̃, en ij gros volumez, q̃ fu Gentien ĩstan.

« Aus chanoines du boys. »

Gentien ou Gentianus Tristan, fils de Gentien Tristan, maître et enquêteur des eaux et forêts de Normandie.

850. Catholicon abregie, couũt de cuir noir, en fr̃ncois 2 en latin, q̃ vint dud^3 c^{o}fesseur.

« Le Roy la po^r apprend^3. »

851. La Vie Ste Crotilde en latin, couũt de soie, a ij fr̃ms darg^t.

Crotilde, — Clotilde.

852. Un Breuiaire en deux volumes, a lusage de Par̃, a chemises blanchez.

853. Un ĩs bel Psaulĩ, en gñt volume, escp̃t de g̃sse lr̃e 2 anciennes, q̃ on a dñe au Roy a Nogent le Roy, a une chemise blanche a queue, a ij fr̃ms darg^t.

« Pr̃ste p le Roy a mess^e Phẽ de Maisieres sa vie « durant. »

Philippe de Maizières étoit gouverneur de Charles VI; il composa, en 1389, le *Songe allégorique du vieil Pélerin*, qui est resté en manuscrit.

Philippe de Maizières naquit en 1327, et mourut dans le

couvent des Célestins de Paris, où il s'étoit retiré, le 26 mai 1405.

854. Un Psaulṽ ou s᷎ les Heurẽ Nr̃e Dame, couũt de veluyau sanguin, a v bouillonz darg᷎ sur chascun aiz.

855. Les p̃abolez Salmon, Ecclastes, Cantica Canticoꝛ, sapiencia, ecc̃last̃ic⁹, en vn volume glosez, couũt de cuir blanc, a ij fm̃s.

856. Ysaye glose, couũt de cuir blanc, a ij fm̃oers, en vn gñt volume.

857. Un Breuiaire en vn estuy, qui estoit a S. Pol.

« Porte a S. g̃main en Laye. »

<small>S. Pol, — hôtel de Saint-Pol, demeure de Charles V.</small>

858. Le Kalendrier Linconyens³. Tholomei in almagest., de fructib³ planetaꝛ, de explanacõe regulaꝛ judicandi, floṝ. Albumazar, musica Boecii, Theorica planetarũ 2 ꝑtibus all., en vn liure couũt de cuir a ij fm̃s.

<small>Le Calendrier Lynconien est attribué à Robert, évêque de Lincoln, qui vivoit dans le douzième siècle.</small>

859. Une Bible en latin, couu᷎ᵉ de cuir vert a ij fm̃rs.

« Donne a monss. dOrleans, dern. de decemb. « iiij ˣˣ et xvij. » (1397.)

860. Com̃entator Sᵗⁱ Jheronimi, sup Epistolam ad Galathaz. Apologia Ruffini, dyalogus Scĩ Jhero-

nimi, et ptib³ aliis, en vn gñt volume, couũt de cuir blanc a queue, et a ij fm̃s.

861. Expõio Epistole Pauli ad Hebreos cõlta a Beda. Beati Augustini, en vn gñt volume, couũt de cuir blanc a queue, et a ij fm̃s.

862. La p̃miere ptie des Fleurs sur tous les liurez de S. Augustin, en vn gñt vol. couũt de cuir de truye, q̃ doña au Roy Gilet Malet.

863. La ijᵉ ptie des Fleurs desdiz liures en tel volume, et aussi couũt, q̃ doña aussi ledit Gilet.

864. Policraticon, couũt dune pel velue dont le poil est cheu, et fu maisĩ Estiẽ Velin.

865. Canonez uzar 2 chelliz sup̃ tãblas Tholetañ, en vn liure couũt de cuir rouge a empraintes, 2 en ij fm̃rs de soie.

Azoar et challis.

866. Titus Liuius, q̃ fu de maisĩ Raoul de Prairez, en ij volum̃, couũt de cuir jaune, tout usez.

« A mons. dAniou, vij de mars iiij ˣˣ. » (1380.)

C'est la traduction de Tite Live par Berchoire.

Prairez, — Raoul de Presles.

867. Un ĩs bel Psaulĩ glose, en ĩs gñt volume, a iiij fm̃rs dargᵗ, couũt a empraintes, 2 pdess³ dune chemise blanche de toile, dõnez au Roy p Gilet.

« Aus chanoines du bois. »

868. Une ĩs petite Bible en latin, a iiij fm̃, de ĩs menue lr̃e, couũt de cuir viez.

869. Josephus, en deux ĩs gñs volumes, couũs de cuir blanc a queue 2 a bouellionz.

Cette traduction françoise de Josèphe est anonyme. Celle qui fut faite à Reims en 1460, et probablement par Sébastien Marmerot, pourroit bien être la même dont le style a été rajeuni par ce dernier.

870. Un Messel de g̃sse lr̃e, q̃ souloit s'uir en la petite chapelle du Louvre, en la tournelle, emp̃s la chambre du Roy, couũt de soie teñee a queue, a ij fm̃rs darg^t.

« Le Roy la baillie a monss^3 le Dalphin, po^r cõs-
« truire les Euanḡles. »

(Voyez n° 883.)

Le Dalphin, — depuis Charles VI.

871. Deux volumes qui sont un Breuiaire, qui fu de maisĩ Martin de Macon.

« Aus chanoines du boys. »

872. Un gñt liure couũt de cuir blanc a boullionz, q̃ fait la moitie de la Bible, et de Geneziz jusq̃s a Job, couũt de cuir a queue, a ij fm̃rs 2 a bouillonz.

873. Lauĩ moitie, couuerte de cuir blanc, qui comẽnce des pboles Sallemon jusq̃s a lApocalipse.

874. Un Psaultier ĩs bel, couũt de veluyau ṽmeil, a ij fm̃rs darg^t.

875. Un ĩs bel Psaultier, dont les fm̄rs s^t de soie rouge, a coq̃ll³, et aus armez de Chambly, a vne chemise de toille blanche.

<small>Armes de Chambly, — armes de la famille de la femme de Gilet Malet, Nicole de Chambly.</small>

876. Un ĩs bel Psaulĩ, q̃ doña au Roy le p̃uost de Par̃, et s^t les fm̄rs de ses armez, couũt de sathanin, et vne bourisse de meism̃.

« Le Roy a p̃rinse la bourse a mett̃ sa petite
« Bible. »

<small>Hugues Aubryot fut prévost de Paris depuis 1367 jusqu'en 1381.</small>

877. Un Breuiaire dont les aiz s^t coũerts de veluyau ṽmeil de broderie, aus armez du pp̃ Clement.

<small>Clément VII.</small>

« Donne au p̃triarche dAlexandrie, quãt il doña
« le Liure royal. »

<small>Voyez n° 807.</small>

878. Un liure couũt de cuir fauue a queue, nome Philosoph. moral.

« Donne a maisĩ Raoul de p̃raellez, aũañt il doña
« la Muse. »

<small>Voyez ci-devant, n° 616.</small>

879. Un ĩs beau Psaulĩ, t^t escp̃t de lr̃e dor 2 dazur, et sont les hays brodez des armes de Bourgogne,

et y est le Sacre des Roys dAngleterre, a vne chemise blanche.

Hays, — ais.

880. Un Psaultĩ a mendre volume, a vne chemise p̃tuifice, t̃s bñ ystorie 2 t̃s bñ escp̃t.

Mendre, — moindre. Pertuifice, — trouée.

881. Un liure dont les aiz s^t couũts de veluyau blanc, brode, a roziers, et y est lOffice de la t̃nite, et pluss[3] aut̃s Heurez, a ij fm̃rs dor esmaill. de Fñce 2 de Boulogne, a vne chemise tres deliee.

Boulogne, — peut-être Bourgogne.

882. Une Bible en t̃s menue lr̃e, couũte de cuir a empraintes, a deux fm̃oers darg^t rous.

883. Un Messel note, a ij fm̃, des armez de monss. le Dalphin, couũt de soie a queue, a feuilliez de vingne.

« Baillie a mons[3] de Valois, p^r construire les « Euãgles. »

M. de Valois, second fils de Charles V, et frère du roi Charles VI; il portoit le titre de comte de Valois à la bataille de Rosebeke, gagnée sur les Flamands, le 27 novembre 1382. Il eut, en 1386, le duché de Touraine, qu'il rendit en 1392, pour celui d'Orléans. Il naquit le 13 mars 1371, et fut assassiné le 23 novembre 1407.

Un autre Missel pour construire les Évangiles est rapporté ci-devant, n° 870.

884. Une Legende doree, en vn petit liuret couũt de rouge.

885. Boesse de Consolaĉon, en vn petit liuret couũt de rouge.

886. Job glose, en vn liure dõt les aiz ne s˜t point couũts, a ij fm̃rs.

887. Un liure dAstronomie en fñcois, couũt de cuir t̃s ṽmeil, ou est S. Adam Messchalat 2 pluss. auṽs.

La Bibliothéque du Roi possède en manuscrit, de Mesahllach, astronome arabe du huitième siècle, un ouvrage intitulé : *Tractatus de Compositione et usu Astrolabii*, n° 7432.

888. Canonez Astronomie, dõt les aiz ne s^t point couũs, a ij fm̃ rouges.

889. Geomencie en vn viez liure, dont les aiz ne s^t point couũs, a ij fm̃.

890. Antidotaire, qui se commence Ego Nicolaus, en vn liure couũt de cuir fauue a queue.

(Voyez n° 67.)
L'Antidotaire du médecin Nicolas Falcutius de Florence a été imprimé pour la première fois à Venise, en 1471, in-4°.

891. Collões Patrum, en vn liure couũt de cuir fauue a queue.

Ouvrage de Cassien.

892. Un Psault̃ dont les aiz sont a ymages, couũt de cuir g̃niz darg^t.

893. Un t̃s beau Breuiaire a lusage de Paris, en vn g̃oz volume quarre, les aiz couũts de broderie a fleurs de liz, et la pippe de ples.

« Le Roy la p̃ns po^r dire ses Heur̃, xxe de janu.
« iiij ^{xx} 2 viij. » (1388.)

894. Un liure dOraisons, couũt de drap a vne chemise blanche, a ij fm̃s darg^t, esmaillez de Harcourt, a ij crossez.

Ce livre paroît avoir appartenu à Louis de Harcourt, fils de Jean III, comte de Harcourt, et de Catherine de Bourbon, sœur de la femme de Charles V, roi de France, Jeanne de Bourbon.

Né en 1382, il mourut archevêque de Rouen en 1422, âgé de quarante ans.

895. Un liure dOraisons plus gñt, a chemise blanche, a ij fm̃rs darg^t, ou s^t haschies les armez de larcheuesque de Rainz de Craon.

Jean III de Craon, mort en 1373.

896. Textus Sententiaɤ, en vn liure a une chemise blanche, a ij fm̃.

C'est l'ouvrage de Pierre Lombard, évêque de Paris vers 1159, et mort en 1164.

897. De ppetatib³ rerum, en vn liure couũt de cuir, a ij fm̃.

« Au boys. »

898. Les Heurez S. Loys, en vn t̃s petit liuret 2 j fm̃r.

899. Un liure couũt de veluyau ynde t̃s plat, q̃ se nõme Lamentacõ sup Jhlem, de negligentia xp̃ianoɤ, q́ vint de mess^r Ph^e de Maisierez.

Ph^e de Maisierez, — Philippe de Maizières.

900. Un petit liuret couũt de cuir fauue, q̃ se nõme Informaciõ principum, a ij fm̃.

C'est l'ouvrage de Giles de Rome.

901. Un liuret dOraisons, q̇ se comence aus Heurez de la Croix, couũt de couverture faite de damas de religion, a ij fm̃ dargent de Fñce 2 de Constantinople.

Damas de religion, — damas qu'on employoit aux vêtemens religieux.

902. La moitie dun Breuiaire, dont les aiz s^t couũts de broderie de Fñce 2 de Bourgongne endentees, a ij fm̃s dor.

903. Un ĩs petit liuret couũt de soie, de Coniuncõns 2 Oppoicõns, a ij petis fermoers dargent.

904. Un liure dOroisons ĩs p̃faitemẽt bñ ystorie, couũt de drap de soie a queue, a petis abbruyceaux dor.

905. Alexander Magnus et Lucanus, couũt de p̃chemin.

Sans doute Quinte-Curce et Lucain.

906. Le Psaulĩ pappe Urbain, en vn quaier de papp̃, couũt de cuir, a iiij fm̃.

C'est le Psautier du pape Urbain V.

907. La sõme nõmee Coprense, en vn gñt volume couũt de cuir, a ii fm̃.

908. Ars Notoria, dont les aiz ne s^t point couuerĩ de cuir, mais est lie de cordez.

909. Auũ pluss³ caiers touchãt Astronomie, liez en vn toussel de nulle valeur.

<small>Toussel, — pièce d'étoffe.</small>

910. Une piau de pchemin, ou s^t pluss³ ystor̃, q̃ fist maist̃ Jeh. de Lignan.

<small>Jean de Lignano, docteur de Bologne, et astronome au treizième siècle. Plusieurs de ses ouvrages se conservent en manuscrit à la Bibliothéque du Roi.</small>

Livres envoyés par le duc de Guyenne, fils aîné de Charles VI, en la librairie du roi, en 1409.

(Fol. xxxvij, recto.)

911. Une Bible en frñcois, en ĩ gñt volume, couũte dune chemise de soie a queue, a ij fm̃oers darg^t, a testez dorees.

912. Josephus, escp̃t en frñcois, en lr̃e de note, couũt de veluyaux azure, a ij fm̃oers de cuiure dorez, tissuz de soie.

<small>C'est la traduction de l'histoire de Josèphe, d'un auteur inconnu.</small>

913. Titus Liuius, en frñcois, en ĩs grant volume, couũrt de cuir, q̃ autfoiz fu au Roy, a ij fm̃oers darg^t, esmaillez a fleurs de liz, ĩs bñ ystorie 2 escrp̃t.

« Au Roy. »

914. La premiere ptie de la Cite de Dieu, en fñcois 2 lr̃e de note, couũt de cuir a ampraintes, a ij fm̃oers de latton.

<small>Latton, — cuivre.</small>

915. Lauṭ ptie, preillemẽt escp̃te en fñcois, et aussi couũt 2 ij telz fm̃oers.

916. Le liure des pp̃ites des choses, en francois, esp̃t de lr̃e de note, couũt de cuir a empraintes, a ij fm̃oers darg^t, des armez de Montagu, p̃auant gñt maistre dostel du Roy.

<small>Jean de Montagu, maître-d'hôtel de Charles V, fut décapité aux Halles de Paris en 1409.</small>

917. Ouide Metamorfoseos, en fñcois, de lr̃e de note, couũrt de cuir a empraintes, a ij fm̃oers de laton.

918. Un Greel po^r vne eglise, note, 2 couũt de cuir a queue, a ij fm̃oers de laton.

<small>Greel, — Graduel.</small>

919. Ethiques en fñcois, 2 lr̃e de note, couũt de cuir a empraintes, 2 ij fm̃oers de laton.

920. Les p̃blemez Aristode, escp̃tes de lr̃e de note, couũt de cuir a empraintes, 2 ij fm̃oers de laton.

921. Regnart ryme, escrp̃t de lr̃e de note, couũt de cuir a empraintes, 2 ij fm̃oers de laton.

922. Un Psaultier tres ancien, couũt de soie ṽmeille, a ij fm̃rs dargẽt haschiez et dorez.

923. Le liure du T^esor dit maistre Brunet Latin, escp̃t de lr̃e de note, couũt de cuir a empraintes, a ij fm̃oers de cuiure.

924. Le Roman dAlexandre 2 Ysopet, de lr̃e de fourme, ryme, couũt de cuir a empraintes, a ij fm̃oers de cuiure.

925. La Guerre du Roy Phle 2 des Flamenz, en ryme, escp̃t de forme, couũt de cuir a empraintes, a ij fm̃rs de cuiure.

La guerre de Philippe-le-Bel, au commencement du quatorzième siècle.

926. Un Greel note, couũt de cuir blanc a queue, a ij fm̃rs de laton.

927. Un Epistolr̃, couũt de cuir blanc a empraintes, a ij fm̃rs de cuiure.

Epistolr̃, — Epistolaire.

928. Le liure que fist Honore Bonnet, prieur de Salon, escript de lr̃e de note, en francois et deux coulombes, en vn grant volume plat, couũrt de veluyau vermeil a courte queue, 2 iij court fr̃moirs dargent dorez, faiz en facon de deux mains, et y a iij cerfs voulant dargent dore.

Il s'en trouve un manuscrit à la Bibliothéque du Roi, n° 7205.
Cet ouvrage fut composé pour Valentine de Milan, fille de Jean Galéas Visconti, et femme de Philippe de Valois, duc d'Orléans.

Le même prieur de Sallon composa un autre ouvrage, par ordre de Charles V, pour le Dauphin son fils, intitulé l'*Arbre des*

Batailles, dont il existe des manuscrits, et quelques éditions où l'auteur est nommé tantôt Honoré Bonhor, et tantôt Bonnet.

929. Le S³uice de Ste Crotilde, notte, couũt de cuir rouge a empraintez, a vn fm̃oer de cuiure.

930. Le S³uice de Ste Radegonde, notte, couũt dune pel velue.

Radegonde, reine de France.

Au fol. **xxxvij**, recto :

Finit par le n° 930 ci-dessus, l'État des Livres appartenant à Charles V, dressé en 1373 par Gilet Mallet.

Suite de l'État des Livres ayant appartenu à Charles V et à son successeur Charles VI, non compris dans l'ancien Inventaire, mais mentionnés dans le nouveau, fait le 24 janvier 1411.

Au fol. cxiij, recto, du registre de l'Inventaire, on lit :

Liures trouuez en la iij^e Chambre, oultre ceulx de lancien Inventoire.

Sensuiuent autres Liures trouuez audit iij^e estaige den hault, oultre 2 par dessus ceulz qui sont declairez en lancien Inuentoire, 2 premierement.

Les articles qui suivent, depuis le n° 931 jusqu'au n° 1077, sont décrits plus au long et avec plus de détails que ceux du Catalogue de Mallet, et voici de quelle manière sont énoncés les deux premiers, ainsi que tous les autres, dans lesquels néanmoins nous supprimons les premiers mots du second feuillet et ceux de l'avant-dernier de chaque manuscrit, rapportés dans l'Inventaire :

931. Un liure dAlgorisme, couuert de parchemin, escript en francois de lr̃e de forme, a vne coulombe, commencant ou ij^e fol., Sustractiones, et ou dernier, Or diuons des.

932. Un aut̃ liure dAlgorisme, en cayers, cousuz ensemble sans couuerture, escript de menue lr̃e, en latin, a deux coulombes, et cõmencant ou ij^e fol., Quando digitus multiplicat, et ou dernier, Esseptus nature.

933. Un auẽ petit liure dAlgorisme, en latin, entre deux aiz, couũrt de cuir blanc, en vn fermant de laton.

934. Un bel liure, appelle Speculum morale Regiũ fctm̃ p̃ Frm̃. Robertum episcopum Seneteñ, escript de lr̃e courant, a histores boulenoises, a vne coulombe, couuert de drap dor a queue, dont le chap̃ est de petit 2 dasur, a ij fm̃ dargent dorez, esmaillez de France, a tissuz asurez.

Robert Servatius, évêque de Seneffe, mort vers 1390.
Deux manuscrits de son ouvrage intitulé *Speculum morale regium*, se trouvent à la Bibliothéque du Roi sous les n⁰ˢ 3490 et 6485.

935. Liber celestis imperatoris ad impatores et reges terrenos, escr̃pt en latin de lr̃e courant, a vne coulombe, et y a au commencem̃t vne r̃s historie, couuert de soye qui fut vermeille 2 ynde a queue, ptiz bouillons dorez de chascun coste, a deux fermoirs dargent dorez, esmaillez de France.

936. Un Psaultier ferial, r̃s bel, bien enlumine, et escript de grosse lr̃e de forme, et y a au commencem̃t vn kalendrier, couuert dune chemise de satin a fine double de taffetas vert, a ij ferm̃ darg' dorez esmaillez.

937. Un autre bel Psaultier qui fut a Saint p̃re de Luxembourg, escript de grosse lr̃e de forme 2 enlumine dor, et au com̃encem̃t a vn kalendrier, et ensuiuant plusieurs histoir̃ de la Passion et

Resurrectoñ Nõ S³, couũrt dune chemise azuree a queue, doublee de sandal, a deux fermoirs dorez, esmaillez des armes du Saint p̃re.

Saint-Pierre de Luxembourg, né le 20 juillet 1359, mort le 14 mars 1387.

938. Un petit Donast en latin; au com̃encem̃t 2 apres vn fem̃, auec Chatonnet en latin, bien enlumine, 2 escr̃pt de l̃re de forme, couũrt de soye vermeille, a ij ferm̃ darg' dorez, aux armes de monseig. le Dalphin.

Le *Donat* et le *Catonet* sont deux livres élémentaires classiques du moyen âge.

939. Un liure de lApocalipse en latin tout historie, et en la fin a pluseurs Diz dEnfer et de Paradis, en vn risme, couũt de cuir rouge a empraintes, a deux grans fermoirs dargent dorez, esmailliez de France, 2 tissuz asurez.

940. Un Breuiaire groz 2 court, au commencem̃t duquel a vn kalendrier, 2 le Psaultier apres, bien escript 2 enlumine, couũrt darg' dorez, esmaillez, tissus de soye vert.

941. Un t̃s bel liure de Regimine principum, de la compilacoñ Gilet lAugustin, t̃s bien escript en latin, de l̃re de forme 2 a deux colomb., en laniere tout au long desd̃s coulombes, des fleurs de lis dor et une laniere tout au long dasur et est signe *Charles* en la fin, couũt dune chemise de soye ṽmeille, a signes blans, a vng fermor darg' dore, haschie aux armes de France, 2 une pipe darg' dore.

Cette signature qui se trouvoit à la fin étoit celle de Charles V.

942. Un liure de Prefaces, Oroisons 2 plusieurs Messes, escript de grosse lr̃e de forme, et y a au cõmcemẽt un kalendrier qadrant, et ny a aucune enluminure dor, a ij fermoirs de laton.

943. Un aut̃ liure de Proefaces 2 de plusr̃s Messes, escript̃ de grosse lr̃e de forme, et y a au cõmencemẽt le kalendrier historie, coũert de cuir rouge sanz fermoirs.

944. Un t̃s bel Psautier, au cõmencemt̃ duquel a vne t̃s belle histoire, et apres le kalendrier bien historie, et en apres a xx pages histor̃ de la Creacion du Monde 2 de la Vie Notr. S³, en apres ledit Psautier les Heurez de lAssompcoñ Nr̃e Dame, couũt dune chemise de toille a queue, a deux fiñ dargt̃ blanz, 2 tissuz de soye vert a vne pipe de broderie.

945. Un petit liuret quarre, ouquel sont Oroisons sur chacũ pseaume du Psautier. Les quatre Passions Nr̃ Sg³, couut̃ dune chemise blanche de toille a queue, p̃ dessoub³ de drap dor, a ij femoirs dargt̃ dorez touz plaints.

946. Un liure plat, au cõmencemt̃ duquel a xx iiij t̃s belles histor̃ de la Passion Nr̃ S³, en apres memoir̃ de la Trinite, les Heures de la Passion, auecques pluseurs suffraiges 2 deuocions t̃s bien escrp̃t, 2 enlumine denluminure boulenoise, couuert dune chemise de toille blanche a queue, 2 deux friñ dargent touz plains, 2 tissuz vers.

947. Un liure de lOrdonnance a enoindre 2 courronner le Roy, ptie en latin et partie en francois, ĩs bien escr̃pt et historie, es marges den hault 2 bas, et en la fin ystoires, plusieurs seruantois q̃ doiuent faire les pers de France et aũs vassaux, et prelas et aũs gens, couũrt dun viel drap dor a deux fermoers dargt̃ dorez esmaillez de France, 2 une petite pipe.

948. Un liure bien escr̃pt en francois, de lr̃e de forme, a deux coulombes, ĩs bien historie, au cõmencem̃t duquel sont les dix Cõmandem̃s de la Loy, en aprez des sept pechiers mortelz, 2 y a plusieurs traictiez de choses de contemplacoñ 2 de deuocoñ, signe en la fin de la main du Roy Jehan, couuert de cuir rouge a empraĩnctes, a cinq bouillons de cuiure de chũn coste, a ij fr̃moers dargent blanc tout plains, et tissuz de soye em-p̃aitez de vert 2 de rougez.

949. Un liure dArtuz 2 Jehannet, escr̃pt de lr̃e de forme en francois, a deux coulombes, historie en chũn feuillet en la marge den bas, couuert de cuir vermeil rouge par dess³, a cinq bouillons de cuir dun chcũn coste, a ij fr̃m de laton, 2 tissuz emp̃raĩntez de blanc 2 de vert.

950. Un liure ouquel sont Kalendarium Petri cum tabulis Gerlandj. Item Algorismus. Spera cõmunis, spera solida. Algorismus minutatiz, 2 pluseurs aũs traictiez ou dernier feuillet dud' liure, escript de lr̃e de forme, en latin 2 a deux coulombes,

couũt de cuir rouge a emprainctes, a cinq bouillons de cuiure de chũn coste, et a vn fm̃oir de laton.

Kalendarium Petri; c'est le calendrier de Pierre d'Ailly, évêque de Cambrai, mort au commencement du quinzième siècle. Il y en a deux manuscrits à la Bibliothéque du Roi, n°s 3123 et 3124.

Gerlandi tabula de computo est à la Bibliothéque du Roi, n°s 7421 et 7422 des Manuscrits latins.

951. Haaly Abarraguel, bien escp̃t de lr̃e de forme, en latin 2 a deux coulombes, couũt de cuir rouge a empraint̃, a ij fm̃ dargent blanc touz plains de tissuz.

952. Plures Antiphone 2 Hymni notati, en un grat̃ volum. escp̃t de grosse lr̃e de forme, a une coulombe, couũrt de cuir rouge a cinq bouill., 2 ij fm̃ de cuiure.

953. Abraham Aduennere de Coetacionib[9], que se cõmence Sapientes legis, item de superis 2 principalib[3] sapientib[3], en vng volume couũrt de cuir rouge sanz empraintes, a ij fr̃moers de laton, et contiennent plussrs liures et traictiez q̃ sont escript au derñ feuillet, et est bien escrp̃t de lr̃e de forme, a ij coulombes.

Abraham Advenere ou Ben Esra, auteur de ce livre, vivoit dans le douzième siècle. Deux manuscrits de son ouvrage sont à la Bibliothéque du Roi, n°s 7306 et 7346.

954. Un Messel en deux volumes, dont le p̃mier cõmence au dimanche de Aduent, et finist a la Penthecoste, auec le Cõmun des Sains en la fin.

955. Un liure en francois, en t̃s grant volume, ꝯtenant le t̃sor de Sciences. Le Bestiaire, les Paraboles Salomon, Cidrac, 2 pluseurs aut̃s liũs declairez au cõmencemt̃ dudit liure, escript de lr̃e de forme, a deux coulombes, t̃s bien historĩ, couũt de cuir rouge a empraintes, 2 deux fr̃moers de laton.

Cidrac ou Trésor des Sciences est le même ouvrage.

956. Un liure de Torche Fauuel, historie et note, bien escript de lr̃e de forme, couũt dun viel drap de soye a abres vert, 2 ij petiz fr̃moers darg^t dorez.

957. Un liure ryme de Renart 2 des Fables Ysopet, en grant volum̃ de lr̃e de forme, bien historie 2 a deux coulombes, couũt de cuir rouge a losanges, 2 deux fr̃moers de laton.

958. Un liber Ethicorum glosatus, de lr̃e de forme, en latin 2 a deux coulombes, couũt de cuir rouge, a deux fr̃moirs de laton.

959. Un liure de Prõpetatib³ Rerum, en latin, escript de lr̃e de forme boulenoise, couũt de cuir qui fut blanc, a deux fr̃moirs de laton.

C'est l'ouvrage de Bartholomæus Anglicus de Glanville.

960. Un liure Ruraliũ comõdorum, q̃ len dit Rusticorum, en latin, de lr̃e de note, a deux coulombes, couũt de cuir rouge plain, a ij fr̃moirs de laton.

C'est l'ouvrage de Pierre de Crescens.

961. De Celo et Mũdo, scripta super librum de Generatione. sentencia libellj, de Causis longetudinis, et Breuitatĩs vite, Questiones de anima f̃r Thome de Aquino 2 alia quedam, de menue l̃re de forme, a deux coulombes, couũt de cuir blanc, a deux frmoirs de latton.

962. Ars demonstratiua, en latin, de l̃re de forme, a deux coulomb., couũrt de cuir rouge a empraintes, fermant a deux lasnieres de cuir.

963. Le liure de mess³ Geoffroy de Tharin, en francois, partie rimee et partie en prose, et est bien escript de l̃re de forme 2 bien historie, couuert de cuir rouge a empraintes, a deux fermoirs de laton.

964. Un gros liure de Philozophie naturel., contenant les liures de phisiques, de Generatione 2 Recompociõne metheoroɤ, de Aiã, 2 pluss. autſ declairez au cõmencement dudit liure, couur̃t de cuir blanc a queue, a cinq bouillons, 2 deux fermoers de laton.

Ouvrages d'Albert-le-Grand.

965. Le liure de Medecine que fist Helham, contenant xxv liũ³ en deux volumes, t̃ bien escript de l̃re boulònoise, a deux couloñs. Le premier volume contenant vij liũs, a iiij fm̃rs darg^t, aus armes du Roy de Jh̃rlm et de Secile, qui les dits deux volumes enuoya pieca au Roy de Fñce. Et laut̃ volume, contenant xvij liũs, et sont lesd' deux volumes couũrts de taffetas jaune, chũn

a iiij frmoirs dorez, esmaillez des armes du Roy de Jhrlm̃ 2 de Secile, qui lesd' deux volumes envoya pieça au Roy de France.

Charles, duc d'Anjou et de Sicile, qui prit, en 1277, le titre de roi de Jérusalem.

966. Historia scolastica, en latin, en t̃ grant volume, a ij coulomb. 2 de lr̃e de forme, couũt de cuir non a queue, a ij frm̃ de laton.

967. Un Psautier escript de lr̃e de forme, au commencem̃t duquel a quatre histoires de droit et med̃cine, 2 en la fin aucuns sont enseignemens en francois, 2 en aprez aucuns suffrages de menue lr̃e, couuert de cuir rouge a empraintes, a deux frmoirs de laton.

968. Ung grant liure plat, ouquel sont les laudes et hymnes commencant le dimanche dapres les ottaues de la Theophane, sur chaũn jour de la sepmaine, escp̃t de grosse lr̃e boulenoise, et note, couũt de cuir vert, a ij frmoirs de laton.

Theophane, — Épiphanie.

968 *. Laut̃ volume, cõmencant puis ladit̃ Penthecoste, et finissat̃ a lAduent, et sont les diz deux volumes escriptz de belle lr̃e de forme, tout vn 2 bien enluminez, couũs de cuir rouge a empraintes, lun a deux fermoers darg̃ bl., et tissuz vert, et laut̃ a j frm̃, sont pareil aux aut̃s.

969. Dieta Johannis de Balneolis Judei de amasica,

dont au commcemt dudit liure a iiij foilles escriptz de menue lre de forme, a deux coulombes, escrpt de lre rouge, couuert de cuir rouge, a deux frmoirs de laton.

970. Liber nouem Judicum, en vng volume in qu°, continet Theorica planetarum, quadriptitum Ptholomej, Haaly Abarageel, 2 pluseurs auts liures declairez ou pmier fo. dudit liure, escrpt de menue lre de forme, en latin 2 a deux coulombes, en assez gros volume, couut de cuir vermeil a empraintes, a ij frm de laton.

971. Un liure de Cidrac le philosophe, lequel sappelle le tsor des Sciences, en vn petit volume, escrpt de lre de forme, a ij coulomb³, en franc⁹, historie 2 enlumine, couut de cuir vert, a ij frm de laton.

972. Un gran liure de Medecine, que se appelle Canoones Abohaalj, escript de bonne menue lre de forme, en latin, a deux coulombes, en assez groz volume, 2 fu ledit liure maistre Geruaise Xpien, comme il est escript en la fin dudit liure, couut de cuir a empraintes sans aiz, frmant a iiij lasnieres.

973. Liber de Tribus dietis, liber Constrenere. Sermo de mandatis Decalogi, et expositio de Pater no, escript en latin, de lre de forme, a vne coulombe et en petit volume, couuert de cuir qui fu vert, a ij petiz fermoirs de laton.

974. Pricianus minor, de grosse lře de forme, couũt de cuir fauue a queue, a v bouillons 2 j frm̃ de laton.

975. Tacuinum sanitatis, de lře de forme, a vne coulombe et en latin, couũrt de cuir tanne, a ij frmoirs de laton.

976. Tractatus de Urinis, Astronomia Ypocratis, Astronomia Aristotelis, et auts declairez ou premier feuillet, escrp̃t de lře de forme, en latin, a deux coulombes, couũrt de cuir qui fut rouge, a vn frmoir de laton.

Isaacus Israelita de Urinis est en manuscrit à la Bibliothéque du Roi, n°s 6871 A, 6884, 7034 et 7041.

977. Kalendarium reformatum, escript de grosse lře, et est presque tout escript de figures, lignes descendantes en lře rouge, couũrt de cuir blanc, a ij frmoirs de laton.

978. Liber monachi de Imaginibus signorum, en petit volume, de lře de note, a vne coulombe, couũrt de cuir rouge a empraintes, a ij frmoirs de laton.

979. Introductorius Cosme Alexandrinj in Astrologiam, et talia quedam, en latin, de lře boulenoise, a deux coulombes, couũt de cuir qui fut rouge, a deux frmoirs de laton 2 tissuz de soye.

980. Liber de Reuolutione natiuitatum, Thebit 2 plura alia declarata in primo folio dicti libri, escript de diuerses let[3], a deux coulombes 2 en

latin, couũrt de cuir rouge plain, a deux frmoirs 2 cinq bouillons de laton.

981. Aritmetica Boeci, 2 auts̃ liures declairez ou premier fo. dudit liure, en latin, de menue lr̃e de forme, partie en vne coulombe 2 partie a deux, couuert de cuir blanc, a deux fermoirs de laton.

982. Summa Esthilde anglici de judicijs, escript en latin, de menue lr̃e bastarde, a deux coulombes, couuert de cuir blanc, a deux fr̃moirs de laton.

983. Diete Ysaac, en latin, de lr̃e de forme, a deux coulombes, couuert de cuir blanc, a deux frm̃ de laton.

On en conserve plusieurs manuscrits à la Bibliothéque du Roi, n° 6868, etc.

984. De Septuaginta verbis Aristotelis, liber secundus st̃dj operis et p̃ples alii libri declarati in duobus p̃imis foliis, en vn grox volume court, dassez grosse lr̃e de forme, en latin 2 a vne coulombe, couũrt de cuir rouge sans aiz, a quatre lasnieres de cuir.

985. Cirurgie Rogerii, en latin, de menue lr̃e de forme, a deux coulombes, couuert de cuir blanc, a deux frmoirs de laton.

Il y a, de *Rogerii Parmensis Chirurgia*, deux manuscrits à la Bibliothéque du Roi, n°⁵ 7035 et 7040.

Cette chirurgie a été imprimée dans la Collection des Chirurgiens latins, imprimée à Venise en 1499, in-fol.

986. Liber Almagesti Ptholomej, tout neuf, en latin, de lr̃e de forme, a deux coulombes, couũt de cuir bl., a ij frm̃ de laton.

987. Ouidius de Tristibus, glose, 2 de lr̃e de forme, couũrt de cuir blanc, a vng frmoire de laton.

988. Un Lucanus en latin, de lr̃e boulenoise, sanz glose, en vne coulombe, couũt de cuir blanc, a ij frmoirs de laton.

989. Lectiones Breuiarij secundum consuetudiñ Romane eccl., en vn ĩs grant volume, escript de grosse lr̃e boulenoise, a ij coulombes, couũrt de vielz cuir blanc, a plus³ bouillons de fer, a deux frmoirs brun de cuiure, lansñ de fer blanc, 2 deux tissuz verts.

990. Le roman Guerin de Montglaue, de Aimery de Narbonne, de Guillaume au court nez, en vn groz volume court, ryme, de lr̃e de forme et deux coulombes, couuert de cuir vert, a v bouillons 2 ij frmoirs de laton.

991. Unes Decretales en francois, escript de bonne lr̃e de forme, a ij coulombes, coũrt de cuir qui fut rouge, a queue, a iiij frmoirs 2 tissuz vert.

992. Un Inforsade en francois, escript de lr̃e de forme, a deux coulombes, couuert de cuir rouge, a ij frmoirs de laton.

993. Un Code en francois, de lr̃e de forme, a deux coulombes, couũrt de cuir rouge a empraintes, a deux fermoers de laton.

994. Une Philosophie naturelle, et est assauoir metaphisique, phisique, de Celo et Mondo, 2 pluseurs auts qui sont declairez ou premier fo. dudit liure., escript en latin, de lr̃e de forme, a vne coulombe, couũt de cuir bl., a ij frm̃ de laton.

995. Un liure de medecine, appelle Viatique, escript de menue lettre de forme, a deux coulombes, 2 contient ledit liure le texte p̃mier, et en la fin sensuit Exposicion, et est en petit volume, couũrt de cuir bl. vieil,.a vn frmoir de laton.

996. Tabule solis. Kalendarius nouus Lenconiensis. Tractatus compoti 2 plura alia.

On attribue ce calendrier de Lincoln à Robert, évêque de ce siége, qui a fait quelques autres ouvrages d'astronomie, et qui vivoit vers le milieu du treizième siècle.

Un manuscrit de son calendrier se trouve dans la Bibliothéque Magliabecchi, à Florence. (Voyez le Cat., tom. V, Codex 41.)

997. Vita Sanctorum, escript de lr̃e ĩs ancienne, en latin et a vne coulombe, couuert de cuir blanc vieil, 2 vng frmr̃. de laton.

998. Liber Platearij, qui se commence Ego Nicholum, escript de menue lr̃e bastarde, en latin 2 a deux coulombes, couũt de cuir blanc neuf, a deux fermoirs de laton.

999. Vita beati Fursei, escript en latin, de lr̃e de forme, a vne coulombe, en la fin duquel a pluseurs hympes 2 anthiennes notees, couuert de cuir qui fu rouge, a vng frmoir de laton.

1000. Liber Judicum en latin, de lr̃e de forme, a deux coulom̃b., couuert de cuir bl. tout neuf, a deux frm̃ de laton.

1001. Claudianus de Anima. Augustinus de Immortalitate anime. Idem, de Quantitate anime, en vng petit volume escript en latin, de lr̃e de forme ancienne, à vne columbe, couũt de vielz cuir bl. qui fut a queue, a vng fr̃moir de laton.

1002. Canones tabularum Alphonsi, au commencement duquel est le Kalendrier, en apres grant quantite de tables, et le texte dudit liure, et en la fin est Liber Hermetis de florib^3 astronomie, couũt de cuir rouge sans aiz, a iiij lasniers de cuir.

1003. Ouidius de Epistolis, en latin, de lr̃e bastarde, a vne colombe, couũt de cuir bl., a ij fr̃moirs de laton.

Ce sont les Héroïdes.

1004. Epistole Pauli glosate, de lr̃e de forme ancienne, a vne coulombe, couũt de cuir blanc, a vn frm̃ de laton.

1005. Antidotarius Nicholay, escrp̃t de lr̃e bastarde, en latin 2 a deux coulombes, couũt de cuir blanc, a cinq coquilles de laton et iij fr̃moirs de laton, a tixus vers.

1006. Abraham de Judicijs astroy, escript de lr̃e de note, en latin et a deux coulombes, au commenm̃t duquel liure a vn auĩ Traictie de Musique, 2 de pluss. auĩs chos^3 en vieille lr̃e de forme, 2 grant quantite de figures, couũt de cuir rouge sans aiz, a iiij lasniẽs de cuir.

Abraham Ben Ezra vivoit dans le douzième siècle. Il y a, de son ouvrage en latin, plusieurs manuscrits à la Bibliothéque du Roi, n°⁵ 7336, 7411, 7436.

1007. Histoire de Troye la Grant, en latin, de lr̃e courant, a vne coulombe, couuert de cuir rouge sans aiz, a iiij lasnẽs.

C'est la traduction françoise de *Dictis de Crète* ou de *Guy de Columna*.

1008. Scripta dñ Johannis de Spina, de lr̃e de note, en latin, a vne coulombe, et y a pluseurs tables ou milieu du liure, et en la fin est Introductorius maior editus ab Albumazar, couũt de cuir rouge sanz aiz, a iiij lasnẽs de mesmes.

1009. Quadripartitum Ptholomej, cum cõmento Haaly, escript de lr̃e de forme, en latin 2 a deux coulombes, couũt de cuir vert, a ij frm̃. de laton.

Plusieurs manuscrits et plusieurs éditions de cet ouvrage sont à la Bibliothéque du Roi.

1010. De Vanitate rerum mundanarum. Soliloquium de Arra Auũ de Sacramento altaris 2 plures al. librj Anĩ, Hugonis de Scõ Victore declarati in p̃ncipio librj, escript en latin, de lr̃e de forme, a vng coulombe, couũt de cuir rouge, a ij frmois de laton et tissuz de fil.

1011. Un groz liure en papier 2 en latin, appelle Liber Sapientum super arte magica, astromia dit Raziel, escript de lr̃e de note, a vne coulombe,

couuert de cuir rouge sans aiz, a vne piau cour‑
roye autour, 2 deux lasnës aux costez.

On a à la Bibliothéque Magliabecchi à Florence, de Rasiel, auteur du treizième ou quatorzième siècle, un *Liber Secretorum* indiqué dans le tome V, col. 231, du Cat. des Manuscrits latins de cette Bibliothéque.

1012. Liber de Mutatione aeris. Tabule stellarum fixarum, escript de l̃re de forme, en latin 2 a deux coulombes, cour̃t de cuir qui fut rouge, sanz aiz, a iiij lasnës de cuir.

1013. Albumazar de Communicacioĩb[3] 2 reuolucio‑ nib[3] annorum. Messchalat 2 Alcabicius de Diui‑ sionibus, en latin, a vne coulombe, couũrt dune pel de pchemin.

Les deux premiers traités se trouvent en manuscrit à la Bibl. du Roi, n°s 7198, 7314, 7316, 7434.

Le troisième y est également, sous les n°s 7282 et suiv.

1014. Un liber Hermetis, liber Vacce, Petrus Abe‑ lardj 2 al. qued', escript de l̃re de forme, a ij cou‑ lombes, en petit volume, couũt de cuir neuf, a ij fr̃moers de laton.

Plusieurs manuscrits latins d'Hermès se trouvent à la Bibl. du Roi; on ne connoît point le *Liber Vaccœ*.

1015. Historia Jherosolimitana 2 de Machomete, en latin, de lettre bastarde, a vne coulombe, en grant volume plat, couũt de cuir qui fu rouge, sanz aiz, a iiij lasnieres de mesmes.

1016. Introductorius ad Judicia Stellarum, editus a Guidone Bonato de Follinio 2 al. quid[3], escript de lr̃e bastarde, en latin 2 a deux coul., et est signe Charles, couũt de cuir bl. neuf, a ij frm̃oers de laton.

Un manuscrit de Bonatus, astrologue qui vivoit dans le treizième siècle, est à la Bibliothéque du Roi, n° 7287.

La signature qui se trouvoit dans ce manuscrit étoit celle du roi Charles V.

1017. Antidotarium Nicholay, en latin, escript de lr̃e boulonoise, a deux coulombes, couũt de cuir qui fut jaune, 2 jadis aqueline, a deux frmoirs de laton 2 tissuz de fil.

Aqueline, — fauve.

1018. Theorica Planeta♃ magistri Gerardi Cremonensis, 2 alia plura declarata in primo folio librj, escript de menue lettre bastarde, en. latin 2 a deux cõloumbes, couũrt de cuir rouge sanz aiz, a deux lasnieres de mesme.

Gérard de Crémone, médecin et astronome du treizième siècle, a composé plusieurs autres ouvrages qui sont en manuscrit à la Bibl. du Roi.

1019. Liber Almanzorij, 2 liber animi, 2 liber sermonũ, escript en latin, de lr̃e boulonoise, partie en vne coulombe 2 ptie a deux, couũt de cuir rouge sanz aiz, a ij lasnẽs de meismes.

On trouve à la Bibliothéque du Roi plusieurs manuscrits latins traduits d'Almanzor, astronome arabe du douzième siècle.

1020. Breuiarm̃ Johannis filij Serapionis, escript de lr̃e de forme, en latin 2 a deux coulombes, couuert de cuir bl. tout neuf, a ij frmoirs de laton.

Plusieurs ouvrages, tant imprimés que manuscrits, de cet auteur, existent à la Bibliothéque du Roi.

1021. Judicia Alikuidi astrologi, en latin, de grosse lr̃e de forme, a ij coulomb., couũt de cuir blanc neuf, 2 ij frmoirs de laton.

Alikuidi, peut-être Alcabitius, astrologue arabe du douzième siècle; on en possède à la Bibliothéque du Roi quelques ouvrages manuscrits.

1022. Hugueio de Diuinacionibus nominũ et uerborũ, de menue lr̃e de forme, a ij coulombes, couũt de cuir blanc dun coste, sanz aiz.

De Diuinacionibus, — de Dirivationibus. La Bibliothéque du Roi possède plusieurs ouvrages manuscrits de ce grammairien, nommé Hugo ou Huguetius, qui vivoit dans le douzième siècle.

1023. Cõmentum super Alcabitium, de ltr̃e de note, en latin et a ij coulombes, couũt de cuir rouge sanz aiz, a iiij lasnẽs de mesmes.

1024. Alfraganus de 3o Denijs. Canones tabularum Alzachijs, en latin, de lr̃e de forme, partie a vne coulumbe 2 partie a deux, couũt de cuir rouge empraint, a vng frmoir de laton.

Plusieurs manuscrits d'Alfraganus, astronome arabe du huitième siècle, sont à la Bibliothéque du Roi, où se trouve aussi, n° 7378 A, Arzachelis Astrolabium. Ce dernier astronome arabe vivoit dans le onzième siècle.

1025. Tractatus de Spera solida et Tractatus Alfraganii, de letr̃e de forme, en latin, p̃tie a deux coulombes 2 partie a vne, couũt de cuir fauue rouge, par manieẽ de sautoir, a ij petis frmoirs de laton 2 tissuz de fil.

1026. Un vieil texte dune Institute, en latin, couũt de pchemin, 2 est de petite value.

1027. Un bien petit liure, appelle Semina Fora, partie en latin 2 ptie en espagnol, 2 y a pluseurs figures enluminees, 2 escript de lr̃e de Juifs, couũt de cuir noir a empraintes, sanz frmoir.

1028. Macer de Viribus herbarum, auec plusrs experimens, escrp̃t en latin, de lr̃e de forme, a vne coulombe, couũrt de pchemin, a vne courroye autour.

La première édition de cet ouvrage de Macer, qui est en vers latins, est de Naples, 1477, in-fol.

1029. Un volume couũrt dune pel de pchemin, a vne grande lasniere vermeille autour, ptie en papier 2 ptie en pchemin, ptie de letrẽ de note 2 partie de letrẽ de forme, ouquel sont Centilogiũ Ptholomej. Ymagines Thebit. composicio planis torbij 2 quadrantis 2 al. qued'.

Thebit ben Corath, astronome et mathématicien du douzième siècle.

Plusieurs de ses ouvrages manuscrits sont à la Bibliothéque du Roi, n°s 7195, 7272, 7298 et 7333.

1030. Un gros liure en papier, Super Quadripartito Ptholomej 2 glosis eius, et de Virtutibus planetarum, translate en francois p Theobalde de Lombart, escript de lr̃e bastarde, a deux coulombes, couũrt dune pel de pchemin.

1031. Megategnis. Item Amendus super Antidotariũ. It̃ Versus Egidij de pulsibus et urinis 2 al. q̃ued', en parchemin 2 en latin, de lr̃e de forme 2 a deux coulombes, couũt dun cuir rouge emprainte sanz aiz, bñ vieil, a vne lasñe, 2 pourry par dessoubz.

Johannes de Sancto Amando, son commentaire manuscrit sur l'*Antidotaire* étoit dans la Bibliothéque de la cathédrale de Metz. (Voyez ci-après, n° 1070.)

Les vers sur le pou et les urines, de Giles de Corbie, sont aussi en manuscrit à la Bibliothéque du Roi, n°s 6882 A, 6928, 2093 et 8160.

Ce poète vivoit dans le douzième siècle.

1032. Un liure en papier, ouquel est la Vie de Mahẽmet, histoire de Jhrlm, et le Lapidaire tout en latin, de lr̃e de note, a vne coulombe, couuert dune pel de pchemin, 2 lie de deux bandes de cuir, frm̃ de lasniere de cuir.

1033. Introductorius maior Albumazar. Flores eiusd' et liber Messchalat, et alia qued', escript de menue lr̃e de forme, a vne columbe, couuert de cuir vert, a ij fr̃moirs de laton.

1034. Formularium Scriptorum 2 procuratorũ romane curie, de ltre de note, a vne coulombe, couũrt dune pel de pchemin, frmant a deux noyaux de cuir.

Il se trouve à la Bibliothéque du Roi plusieurs manuscrits de ce genre et sous ce titre.

1035. Ecclēastica historia, en vn bien petit volume, couūt de cuir bl. tout neuf, a vn fermoir de laton, escript de menue lr̃e bastarde, en latin 2 a vne coulombe.

C'est l'ouvrage de Pierre Lombard.

1036. Lucidarius 2 alia quedam, escript̃ de diuerses lr̃s, en p̃chemin, a vne coulombe, couūt dun cuir tanne empraint, cloue de ferrurez, cloux de cuiure, 2 deux frmoirs de laton.

1037. Un t̃s petit liuret, couuert de cuir rouge empraint̃, a vn fermoir de laton, ouquel sont les Passions de saint Pierre, saint Pol, saint Barthelemy, 2 pluseurs aut̃s, de lr̃e bastarde, en latin 2 a vne coulombe.

1038. Un aut̃ bien petit liuret, couūt de cuir blanc neuf, a vng fermon de laton, ouquel sont pluseurs Sermons escripz de diuerses lr̃s.

1039. Un Introductorius maior Albumazar, Alcabicius, 2 al. qued', et en la fin y est vn liure de plus petit volume, escript de dius[3] lr̃es, en latin, couuert dune pel de p̃chemin.

1040. Quadriptitus Ptholomei, liber de Pratiqua Arismetice. Ypocras, Jasoñ, Alcabicius, practiqua geometr̃e 2 al. quidam, en vn volume de p̃chemin, escript de diuerses lr̃es 2 de diũs cayers, a deux coulombes, et tout couuert dune pel de p̃chemin.

Jasoñ, livre d'alchimie.

1041. Ordinariũ romane ecclĩe, escript en latin, de lr̃e de court de Romme, a vne coulumbe, couũt de cuir blanc sanz aiz.

1042. Ars Notoria, en vn petit liure, couũrt de cuir noir sans ais, escript de bien menue lr̃e bastarde, a vne coulombe, tout figure, et y a escript vers la fin Signia ista.

1043. Vita Sancti Lamberti ep̃i, bien escript de lr̃e de forme, a vne coulombe, et y a pluseurs anthenes 2 respons notez, en vng petit liure couũrt de p̃chemin escript.

La Bibliothéque du Roi possède plusieurs Vies manuscrites de saint Lambert.

1044. Vita philozophorum, tractatus de Magnete, Lapidarius, p̃phetie Johannis heremite 2 al. qued[3], tout en papier et de diũses lr̃es, partie en metre 2 ptie en prose, en latin, couũt de p̃chemin.

1045. Un liure en parchemin, contenant la forme daucunes lr̃s sur la Conuocacion du Conseil general, sur la Destruconz des Templiers, sur le Passaige particulier fait p̃ les maistres de lOspital, 2 sur plusss autˇs chosez de court de Romme, escript de menue lr̃e de court de Romme, a vne coulombe, couũrt de p̃chemin.

1046. Un liure de Niue 2 Grandine, 2 alijs impressonib[3] aeris, auec pluseurs tables dastronomie, en cayers de diuerses facons 2 de diuerses lr̃es, partie a deux coulombes 2 ptie a vne, couũrt dune pel de p̃chemin.

1047. Un cayer en parchemin, de Regalis compo-sistarũ, de lr̃e de forme, en latin 2 a vne cou-lombe, sanz couuerture.

1048. Un liure appelle de Virtutib^3 2 coloribus la-pidarm̃, escript de menue lr̃e de forme, en latin, en laton enlumine de rouge, couũrt de cuir rouge a aiz, a vn fermoire de laton.

1049. Algorisme en francois, escrp̃t de lr̃e de forme, a vne coulombe, et y a pluseurs figures, couũt de pchemin.

1050. Arismetica Boecij, couuert de pchemin, escript de menue lr̃e de forme ancienne, et y a pluseurs figures.

1051. Un auũ Arismetica Boecij, et Macrobius in Somno Scipionis, couuert de cuir rouge, escript de deux lr̃es, a plusr̃s figures.

1052. Condiciones Agrorum per totam Ytaliam, et y a pluss. figures, escript en latin, de ĩs ancienne lr̃e par diptongues, sanz couuerture.

Ce petit ouvrage est attribué, dans quelques manuscrits qu'on en conserve, à Siculus ou Sæculus Flaccus, auteur inconnu qui paroît avoir vécu long-temps avant le quatorzième siècle. Il a été plusieurs fois imprimé, et se trouve parmi les *Rei Agrariæ auctores* donnés par Goesius, pages 1—27.

On croit que le manuscrit qu'en possédoit la Bibliothéque de Charles V étoit écrit en lettres onciales, où les diphthongues étoient réunies en une seule lettre, au lieu d'en former deux comme dans les inscriptions anciennes.

1053. Introductorius maior editus ab Almanzor, et

intpretatus a Johanne Hispalense, escript en latin, de lre de forme, a deux coulombes, couuert de cuir rouge a vne broderie emprainte autour, et est vne ptie pourry par dessoubz.

1054. Un petit liure en francois, ou sont exposees aucunes Euangiles touchans la Passion Jhucrist selon saint Jehan leuangeliste, escript de lre de forme, a vne coulombe, couũt de cuir rouge empraint, et deux fermoers de laton.

1055. Une Bible en francois, escripte de menue lre de forme bien bonne, a deux coulombes, en laquelle jusques au liure des Roys jusques a la fin, ny a que le texte seulemt, couuerte de cuir rouge a empraintes, a cinq bouillons 2 ij frm de laton.

1056. Une Geomencye en papier 2 en francois, de lre de note, a vne coulombe, couũte dune pel de pchemin a vne lasnẽ.

1057. Une Geomencye en latin 2 en pchemin, de lre de forme, couũt dune pel de pchemin.

1058. Une Geomencye de Morbec, en parchemin, en petit volume, en latin, de lre de forme, a ij coulombes, couũrte dune pel de pchemin a vne lasnier autour.

Franciscus Guillelmus de Morbeka ou Moerbeeck, jacobin vers le milieu du treizième siècle. Un manuscrit en latin, de sa Géomencie, est dans la Bibliothéque de Florence.

1059. Une Geomencye dudit Morbec en francois, bien escripte, de lre de forme, a deux coulombes;

en tout x cayers touz desliez, et sont enveloppez en vn pel de cuir vermeil.

Cette traduction de l'ouvrage précédent, faite par l'auteur lui-même, est à la Bibliothéque du Roi parmi les Manuscrits de Colbert, n° 6446.

1060. Un liure ouquel sont contenuz le Donest, les Accidens, les Quarrez, le Ebatement, Theodolet, Ouide des Remedez, Thobie, et les xv Liures de Ouide le Grant, escript de lr̄e de note toute neufue, a vne coulombe, couuert de cuir qui fu rouge, a cinq bouillons, 2 iiij frmoirs de cuiure sur tissuz de fil.

Donest, sans doute Donat. — Catonet, Theodolet et Tobie, sont trois des huit poètes moraux en vers latins léonins qui faisoient partie des livres élémentaires classiques dans le moyen âge, et qui se trouvent réunis dans l'édition faite à Angoulême en 1491, in-4°.

Les trois autres sont intitulés : *Floretum, Alanus de Parabolis, Æsopi Fabulæ.*

1061. Une Geomencie en francois, en tres petit volume, de lr̄e de forme, a deux coulombes, couuert de cuir rouge sanz aiz, a deux lasnieres de mesme.

1062. Un petit liure que fist Jehan le Moyne de la Force des Herbes, en francois, a vne coulombe 2 de lr̄e de forme, couuert de cuir rouge, a ij frm̄ de laton.

Sans doute la traduction du poëme de Macer, *de Viribus Herbarum.*

1063. Un petit traittie en vng bien petit cayer de pchemin, nomme Pomum Ambre, sanz couũture.

La traduction françoise se trouve ci-après indiquée, sous le n° 1101.

1064. Une Geomencie en ĩs grant volume plat, escript de grosse lr̃e de forme, en francois, couũt de cuir qui fut rouge, a cinq bouillons, a iiij fr̃moirs de laton.

1065. Un liure dastronomie, qui semble estre de Arte Notoria, escript en espagnol, de lr̃e de forme, a ij coulomb., t̃ pfaitem̃et bien figures 2 de bonnes couleurs denluminure de Boulongne, 2 contenant en tout cinq cayers, couũrt dune pel de p̃chemin.

1066. Une Bible en latin, de lr̃e de forme, a deux coulombes, couuerte de cuir vert a queue, a boillons, 2 deux fermoirs de laton sur tissuz vert.

1067. Repertorium Planetarum, cum pluribus tabulis, escript de lr̃e de note, a vne coul. 2 en latin, couuert de parchemin escript.

1068. Liber Alphorabij de Scientiis, liber Haalj et alia quedam, escript de diuerses lr̃s, partie a vne coulombe 2 partie a deux, couuert dune pel de pchemin.

1069. Ars Notoria, escript de lr̃e boulonoise, en pchemin, a deux coulombes, 2 est glose tout autour du texte, et est ledit figure de vermillon et dasur, a vne couuerture de pchemin.

1070. Johannes de Sancto Amando, en latin, de menue letre de forme, a deux coulombes, couuert de courrois sanz aiz, a queue.

Ce Jean de Saint-Amand a composé un commentaire latin sur Hippocrate et Galien, lequel est en manuscrit à la Bibliothéque du Roi, parmi ceux de Saint-Victor. Le même a aussi donné un commentaire latin, *super Antidotem incoluminitatis*, indiqué dans la *Bibl. biblioth.* de Montfaucon, tom. II, p. 1372 et 1380.

1071. Un petit traittie en vn cayer, qui parle de deux Natiuitez, escript dassez bonne lre de forme, a deux coulombes, en latin, et est imparfait, couūt dune peau de pchemin.

1072. Theorica super latitudines planetarū, Arismetica, de lre de forme, en latin, a deux coulombes, couuert dune pel de pchemin.

1073. Canones tabularum Alphonsi, 2 Canones astronomie, de lre bastarde, a deux coulombes, de diuerses lres, couuert dune pel de pchemin.

1074. Un vieil liure de Medecine en latin, de menue lre bastarde, a deux coulombes, couūt dune pel de pchemin.

1075. Xxxix cayers en papier du liure des Formes, Figures 2 Image qui sont es cieux, translatez despagnol en franc., par Pierre Lerant, jadiz maist des pors et passages en la senechaucee de Beaucaire, du cōmand. de mons[s] le duc de Berry, dont le pmier cayer ou nom du pe 2 du Filz, et sont yceulz cayer liez en vn, couūt de pchemin.

1076. Un bel Tablier plyant, fait de japre 2 auts pierres par dedens 2 dehors, a pluseurs figures, tant au tablier comme en leschiquier, 2 est a feuillage dargent dore, en vng estuy de cuir noir.

L'inventaire de 1411, fol. vj ˣˣ vij, ajoute, par supplément aux Livres qui se trouvoient dans la Bibliothéque de Charles V, les suivans :

Item, sensuiuent autres Liures trouuez en la premiere Chambre, oultre et par dessus ceulx qui sont en lancien Inuentaire;

Et premierement :

1077. Unes Decretales en fñcois, escriptes de lr̃e de forme, a deux coulombes, couũtes de soye inde 2 vermeille, a iiij fermoirs dargent dorez, a vn escucon de France, 2 tixuz azurez a vne blanche.

1078. Unes auts Decretales en francois, de lr̃e de forme, a deux coulombes, couuert de cuir rouge a bouillons, 2 iiij frmoirs de laton.

1079. Un Code en francois, de lr̃e de forme, a deux coulombes, couuert de soye ynde et vermeille, a iiij frmoirs dargent dorez, a escucon de France et Jehm̃.

1080. La Somme dAsse sur Code et sur Institute, en francois, escr̃pt, couuert 2 frmoir comme dess[3].

La Somme d'Asse sur le Code et les Institutes est peut-être

le même ouvrage sous un autre titre que le suivant, dont la Bibliothéque du Roi possède un manuscrit du quinzième siècle : *Tabula de expositione vocabulorum difficilium juris, contentorum in corpore juris; authore fratre Astexano, Astensi ordinis minorum.*

Ce même moine de l'ordre des frères Mineurs d'Asti est aussi auteur d'un ouvrage composé en 1317, intitulé *Summa Astexana de casibus conscientia*, dont il existe plusieurs éditions faites durant le quinzième siècle. Wadingius (*Script. ordinis Minor.*, 1650, fol., p. 42) n'a pas connu le premier.

1081. Une Digeste vieille en francois, escripte, couuerte et fermant comme dessus.

1082. Inforciade en francois, escript, couuert et fermant comme dess³.

1083. Digeste noue, escripte, couuerte et fermant comme dessus.

1084. Un Code en francois, escript a deux coulombes, de lře de forme, couūt de cuir rouge, a iiij fřmoirs de laton.

1085. Un Titus Liuius ĩs parfaitement bien escrp̃t, de lře de forme, a deux coulombes 2 ĩ bien historie, 2 enlumine, de la translacion du p̃ieur de Saint Eloy de Paris, contenant xxix Liures en trois Decades, et est signe Charles, en vn petit volume groz 2 court, couuert dune chemise de soye vermeille 2 a fleurs, a grant queue, a ij frm̃ dargent dorez, 2 de fleur de lis enlũmee.

C'est la signature de Charles V, dont le père, le roi Jean, avoit fait faire cette traduction par Pierre Berchoire.

1086. Le Songe du Vergier, t̃s bien escripte, en francois, de lr̃e de forme, a deux coulombes, bien historiee 2 enluminee, et est signe Charles, couuert dune chemise de soie asuree a grant queue, 2 ij fr̃moirs dargent dorez ou est Charles en lr̃e esleuees, en vng estuy escorchie de fleurs de lis.

Cette signature étoit celle de Charles V, qui avoit fait composer cet ouvrage. (Voyez ci-devant, n° 246.)

1087. Les Croniques dEspagne, que fist leuesque de Burs, translatees en francois par frere Jehan Goulain, en deux volumes t̃' bien escript, de lr̃e de forme et a deux coulombes, et t̃s bien historiez 2 enluminez, et est signe Charles, touz deux couũs de grans chemis³ de soye dasur et de blanc, a grandes queues, a ij frmoirs dargt̃ dorez 2 esmaillez, 2 tissuz de soye.

Cette signature étoit encore celle de Charles V.

On ne connoît pas l'ouvrage latin de cette Chronique d'Espagne, traduite par l'évêque de Burs, peut-être Burgos, dont il existe un manuscrit de la même traduction parmi ceux du roi d'Angleterre.

Il est cité par Casley, p. 300.

1088. Le Rationnal de diuins Offices, tres bien escript, historie et enlumine, en francois, de lr̃e de forme et a deux coulombes, et est signe Charles, couuert dune vieille chemise de soye a courte queue, a deux frmoirs dargᵗ dorez, esmaillez en lun desquelz est escript Ratio, 2 en lauẽ Male.

Ce manuscrit est revenu à la Bibliothéque du Roi, et s'y trouve sous le n° 7031. Montfaucon (*Monarch. fr.*, tom. III,

p. 35) a décrit et fait graver la miniature qui est en tête du manuscrit.

Cette traduction françoise a été imprimée pour Ant. Verard en 1503, in-fol.

1089. Un tres bel Messel en francois, au commencemt duquel a vn calendrier bien figure, escript de bonne lre de forme, a deux coulombes, bien historie 2 enlumine, couuert de drap dor, a ij fermoirs darg^t dorez esmaillez de France.

1090. Une Bible en latin, en deux petiz volumes, escript de bonne lre de forme, 2 sont glosez tout autour, et contient le p̃mier voluẽ de Genesis jusques en la fin de Barut.

1090 *bis*. Une Bible en latin, en deux petitz volumes, escriptz de bonne lre de forme, 2 tout glosez tout autour, et contient le premier voluẽ des Guerres jusques a la fin de Barut, et le second volume commence a Ezechiel jusques a la fin de lApocalipse, couuers touz les deux volumes de chemise de toille a queue, chacñ a iiij frmoirs dargent dorez 2 haschiez a vne fleur de lis, 2 a truffuz brodez de fleurs de lis.

1091. Le Miroir des Dames en francois, de bonne lre de forme, a deux coulombes, historie 2 enlumine, couũt dune chemise de toille a queue, 2 ij petiz fermoirs dargent dorez esmaillez de France, 2 vne pipes de broderie.

1092. Une Appocalipse en francois, de lre de forme, a ij coulomb., bien historie 2 figurez, et y a au commencemt̃ dudit liure iij pages toutes figurez, couuert de vne chemise rouge plain, 2 ij petitz fr̃moirs de laton.

1093. La Vie saint Denis 2 de pluseurs aut̃s sains, cõme Legende de Sains, couuert dune chemise de toille a queue, a ij fr̃moirs de laton.

<small>Cette Vie de saint Denis est dans le manuscrit du Roi n°. 10364.</small>

1094. La Moralite des nobles Hõmes, selon le jeu des eschez, de la Translacion frẽ Jehan de Vignay, en petit volume, escripte de bonne lr̃e de forme, en francois, a ij coulomb., t̃s bien enlumine, couuert de cuir rouge empraint, a deux petiz fr̃moirs de laton.

1095. Le liure du Chastel de Richesse, de lr̃e de forme, ryme, en francois 2 a vne coulombe, couuert de cuir rouge empraint, a bouillons, 2 ij fr̃moirs de laton.

1096. Le rommant de Maugis le Larron, le rom̃ant de Bueues dAigremont, 2 tout le rommant des Quatre filz Hyemont, de lr̃e de forme, a deux coulombes, bien historie, couuert de cuir rouge, a cinq bouillons 2 iiij fr̃moirs de laton.

1097. La Vie de Saint Loys, roys de France, en francois, de lettre bastarde et a deux coulombes, couuert de cuir qui fut rouge, a deux fr̃moirs de laton.

1098. Un liure des Moralitez des Philosophes, en

francois, de lṝe bastarde et a deux coulombes, couuert de cuir qui fut vert, a deux fermoirs de laton.

1099. Le romans Artus le Restore, en vn grant volume plat, de grosse lṝe de forme, en francois, a trois coulombes, couuert de cuir rouge a empraint, a groz bouillons et quatre frͬmoirs de laton.

Il se trouve en manuscrit à la Bibliothéque du Roi, n° 7548.

1100. Le liure du t̃sor, appelle Maistre Bonnel Latin, escript de lṝe de forme boulenoise, en francois, a deux coulombes, et y a au premier foillet vn abre de genealogie, couuert de cuir noir a bouillons, et vng frͬmoir de laton.

Bonnel, — Brunet.

1101. Un gros liure de medecine et cirurgie, contenant le Traite de la Pomme dAmbre, le Petit Lenfrant, Legende des Sains, 2 pluseurs aut̃s, escript de grosse lṝe de forme, en francois et a deux coulombes, couuert de cuir qui fut rouge, a iiij frͬmoirs de laton.

1102. Le Bestiaire Furniual, le Compost de la Lune, Hymage du Monde, le Tournoiem̃t Antecrist, auec pluseurs motez, notez partie en ryme 2 partie en prose, a deux coulom̃b. 2 partie a vne, couũt de cuir rouge a cinq bouillons, a queue, a deux fermoirs dargent.

1103. La Cirurgie Henry de Mandeuille, escripte de

lr̃e de forme, a deux coulombes, historie 2 figurie, couũrt de cuir rouge a empraintes, a cinq bouillons 2 deux fr̃moirs de laton.

La Chirurgie de Henri de Mandeville, en latin, se trouve en manuscrit à la Bibliothéque du Roi, n°s 6910 A, 7130, 7131, 7139.

1104. Le Romant de Renart, escript de lr̃e de forme, a deux coulombes, rime 2 historie, couũt de cuir rouge, a iiij fr̃moirs de laton.

1105. Histoires et Figures sur la Bible, en francois, de vieille lr̃e de forme, a deux coulombes, couũrt de cuir vert, a ij fr̃moirs de laton.

1106. Une Histoire scolastique en francois, en vn gros volume, escript de lr̃e de forme toute meisme, a deux coulombes, ĩs bien historie 2 enlumine, couuerte de cuir rouge empraiñt, a bouillons, 2 fr̃moirs de cuiure.

C'est un autre manuscrit de la traduction de Guyart des Moulins. (Voyez ci-après, n° 1114.)

1107. Unes petites Croniques abregees des Roys de France, escriptes de lr̃e de forme, en francois, a deux coulombes, couuert blanc, a deux fr̃moirs de laton.

1108. Une histoire de Troye en prose, de lr̃e de forme boulenoise, historiñ de Boulongne, couuert de vielz drap de soye, a ij frmoirs, dont lun est dargñ, et lauñ de cuir.

Enlumine et historie de Boulongne, — c'est-à-dire enrichi de miniatures exécutées à Bologne en Italie.

DU LOUVRE.

1109. Le Decret Gratien en francois, au cõmencemt duquel a, en deux fuillez, la Lr̃e de Consanguinite, 2 est escript de lr̃e de forme, a deux coulombes, couuert de cuir rouge, a iiij fr̃moirs de laton.

1110. Un liure de Godefroy de Buillon, 2 de lr̃e boulenoise, en vng gros volume moyen, escript en francois, de lr̃e de forme neufue, a deux coulombes, bien historie 2 enlummine, couũt de soye a queue bñ vieille, a ij fr̃moirs dargent.

1111. Une vieille Digeste vieille, en latin, a deux coulomb. 2 glosee, couuerte de vielz cuir blanc sans fr̃moirs.

1112. Une partie du liure de Mandeuille, escript de lr̃e de forme, a vne coulombe, en cayers couuers de pchemin.

C'est peut-être une partie de sa Chirurgie.

1113. LImage du Monde, Cidrac 2 de Merlin, tout en francois, escript de menue lr̃e de forme, partie rime 2 a iij coulombs, 2 partie en prose a deux coulombes, couuert de cuir qui fut rouge, a deux fr̃moirs de laton.

1114. LIstoire scolastique en francois, de lr̃e de forme, a deux coulomb., en vn grant volume plat, couuert de cuir blanc a queue, a bouillons, 2 fr̃moirs de laton.

C'est la traduction françoise par Guyart des Moulins, commencée en 1291 et terminée en 1294, de l'ouvrage latin de Pierre Comestor.

1115. Un liure de Motez 2 Chansons notees, partie en latin 2 partie en francois, couuert de cuir rouge, a dix bouillons de cuiure.

1116. Un petit liure de Charite en francois, et Heures de la Passion en latin, escript de l̃re de forme, a deux coulombes, couuert de cuir vert, a deux fermoirs de laton 2 tissuz de soye.

1117. Le liure des Oisiuetez des Empreures, 2 parle des m̃ueilles du Monde, escript de menue l̃re bastarde, en francois, a deux coulombes, couuert de cuir blãc, a ij f̃rmoirs de cuiure.

C'est la traduction françoise de l'ouvrage de Gervais de Tillebury, maréchal du royaume d'Arles au treizième siècle, intitulé : *Otia Imperialia, sive orbis ejusque mirabilium descriptio*, réimprimé souvent, et dont les manuscrits ont été très multipliés dans les treizième, quatorzième et quinzième siècles.

On trouve à la Bibliothéque du Roi un manuscrit sur papier du quinzième siècle, de la traduction de cet ouvrage de Gervais de Tillebury, que le traducteur appelle Gervaise de Salisbierre. Il est terminé par ces mots :

> Cy finist le liure de la Complexion maystre Geruaise, que maystre Herent dAntioche translata de latin en francoys.

Le premier sommaire donne à cet ouvrage le titre du livre de *Grand Delict*.

M. Barrois (*Protyp.*, p. 30) annonce cette traduction comme faite par Jean de Vignay, et peut-être par erreur, en la confondant avec un autre ouvrage portant pour titre : *des Merveilles de la Terre d'Orient*, traduit par ce religieux, et dont le P. de Montfaucon (*Bibl. biblioth.*, tom. II, p. 633) cite un manuscrit du roi d'Angleterre.

1118. Un liure du Saint Graal 2 de Merlin, escript

de lr̃e de forme, en prose, a deux coulombes, couũrt de cuir rouge, a deux fr̃moirs de laton.

1119. Un rommant de Lancelot du Lac 2 de la Table Ronde, de mauuaise ltr̃e de forme, en prose, a deux coulombes, couuert de cuir blanc, a ij fr̃moirs de laton.

1120. Un viel rommant en papr, gros et court, en ryme, 2 parle des Guerres dEscoce 2 dAngleterre.

1121. Le liure de la Garde du Corps, de la Maniere de faire Emplatr̃s, de la Nature des Pierres, le liure Teche, 2 plussrs auts bonnes choss. declairees ou dernier feuillet du liure, t̃s bien escript de lr̃e de forme, en francois et a ij coulombes, couuert de cuir qui fu rouge, a ij fr̃ours de laton.

Le liure Teche, — livre de Taxe ou d'Imposition.

1122. Un gros rommant en francois, ouquel est cõtenu tout au long lHistoire du Saint Graal, de Merlin, de la Natiuite Lancelot 2 touz ses Faitz, de la Table Ronde, du roy Artus, escript en grosse lr̃e de forme 2 a deux coulombes, t̃s bien enlumine.

AUTRES LIVRES

QUI ONT APPARTENU A CHARLES V.

Extrait de l'Inventaire général des Meubles du roi Charles V.

Fol. vj^{xx} v.

LIVRES.

Cet Inventaire manuscrit se conserve à la Bibliothéque du Roi, n° 8356.

1123. Premierement, vng tres bel petit Messel, qui fut madame Marie de France.

1124. Item, unes tres petites Heures couuertes de perles.

1125. Item, une Heures de Nr̃e Dame, qui ont les ays dor garnis de pierrerie.

1126. Item, ung Euuangelier et ung Epistolier dont les ais sont dargent dorez, a ymages enleuez. Cest assauoir lEuangelier dun coste de Dieu en sa majeste, et des quatre Euuangelistes; et de lautre, le Crucifiemt̃ esmaille autour des bors des armes de la royne Jehanne dEureux. Et les ymages de lEpistolier, lun du Couronnement, et lautre de lAnnonciacõn.

1127. Item, vng grant Messel pour les prelats, dont le second fueillet se commance *Consolacis*, bien escript de grosse lettre et bien enlumine, couuert dune couuerture a fleurs de liz dor sur veluiau azure, et a deux fermouers dor a deux escussons dor a trois fleurs de liz enleuees, et une pipe dor a troys pommelles dor, a deux fleurs de lys aux deux bouts.

1128. Item, une belle Bible en latin, bien escripte et bien enluminee, et se commance au second fueillet *aulam regiam.*

1129. Item, ung Catholicon; dont le second fueillet commance a *nam inseptum*, a quatre fermoers de laton.

1130. Item, ung petit Greel, dont le second fueillet commance *manifeste*, a deux fermoers dargent esmaillez de France.

1131. Item, le liure des Preuilleges octroyez au roy de France, dont le second fueillet, après la table, se commance *In arbitramur*, et a deux fermoers dargent a deux rosettes.

1132. Item, vng tres bel Messel note pour le grand autel, enlumine et ystorie, tres bien escript, et se comance, au second fueillet, *mencia*, a deux petits fermouers dargent dore, a ung compas enleue.

1133. Item, vng autre petit Messel a lusaige saint Dominicque, sans note, et le second fueillet se commance *tion*, a deux fermoers dargent esmaillez de France.

1134. Item, ung tres bel Messel bien escript et bien enlumyne, qui est pour le Roy en son oratoire, et se commance le second fueillet, *Jhu Christi*, a deux fermoers dor haschiez a fleurs de lys, et les tiroers de chesnettes dor a vng petit lys au bout.

1135. Item, unes Heures plates, de grosse lettre bien escriptes et bien enluminees, et se commance le second fueillet *Deus est*, et à tiroers et fermoers dor semblables comme dessus, et vne petite pipe a deux petits boillonnez.

1136. Item, vng Pontifical, et se commance le second fueillet *Benedico in dnica tercia*, couuert dune chemise de toille blanche.

1137. Item, vnes plus grans Heures de Nostre Dame, ou est au comancement le kalendrier, et plusieurs ystoires de plusieurs saints, et est le Psaultier deuant lesdites Heures, et plusieurs autres oroisons apres, et se commance le second feuillet *timore*, et sont couuertes de veluiau azure seme a fleurs de lys, et sont les fermoers dor aux armes de France, et vne petite pippe dor a troys boutons.

1138. Item, vng liure plat, de la Presentacon Nre Dame.

1139. Item, ung autre liure nomme le Liure des Nouuelles Festes.

1140. Item, un autre liure nomme les Venitez.

1141. Item, douze autres petiz cayers de Processions et de nouuelles Festes.

1142. Item, vng Greel, dont le second feuillet se commance *minam meam*.

1143. Item, vng Euuangelier gros et bien escript et enlumine, dont la seconde page se commance *et omnis*, et sont les fermoers dargent dore des armes de France tous desesmaillez.

1144. Item, vng Epistolier ou les proses sont au bout, et se commance le second fueillet *quarta*.

1145. Item, vng Prosier bien escript et note, et se comance la seconde page *mentem in potentia*.

1146. Item, vng Ordinaire dont le second feuillet se commance *cur*.

1147. Item, vng petit Ordinaire pour sommeliers, dont le second fueillet se commance *dignatis*.

1148. Item, vng petit Messel couuert de camocas, a vng fermouer dargent blanc, et y fault lautre, et se commance le second fueillet *um per Dnm*.

1149. Item, vne Heures, et sont les couuertures dor esmaillees, qui furent madame Ysabel.

1150. Item, vng Messel a luzage de Romme, qui estoit madame Ysabel.

BREUIAIRES.

Premierement :

1151. Ung Breuiaire estant en vng estuy de broderie des armes de France et dArragon.

1152. Item, ung grant Breuiaire sans note, tres bien escript, et tres bien ystorie et enlumine, en deux volumes, dont le second fueillet du prem^r volume se commance *ab eo*, et est couuert de veluiau borde a fleurs de lys, et sont les fermouers dor esmaillez aux armes de France, et est la pipe aussi dor esmaillee sur le demy ront desdictes armes.

1153. Item, vng Breuiaire plus petit, et vng volume tres bien escript et enlumine, dont le second fueillet se commance *et dolosum*, et sont les fermoers dor esmaillez aux armes de France, et une pippe dor a troys boillonnez.

1154. Item, vng autre Breuiaire note, en vng voluẽ, bien escript, ouquel on ayde a dire les Heures au Roy. Et se commence le second fueillet *veniet*, et a deux fermouers dargent dorez tous desesmaillez.

1155. Item, vn grant Journal bien escript et de grosse lectre, bien enlumine et ystorie de blanc et de noir, dont le second fueillet se commance *sit anima*, et est couuert de veluiau a fleurs de lys comme dessus, et a fermoers esmaillez cõme dessus, et une petite pipe esmaillee sur le demy ront comme dessus.

1156. Item, vng autre Journal petit, bien escript, enlumine dazur et de rose, dont le second fueillet se commance *illuminet*, a deux fermouers dor esmaillez comme dessus, et vne petite pipe dor.

1157. Item, vng grant Breuiaire note, en deux volumes, dont le second fueillet du premier volume se commance *in se omnes*.

1158. Item, la moitie dun Breuiaire, de la partie de lAduent, dont le second fueillet se commance *spectu suo*, et y a deux fermoers dargent tous blancs.

1159. Item, vng autre plus petit Breuiaire note entier, grosset, dont le second fueillet se comance *valde velociter*.

1160. Item, vng autre petit Breuiaire note, en deux volumes, appelle *Langlois*.

INVENTAIRE

DES

JOYAULX, RELIQUES ET AUTRES CHOSES,

Estant en l'Estude du Roy, en la tour du boys de Vincennes, empre la haulte chambre, en la presence de monss. de la Riviere, Giles Malet et Hennequin Duvivier, orfevre et varlez de chambre du Roy.

Fait le xj^e jour dauril ccc iiij^{xx}, fol. ccxxxiij.

1161. Item, oudit estude avoit un escrin de cypres, marquete et ferre dargent dore, ouquel estoient les choses qui sensuiuent :

1162. Premierement, vng liure ou sont les Heures du St Esperit et de la Passion, tres bien ystoriees de blanc et de noir, a deux aiz dargent dorez, ou dun coste est saincte Katherine, et dautre saincte Marguerite, aux armes de Preaulx et des Crespins.

1163. Item, le Psaultier St Loys, a une chemise de toille, et deux petits fermoers dargent.

1164. Item, vng Journal qui a les aiz de brodeure a perles, ou dun coste est une Pitie, et dautre vng demy ymage de N^{re} Dame, a deux fermoers dor.

1165. Item, vng tres bel petit Psaultier, armoye sur

les fueilles des armes de Bourbon, a ung petit fermoer dargent blanc, a une pippe de perles.

1166. Item, ung liure couuert de veluiau vermeil, qui se commance de la Passion, et y sont les Heures de la Passion et plusieurs autres choses, a deux fermoers dorez.

1167. Item, vng autre liure couuert de satanin azure, ouure de brodeure a angeloz et elles de papillons, et sont plusieurs oroisons en latin et en francoys, et plusieurs suffraiges, et ny a quung tres petit fermouer dor aux armes de madame la Duchesse mere du Roy.

1168. Item, vng autre liuret ou sont les Heures St Loys de France et de St Loys de Marceille, a vngs aiz de brodeure a perles, ou est St Loys de Marceille qui sermonue, a deux petiz fermouers dor.

1169. Item, vng liuret a vne chemise dun saniet vert, ou est lOffice du Sacrement et de sainte Clere, ou il a deux fermoers dargent armoyez de France.

1170. Item, vng liure dont les aiz sont de brodeure aux armes de la royne Jehanne de Bourbon, et dedens sont les Heurez de N̄re Dame et vnes Sept Pseaulmes, a deux fermoers dor a facon de treffles, esmaillez de ses armes.

1171. Item, vng liure a vngs aiz de brodeure, dont les perles ont este ostees, aux armes de la royne

Jehanne dEureux, ou dun coste est lymage de Nre Dame, et dautre lAnnonciaçon, et dedens sont les Heures a lusaige des Jacobins, et a deux fermouers dor.

1172. Item, vng liure a aiz couuers de brodeure a vng rondeau, en chūn coste des armes de la mere du Roy, et en sont les ples (perles) ostees, ou a escript plusieurs suffraiges et oroisons, a deux fermoers dor desd. armes, et a en la pippe *vng balay* et quatre perles.

1173. Item, un Journal a lordinaire de Romme, couuert dune chemise de satanin, a deux fermouers dargent dorez, et a vne pippe dun bouton de perles.

1174. Item, le Psaultier saint Jerosme, a deux fermoers dor, armoyez de France et de Nauarre.

1175. Item, vng liuret qui a les aiz couuers de brodeure a fleurs de lys et petites marguerites, et sont les fueilles painte a fleurs de lys et a vne pippe, ou il a vng petit diamant et deux perles, et deux fermoers dor a deux grosses perles au bout, et est en vng estuy a fleurs de lys.

1176. Item, vng autre liure grosset, ou sont une Heures de Madame et autres choses, couuert de veluiau vermeil, a deux fermouers dargent dorez.

1177. Item, vng tres petit Psaultier, couuert de veluiau ynde, et paint dazur sur les fueillez.

1178. Item, la Vie Ste Marguerite, en vng tres petit

liuret, en deux aiz dor bordez de grenatz et esmeraudelles.

1179. Item, vng petit liuret couuert de drap dor, a deux fermoers des armes de mons^r de Berry, tres parfaittement bien ystorie, ou sont plusieurs oroisons en francoys et en latin.

1180. Item, vnes bien petites Heures, couuertes de satanin ynde, a vne pippe, a une teste de lyon et deux grosses perles, et a vn fermouer a six perles, ou il a vn S et vn P.

1181. Item, vnes petites Heures couuertes de satanin ynde, a vng fmouer dargent.

1182. Item, vng Roulleau en vng estuy de brodeure, ou sont plusieurs oroisons.

1183. Item, oudit estude du Roy estoient les tres belles grans Heures dudit S^3, tres bien escriptes, et tres noblement enluminees et historiees; et au coëncement desd. Heures, tantost apres le kalendrier, est le Psaultier, les Heures de la Trinite, de Nře Dame, de la Passion, de St Jehan Baptiste, des Angelz, Oroisons de Nře Dame, Heures de St Jehan Ieuuangeliste, celles de St Loys, roy de France, St Loys de Marceille, de la Magdalene, Memoires de plusieurs Saints, Vigiles de Mors, Sept Pseaulmes et Letanie, et plusieurs Memoires de Saints et Saintes. Toutes les choses dessus, escriptes et enluminees come dit est. Et se cõmance le second fueillet *portatus sum*. Lesquelles

Heures sont couuertes de brodeure a plusieurs ymages, a lozenges et a rondeaulx de perles. Et sont les courroyes des fermouers couuertes chũne de sept fleurs de lys dor, a compter le clou qui tient aux aiz desd. Heures, et en chũne fleur de liz a quatre perles; et sont les fm̃oers desd. Heures dor garny chũn de deux *balaiz*, deux saphirs et deux grosses perles, et les tirouers dun laz de soye a or, en chũn vng gros bouton de perles. Et est la pippe desd. Heures garnye de deux balais et vng saphir, et quatre grosses perles, lesquelles sont en vng estuy de cuir bouilly pendant a vng large laz de soye azuree, semee de fleurs de lys dargent dore.

LIVRES

Estans en la grant Chambre dudit Seigneur (au Louvre), *en vng autre Escrin assis sur deux crampons, lequel est en la fenestre empres la cheminee de ladicte Chambre, et est a deux couvescles, en lune des parties duquel coffre estoient les parties qui sensuiuent.*

Fol. cc lxxix.

Et premierement :

1184. Ung grant Breuiaire, en deux volumes couuers de brodeure aux armes du roy Jehan, quant il estoit duc de Normendie. Lun commancant a lAuent, et lautre a la Trinite, et sont tres beaulx, tres bien escripz et bien enluminez ; et se comance chascun fueillet du Psaultier *Diue misericordie sue,* et sont notez, et a lusaige de Paris, et ont fermoers dargent dorez, a vng esmail carre des armes dud. roy Jehan.

1185. Item, vng autre tres beau Breuiaire, en deux mendres volumes, tres bien escript et ystorie a lusaige de Paris, sans note, et se commance, la premiere partie, au second fueillet du Psaultier, *mei et exaudi ;* et la seconde partie commance a la Trinite, et a au second fueillet *in cubilibus vestris.* Et sont les fermouers dor plaz esmaillez de France.

1186. Item, ung autre grant Breuiaire entier, tres noblem^t escript, et tres noblement enlumyne et ystorie, et est le Psaultier ou mylieu du Breuiaire, et se commance la seconde page *cognovit vos ;* et sont les fermouers dor, et est en lvng vng Roy, et en lautre vng ymage a genoulx ; et est la pippe ouuree a vne orbevoye, et en est le brief en francoys.

1187. Item, vng autre Breuiaire entier, tres bien escript, sans note, et a les deux fermouers dor a tissu dor trait, et ou fermouer a en chascun vng ruby dAlixandre et quatre perles; et est la pippe dor a vng ballay et a six perles, en vng estuy fort fermant a serrure.

1188. Item, vng autre petit Breuiaire tres bel et tres noblement escript, sans note, a lusaige de Paris, dont le bref est en francoys, a deux fermouers dor a deux boutons de perles; et est la pippe dune grosse perle, ou mylieu vng saphir, et vng ballay ou mylieu, couuert dun camocas de plusieurs sortes, et se commance le second fueillet *gita- cionibus suis*.

1189. Item, vng autre Breuiaire entier, a lusaige de Paris, tres bien escript et ystorie, dont la seconde page se commance *qm̄ irritauerunt*, et est cou- uert aux armes de France, a fleurs de lys dor trait ; et sont les fermouers dor plaz, a vng carre des armes de monss. le Dauphin, et la pippe a deux petites esmeraudes, troys grenats et deux grosses perles.

1190. Item, vng tres petit Breuiaire entier, menuement escript, a lusaige de Paris, et est le Psaultier ou mylieu, et se commance le second fueillet *Israel*, et y a deux petis fermouers dor a charnieres neellez.

1191. Item, vng tres bel Breuiaire, grossettement escript, a lusaige de Paris, et le commancement du second fueillet est *leticiam in corde meo;* et sont les fermouers dargent dorez tous plains.

1192. Item, vng autre tres bel Breuiaire entier audit usaige, lequel est note, et se commance le second fueillet *amen*, note, a deux fermouers dargent esmaillez de France.

1193. Item, vng tres bel Messel, sans note, tres bien escript aud. usaige, et se commance le second fueillet *bant et que sequebantur,* a deux fermouers dor esmaillez des armes de la royne Jehanne dEureux, et de la royne Marie de Breban.

1194. Item, vng autre Messel, tres bien escript et note, et en la fin les Sept Pseaulmes et le Psaultier saint Jerosme, a deux fermouers dor plaz, esmaillez des armes de France; et se commance le second fueillet *ad le note.*

1195. Item, vng autre Messel plat, tres bien menuement escript, sans note, aud. usaige, et bien richement enlumine, dont le second fueillet se

commance *in illo tempore*, et est couuert de veluiau vert brode a arbresseaulx de menues perles,
a vne chemise de drap de soye et a deux fermouers
dargent dorez, en chascun desquels a cinq cõpas,
ou il a cinq osseaulx a jour.

1196. Item, vng tres bel Psaultier, tres noblem^t
escript, auecques les Vigilles de Mors de plusieurs
ystoires au commancement, et se commance le
second fueillet *figuli*, a deux fermouers dor sur
le demy ront.

1197. Item, vng autre tres bel Psaultier, tres bien
escript et enlumine, auecques les Heures de la
Passion et Vigilles de Mors; et a en la fin les
Lamentacõns Nrẽ Dame, et se commance le second fueillet *pceptum ejus*, a deux fermouers
dor esmaillez de France.

1198. Item, vng tres bel Ordinaire en francoys, et
tres bien escript, dont le second fueillet se commance *le mercredy*, a deux fermouers dargent
esmaillez de France et de Nauarre.

AUTRES LIVRES

Estans en lautre partie dudit coffre.

Fol. cc iiij ˣˣ.

1199. Premierement, vng tres beau Breuiaire, tres parfait, bien escript, tres noblement enlumine et tres richem^t ystorie, lequel est en deux volumes, et est a lusaige des freres Prescheurs, et est appelle le Breuiaire de Belleuille; et se commance le second fueillet du premier volume *et scitote*, et du second volume, *justice;* et en sont les fueillez par dehors ystoriez a ymages, et sont les fermouers dargent dore esmaillez des armes de Belleuille, et sont en deux estuiz de cuir bouilly ferrez.

1200. Item, vng autre plus petit Breuiaire, en deux volumes et deux estuiz brodez, enluminez dor et ystoriez de blanc et de noir, tres bien escripz comme dessus; et se comance le second fueillet du premier volume, *qui habitat,* et du second, *sum Rex;* et sont les fueillez ystoriez, et sont couvers de perles lozangees de perles blanches et yndes; et sont les fermouers du premier volume dor a deux ymages, et du second dor armoyees de France, lun et lautre dEureux; et a ou premier volume une pippe dor ou a vng saphir, et vng ballay aux deux bouts, et dune perle au mylieu, et sont en deux estuiz de broderie.

1201. Item, vng tres bel petit Collectaire, escript et enlumine, et couuert de perles comme les deux Breuiaires de dessus, et a vne petite pippe de troys perles, vne esmeraude et vng ruby dAlixandre, en vug estuy brode aux armes de monss. dOrls. (d'Orléans).

1202. Item, vng autre petit Breuiaire, tres bien escript et bien enlumyne, a lusaige dAngleterre, et est le Psaultier ou mylieu; et se comance le second fueillet *totum annum*, et ferme a deux crochets dargent dorez, couuert dune couũture de brodeure a oiseaulx, a arbresseaulx.

1203. Item, vng autre Breuiaire a lusaige de Romme, bien escript et enlumine dor; et se commance le second fueillet *filio*, et sont les fueilletz dud. Breuiaire dorez a lozanges bezancees, et a deux fermouers dargent dorez et esmaillez, chascun a vng osseau.

1204. Item, vng autre tres petit Journal a lusaige de Romme, a deux petiz fermouers dargent dorez, et se commance le second fueillet *usque ad kalendas*.

1205. Item, vng tres bel Messel, bien escript et bien richement enlumine, aux armes de Belleuille, et est a lusaige de saint Dominique, et est nomme le Messel de Belleuille; et se commence le second fueillet *per*.

1206. Item, vng autre Messel Colletaire a lusage de Romme, tres bien escript, bien enlumine et ystorie; et se commance le second fueillet *Antiphona servito;* couuert de broderie a angelz, a deux fermouers dor, armoye des armes de la royne Jehanne de Bourbõ.

1207. Item, vng autre Breuiaire assez longuet, enlumine et ystorie dor et de noir, a lusaige de Romme; et se comance le second fueillet *speravit;* et a vne pippe dor esmaillee aux armes de la royne Jehanne de Bourbon, et a vne couuerture de brodeũre des armes de lad. dame, et vng fermouer dor esmaille desdictes armes, en lun iiij, et en lautre v, et est en vng estuy brode des armes de ladite dame.

1208. Item, vng gros Psaultier, nomme le Psaultier *Saint Loys,* tres richement enlumyne dor, et ystorie danciens ymages; et se comance le second fueillet *cum exarcerit;* et est ledit Psaultier fermant a deux fermouers dor, neellez a fleurs de liz pendans a deux laz de soye et a deux gros boutons de perles, et une pippe dor.

1209. Item, vng autre Psaultier mendre, qui fut aussi a monss. St Loys, tres bien escript et noblement enlumine, et a grand quantite dystoires au commancement dudit liure; et se comance ou second fueillet *vas figuli,* ouquel a deux petiz fermouers dor plaz, lun esmaille de France, et lautre dEureux, a vne pippe ou il a vng tres gros ballay, et quatre tres grosses perles.

1210. Item, vne tres parfaictement belles Heures,

tres noblemᵗ escriptes et enluminees, et tres richement ystoriees, ou il a plusieurs paires deures; et se commance le second fueillet *fecit nos*, et sont couuertes de brodeure, a lozanges de France a la brodeure vermeille, et des armes de Behaigne (Bohême), et est le lozangeiz de perles, et sont les fermoers dor esmaillez partie desdites armes; et a sur la bizette quatre besanceaulx de perles et deux saphirs carrez, et sont en vng estuy de cuir ferre.

1211. Item, vnes autres tres parfaictemᵗ belles Heures, tres noblemᵗ escriptes dor et dazur, et tres richement ystoriees et enluminees par tout, et y sont les sept Pseaulmes, et sont couuertes de orfrayes dor seme de grosses perles a quatre arbresseaulx, et sont les fermoers dor en facon de crochet, et a en chascun vng ballay et quatre grosses perles, et a vne tres belle pippe dor ou sont vng saphir, deux ballays et quatre grosses perles; et se comance le second fueillet *annunciabit;* lesquelles sont en vng estuy couuert de veluiau seme de fleurs de lis dargent dorees.

1212. Item, vnes Heures de Sᵗ Loys de France, de Saint Loys de Marceille et de Sᵗ George, bien escriptes et bien enluminees; et se comance le second fueillet $\bar{q}$ *reges;* a deux petiz fermouers dargent dorez aux armes dOrleans, a vng estuy brode aux armes de la royne Jehanne de Bourbon, lesquelles pendent a vng tissu de soye, ferre dargent aux armes de ladite dame.

1213. Item, vnes autres Heures petite de Nre Dame, tres bien escriptes et tres bien enluminees, a lusaige de Romme; et se commance le second fueillet *coram Dno ;* et ont vne pippe dor a deux lys et deux fermoers dor a lys, a vne courroye de bizette; et est la couuerture brodee de deux ymages, lun de saint Jehan vestu des armes de Bourbon, et dvne ymage de sainte Katharine vestue des armes de Harcourt.

1214. Item, vng liure de deuocions en francoys et en latin, assez grandes, sans aucunes Heures, et est ystorie au commancement a ymages et quatre feuillez, de Dieu et de Nre Dame, et au dessoubs les armes de la duchesse de Normandie, mere du Roy; et se comance le second fueillet *la vertu,* et a deux fermouers dor armoyez des armes de la royne Jehanne de Bourbon, et a en chascun fermouer deux petites perles, et est la pippe dor toute plaine sans ouuraige.

Fol. viij ^{xx} viij.

1215. Item, deux ayz a liures, garnis dargent, dancienne facon.

Fol. ix ^{xx} vij.

1216. Item, vng grant liure de Hally en francois, escript de lettre de note.

1217. Item, vng autre liure sans aiz, de Messchalaesac.

1218. Item, vng autre liure a quatre fermoers, nomme Abraham Abenerre.

1219. Item, vng autre liure couuert de cuir rouge, a empraintes de gyomasie, en francoys.

Fol. ix ˣˣ vj, verso.

1220. Item, vng autre liure couuert de cuyr de gyomansie, en francoys.

1221. Item, vng autre liure qui fut de feue la royne Jehanne de Bourbon, appelle Synodit.

1222. Item, vng Messel, vnes Heures de Nr̃e Dame, le Corporall̃ ou est Nr̃e S^r et Nr̃e Dame, de brodeure de perles.

1223. Item, vne petite Bible en latin, de tres menue lettre, a vne chemise de toille, et deux fermoers dargent armoyez ; lun de France, et lautre de Nauarre.

Fol. ix ˣˣ xj.

1224. Item, vne tres belle Bible latine en fc̃oys, a deux fermoers dargent esmaillez de Frãce, a vne chemise de soye a queue.

1225. Item, le Gouuernem^t des Princes, en fc̃oys, couuert de cuir blanc a queue.

1226. Item, vng Psaultier aux armes de France et de Casselle, a deux fermoers dargent et vne chemise blanche.

Ibid, verso.

1227. Item, vng Psaultier de lře ancienne, auec les Heures de Nře Dame et de Mors, couuert de veluiau violet, a deux fermoers dargĕt esmaillez, et sur chascun aiz a cinq clouz dargent, en facon de boillons dorez.

1228. Item, vnes Croniques de France, a deux fermoers dargent dorez, et ont une chemise de soye a queue.

Fol. ix ˣˣ xij.

1229. Item, vng liure appelle Cy nous dit, couuert de veluiau my parti, a deux fermoers de fer.

1230. Item, vne Bible en latin, de lře bouloñoise, que donna au Roy leuesque de Beauuaiz, couuerte de drap doultremer de couleur cendree, a deux fermoers dargent aux armes dudit euesque.

Fol. cc x.

1231. Item, vng Messel en ladicte chapelle, a deux fermoers des armes de monss. le Daulphin.

1232. Item, est assauoir que en lad. chapelle a vng Messel tres bien escript et note; et se commance ou deuxiesme fueillet *corpora*.

Fol. cc xlij, verso.

1233. Item, vng ayz dor dunes Heures, qui furent toutes arses et quatre coings, desquelz ayz et ou mylieu sont les armes de France, pesans sept marcs dor.

Fol. cc xlviij, verso.

1234. Item, lEstuy dunes Heures brode a ymages de saincte Katherine et de saincte Marguerite, et y a vng pou de menues perles.

1235. Item, vnes tres petites Heures, qui ont les aiz dor esmaillees de France et de Navarre, et de lAnnonciation, et sont en vng petit estuy de brodeure dor.

Fol. cc iiij xx xv.

1236. Item, vng liure tres bien escript, ouquel liure est contenu tout le mistere et ordonnance du Sacre; cest assauoir de...... couronner le Roy et la Royne de France, auecques les Sĕmens des Pers de France, de celuy qui porte loriflambe, et des Officiers des Monnoyes du Roy, des Heraulx et autres; et se cõmance ledit liure ou second fueillet *lEglise;* lequel liure est couuert dun drap dor, a deux fermouers dargent dorez, esmaillez de France.

TABLE ALPHABÉTIQUE

DES

NOMS DES AUTEURS.

A

ABÆLARDUS (*Petrus*).
Præfatio, n° 825.
ABBARAGEL. Voyez HAALY ABBA-
RAGEL.
ABOOLARDUS (*Petrus*). Voyez
ABÆLARDUS.
ABRAHAM BEN EZRA, ou ABRA-
HAM ADUENERRE.
De Coetationibus, 953.
— De Judiciis astrorum,
1006.
ABRAHAM QUEVESTRE.
En françois, 695.
ABRATIA.
De Quæstionibus, de elec-
tionibus, de revolutionibus
et conjunctionibus, 573.
ADENÈS.
Gestes du roi Pepin, 35.
— Cléomadès, roman en
vers, 405.
— Meliachin et du Cheval
de Fust, 405.
— Enfances d'Ogier-le-Da-
nois, en vers, 490.

ÆGIDIUS CORBIENSIS.
Versus de pulsibus et uri-
nis, 1031.
AIMONS DE VARINES.
Florimont, roman en vers,
489.
ALAIN DE LILLE.
L'Anticlaudianus, 186.
ALBATENUS.
De Motibus cœlestium cor-
porum, edit. a Girardo
Mutonis, 756.
ALBERTUS ou AUBERT.
Determinationes, 677.
— De Revolutionibus nati-
vitatum, 677.
— Les Secrets, 595.
— Miroir, en fr., 705.
— Chiromancia, 706.
— Speculum Scientiarum,
713.
ALBOHACEM HAALY FIL. ABBA-
RAGEL.
De Judiciis in Astrologia,
558, 688.

ALBUMAZAR.
Flores, 621, 858, 1033.
— Aucuns cayers en latin, 721.
— Traité du Zodiaque, 729.
— De Communicationibus et revolutionibus annorum, 1013.
— Introductorius maior, 675, 1008, 1033, 1039.
— Introductorius maior, interpretatus a Joan. Hispalense, 1053.

ALCABICE, ou ALCABICIUS, ou ALKABICIUS.
764, 1039, 1040.
— Lectura, 550.

ALFRAGANUS.
Astronomia, 568.
— Introductoire, 711.
— Introductoire, interprété par Jean de Séville, 673.
— De Divisionibus, 1013.
— Theorica planetarum, 619, 703.
— De 30 Denariis, 1024.
— Tractatus, 1025.

ALCANUS.
Salus vitæ, 698.

ALDALA, fils d'ALY.
Géomencie extraite, 730.

ALEXANDRE.
Athis et Porphirias, roman en vers, 374.

ALFARABIUS, ALFARAGIUS ou FARABIUS, ALPHORABIUS, 706.
— Liber de Scientiis, 1068.

ALIKUIDUS ou ALKICIDUS.
Judicia, 1021.
— De Imbribus et Pluviis, en latin, 727.

ALLY ABBARAGEEL. Voy. HAALY.

ALMANZORIUS.
Translat. a Girardo Cremonensi, 717.
— Liber, 1019.

ALPHIDES.
Alchimia, 635.

AMONDAVILLE (*Henri*). Voyez HENRI DE MONDEVILLE.

ALPHONSE, roi de Castille.
Canones tabularum, 629, 723, 752, 774, 1073.

ALZACHIIS.
Canones tabularum, 1024.

AMBROISE (saint).
Le Lucidaire, 80.

AMETIUS.
Theoria planetarum, 619.

ARISTOTE.
Secrets, 356.
— Éthiques glosées, 560.
— Éthiques, trad. par Nicolas Orême, 566, 919.
— Philosophie, 579.
— Pronostications, en françois, 736.
— De Septuaginta verbis, 984.
— Liber secundus operis, 984.

ASINCORS (*Pierre*).
Oraisons de la fête de N.-D. de la mi-août, 481.

AUGUSTIN (saint).
Le seul Parler, 143.
— Enseignemens et Gouvernemens des Rois, rimé, 170.
— De Civitate Dei (lib.), 541.
— La Cité de Dieu, trad. par Raoul de Presles, 193.
— De Doctrina christiana, 597.

— De Immortalitate animæ, 1001.
— De Quantitate animæ, 1001.

AVIEN.
Fables en latin et en françois, rimées, 158, 417.
AVIONNET. Voy. AVIEN.

B

BALBUS (*Joannes*) DE JANUA.
Catholicon, 1128.
BARTHÉLEMI DE PARME.
Breviloquium de Geomencie, 771.
BARTHOLOMÆUS ANGLICUS DE GLANVILLA.
Lib. de Proprietatibus rerum, 671.
— Propriétés des choses, trad. de Barth. de Glanville par Jean Corbechon, 916.
— Arismetica, 570.
BASILÉE. Voyez SOCRATES BASILÉE.
BAUCHANT DE SAINT-QUENTIN.
Les Voies de Dieu, translat. en françois, 174.
— Livre de Calio, trad. en françois, 212.
BEAUDOUIN DE CONDÉ.
Les trois Morts et les trois Vifs, 171.
— Dis, 186.
BELEM.
Apocalypsis, 765.
BENOIST DE SAINTE-MAURE.
Troye la Grant, 337.
BERCHOIRE (*Pierre*).
Tite Live, en françois, 33, 1085.
BERNARD (saint).
Méditations, 328.

BERNARDUS DE VIRDUNO.
Tractatus super totam Astrologiam, 702.
BILLON (*Godefroi* DE).
De la Conquête d'outre-mer, en rime, 32, 37, 305, 791, 796.
— Chroniques de Billon et de Jules César, 305.
BOÈCE.
— De la Consolation, trad. en prose par Jean de Meun, 101, 102, 110, 435.
——— rimé, 110, 112.
— De la Consolation, en françois et latin, 655.
— De Trinitate et de Summo bono, 706.
— Arithmetica, 981, 1050, 1051.
BONATUS DE FLORINŌ (*Guido*).
De Pluviis et imbribus, 569.
— Introductorius, 1016.
BRANDON (*Thomas* DE).
Son livre, 220.
BRUNETTO LATINI.
La Naissance de toutes choses, appelée le Livre du Trésor, 38, 80, 94, 338, 448, 1100.
BULLION. Voy. BILLON.
BURS (l'évêque de).
Chroniques d'Espagne, 1087.

C

CAMPANUS (magister).
Commentum in Geometriam Euclidis, 561.
— Theorica, 681.

CAPELLA (*Martianus*).
Liber VII Sententiarum, id est de VII artibus, 700.

CASSIEN.
Collationes patrum, trad. par Jean Goulein, 172, 563, 577.

CESAR (*Jules*).
16, 300.
— (Chroniques assemblées, et de Godefroy de Billon), 305.

CHRESTIEN DE TROYES.
Gligès, roman, 195.
— Perceval Le Galois, en vers, 325.

CHRISTINE DE PISAN.
Placides et Tymes, 165, 194.
— Épître d'Othea à Hector de Troie, 496.

CIDRAC OU SYDRAC (le livre de). 347, 488, 509, 1113.

CLAUDIANUS.
De Anima, 1001.

COLUMNA (*Guy*).
Les Faiz de Troie, trad. en françois, 93.

CORBECHON (*Jean*).
Les Propriétés des choses, trad. de Barth. Anglicus de Glanvilla. Voy. BARTH. DE GLANVILLA.

COURTE CUISSE.
Les quatre Vertus de Sénèque, trad., 65.

D

DACUINUS (*Joannes*).
Aphorismi, 565.

DANDIN.
De Eruditione puerorum nobilium, trad. de Vincent de Beauvais, 232.

DANIEL.
Exposition des Songes, 210, 414.

DARÈS DE PHRYGIE.
Troye la Grant, en rymes, 337.

DESMURS (*Jean*).
Traité de Géomencie, 598.

— Patefit, 604.

DICTIS DE CRÈTE.
Histoire de Troye la Grant, 1007.

DURANDUS (*Guill.*).
Speculum juris, 578.
— Rational des divins Offices (trad. par Goulain), 1088.

DYONISIUS.
Table, 781.

DYONISIUS, Episcopus silvanectensis.
Nativitas, 677.

E

ÉSOPE.
Fables, trad. en françois, 121, 158, 256, 417, 924.

EUCLIDES.
Geometria, 561.

F

Falcutius (*Nicolaus*).
    Synonyma, 551.
Fillons de Venette.
    Vie des trois Maries, 467.
Fontaine (*Pierre*).
    Le Coutumier de Vermandois, 47.
    — Le Livre de la Reine, 47.
Fremont (*Pierre*).
    Chirurgie, 406.
Frontinus (*Julius*), 793.
Fugo.
    Table, 781.
Furnival. Voy. Richard de Furnival.

G

Gautier de Metz.
    L'Image du Monde, en vers, 38, 352, 366, 404, 507, 438, 476, 556.
    — Sous le titre du Livre de Clergie, 404.
Galinus seu Galienus.
    Galinus super Amph., 553.
Gaufridus.
    Summa de Casibus, 638.
Gautier de Coinci.
    Miracles de Notre-Dame, ou Vie des Pères ermites, 26, 31, 34, 73, 154, 350, 355, 440.
Geber.
    Comment. super Almagest., 568.
    — Liber Complementi secretorum naturæ, 639.
    — Turba de summa collōis, 639.
Gerardus Cremonensis.
    Almazorius translatus, 717.
    — Theorica planetarum, 1018.
Gervais de Tillebury.
    Le livre des Oisivetés des Empereurs, 1117.
Giles l'Augustin. Voy. Giles de Rome.
Giles de Rome.
    De Prædestinatione, 706.
    — Le Gouvernement des Rois et des Princes, 66, 82, 88, 90, 108, 125, 219, 441, 637, 658.
Golain (*Jean*). Voy. Goulain.
Goulain (*Jean*).
    Cassien, trad. en françois, 172.
    — Le Rational de l'Église, 202, 1088.
Gratien.
    Décret, en françois, 1109.
Gregorius (*B.*).
    Explanatio super quasdam sententias, super lib. Sinasurim, 691.
    — Homélies, trad. en françois, 133.
    — Dialogue, 147.

— Morales complètes sur le livre de Job, 542.
GUIBERT DE SAINZ (frère).
Sermons, 601.
GUIDO BONATO DE FOLLINIO.
Introductorius de Judicia Stellarum, 1016.
— De Pluviis, 569.
GUILLAUME DE GUILLEVILLE.
Le Pélerinage du Monde, de l'âme, et de Jésus-Christ, 501, 502, 503.
GUILLAUME DE MAUREVILLE.
Merveilles du Monde, 131.
GUILLAUME DE MAUREVILLE.
Voy. HENRI DE MONDEVILLE.

GUILLELMUS DE SANCTO CLODOARDO.
De Æquatione dierum Planetarum, 762.
— Le Calendrier de la Reine, 600.
GUILLEVILLE. Voyez GUILLAUME DE.
GUYART DESMOULINS.
Bible historiée, n°s 1, 8, 9, 1106, 1114.
GUY COLUMNA.
Hist. de Troye la Grant, 1007.
GUY DE COULIAC.
Chirurgie, 85.

H

HAALY ABBARAGEL ou ABEN RAGEL.
Astrologie, 57, 564.
— Liber octavus, 678.
— Aucuns cayers en françois, 732.
— Aucuns cayers en rouleau, 744.
HALHACEN FILIUS HURAN.
Perspectiva de aspectibus, 575.
HALLERET.
Des spirituelles Amitiés, 156.
HALY.
De Electionibus, 672.
— De Impressione aeris, 681.
— Traittie de la glose du ij^e Traittie du ij^e Livre du Quatr. Pholomée, en françois, 726.
— Commentum super Quadripartito Ptolomæi, 1009.

— Liber, 1068.
— Livre en françois, 1216.
HALY BEN RODOHAN.
Commenta super Amphor., 553.
HENRI DE MONDEVILLE ou DE AMONDAVILLE.
Chirurgie, 1103, 1112.
HERMÈS.
Tractatus, 639.
HERMETUS. Voy. HERMÈS.
— Liber de Floribus astronomiæ, 573, 1002.
— Liber, 1014.
HIPPOCRAS. Voy. HIPPOCRATES.
HIPPOCRATES, 1040.
HONORIUS.
(De Origine mundi), 797.
HUGO DE SANCTO VICTORE.
De Vanitate rerum mundanarum, 1010.
— De Sacramento altaris, 1010.

— Soliloquium de Arra animæ, 1010.
HUGUCIUS.
De Dirivationibus nominum verborum, 549, 1022.

— Dirivoir des Mots, 605.
HUGUES DE MÉRI.
Le Tournoiement de l'Antechrist, 438, 1102.

I ET J

JACQUES (saint).
Épîtres glosées, 670.
JACQUES DE VORAGINE.
La Légende dorée, traduite par Jean de Vignay, 32, 34, 86, 213, 581.
JACQUES DE CESSOLES.
Moralités du Jeu des Échecs, trad. par Jean de Vignay, 152, 190, 394, 1094.
JASONUS, 1040.
JEAN (saint).
Le livre des Évangiles, 580.
— Épîtres glosées, 670.
JEAN DAMACÈNE.
Barlaham et Josaphat, 328, 385.
JEAN DE BAGUAY, peut-être JOANNES DE BALNEOLIS.
Dieta, 769, 969.
JEAN, sire DE JOINVILLE.
Vie de Saint-Louis, 77.
JEAN DE MEUN.
Vegece, de Chevalerie, 119, 132, 137, 175, 398, 447, 458, 462, 511.
— Les sept Sacremens, 321.
— Testament, rimé, 135, 197.
— Le Roman de la Rose, 197, 427 et 429.
JEAN DE SÉVILLE. Voy. JOANN. HISPALENSIS.

JEAN DE VIGNAY.
Épîtres et Évangiles, trad. en françois, 71.
— Le Passage de la Terre Sainte, trad. 350.
— Alexandre, traduit en prose, 365.
— Miroir (le) de l'Église, 163, 166.
JEHU FILS HALLY.
Des Médecins des Yeux, 67.
JÉRÔME (saint), 203.
— Vies des Saints, 16.
— Lamentations glosées, 665.
JOANNES DE BALNEOLIS.
Dieta, 769.
JOANNES DE JANUA. Voy. BALBUS.
JOANNES DE LINERIIS.
Tabula, 674.
JOANNES DE SANCTO AMANDO.
Super Antidotarium, 1031.
— Super Antidotem incoluminitatis, 1070.
JOANNES DE SAXONIA.
Almanach, 753.
— Almanach de Tempore præterito, 777.
JOANNES HEREMITA.
Prophetiæ, 1044.
JOANNES HISPALENSIS (Jean de Séville).
Introductorius, 573.

— Interp. de l'Introductoire d'Alcabice, 673.
— Introductorius maior editus ab Almanzor, 1053.

JOANNES DE CICILIA.
Almagest., 559.
— Scripta super canones Arzachellis, 750.

ISIDORUS.
De Summo bono, 691.

ISAAC.
Dietæ, 983.

JULIANUS, THOLETANUS EPISCOPUS.
De Origine mortis humanæ, 691.

JUSTINIEN.
Code, 522, 523.
— Institute, 513.

L

LANFFRAN.
Chirurgie, 67.

LEMOYNE (*Jean*).
De la Force des Herbes, en françois, trad. de Macer, 1062.

LERANT (*Pierre*).
Livre des formes, figures et image des Cieux, trad. de l'espagnol, 1075.

LIVIUS (*Titus*).
L'Original, en françois, trad. par Berchoire, 33.
— Trad. par le prieur de Saint-Éloi (Pierre Berchoire), 108.

LOPOLDUS DE AUSTRIA.
Compilatio Firmini de Benecale, de Mutatione Aeris, 767.

LOIS CAIEVAIRE, roi de France.
Enseignemens à sa fille, duchesse de Bourgogne, 461.
— Enseignemens à Philippe son fils, 74, 115.
— Enseignemens à son fils et à sa fille, 322.

LOTHAIRE.
Plaidoirie d'humain lignage, 83.

LUCAN (Lucanus), 788, 988.

M

MACER.
De Viribus herbarum, 1028.

MACROBIUS.
Somnium Scipionis, 1051.

MARBODE.
Lapidarius, 1032, 1044.
— Traduit en françois, 182, 380.

MARC (saint).
L'Évangile glosé, 667.

MARCUS PAULUS et ses deux frères, 97, 396, 446, 450.

MARGINAL (*Nicolas* DE).
Les trois Morts et les trois Vifs, 171.

MARMILLON (*Jean-Robert* DE).
Géomencie, 737.

MARTIN DE POLOGNE.
Chronique, 64, 78, 81, 84, 331, 517.

Mathieu (saint).
   Évangile glosé, 667.
Melchin (*Henricus* de).
   Exemplum nativitatis, 677.
   — Nativitas imperatoris Constantini, 677.
Merlin.
   Prophéties, 448.
Messchalath, 62.
   — Astrolabe, 618.
   — Scientia motus orbis, 615.
   — Conjonctions, réceptions et interrogations, en françois, 739, 742.

— Aucuns cayers, 745.
— De Divisionibus, 1013.
— Liber, 1033.
— 1217.
Méthode.
   Les Prophéties, 190, 448.
Morbec.
   Géomencie, en latin, 1058.
   — Géomencie, en françois, 1059.
Mutonis (*Gir.*).
   Albateni in motibus cœlest. corp., 756.

N

Nicolas de Lira.
   Expositions des Évangiles, en françois, 99.
Nicolaus.
   Antidotarius, 1005, 1017.

— Apostille sur le Psautier, 599.
— Livres de la Bible, glosés en françois, 670.

O

Orême (*Nicolas*).
   Politiques et Économiques d'Aristote, trad. en françois, 211.
   — Livre des Monnoies, trad. en françois, 474.
Origènes.
   Varia, 597.
Ovide.
   Métamorphoses, en rimes, 27.
   — Quinze Livres des Métamorphoses, 1060.

— Rimés et moralisés, par Thomas Waleys, 208.
— Métamorphoses glosées, 783.
— De Vetula, rustica, 725, 789.
— Lib. de Ponto, 785.
— Liber de Tristibus, glosé, 987.
— Epistolæ, 1003.
— Des Remèdes, 1060.

P

PANTALÉON.
(Traité de Médecine), 83.
PAUL (saint).
Épîtres glosées, 669.
— Epistolæ glossatæ, 1004.
PAULUS.
Summa, 781.
PETRUS LOMBARDUS.
Textus sententiarum, 896.
— Hist. scolastique, en françois, par Guyart Desmoulins, 1114.
— Historia ecclesiastica, 1035.
— Bible historiée, 1.
PETRUS DE PADUA.
Phinosomia, 706.

PIERRE (saint).
Épîtres glosées, 670.
PIERRE ALPHONSE, 368.
PIERRE D'ESPAGNE.
Géomencie, 684.
PLATEARIUS.
Liber, 998.
PLATO.
Quartum ex quartis, 639.
— In Thimeo, 790.
PTOLEMÆUS.
Quadripartitum, 18, 565, 571, 1009, 1040.
— Centilogium, 662, 672, 703, 1029.
— Centiloge, 60.
— Almagestum, 574, 576, 986.

Q

QUEVESTRE. Voyez ABRAHAM QUEVESTRE.

R

RABANUS.
Super Paralipomenon et Judith, 661.
RAOUL DE CAMBRESIS. Voyez TAILLEFER, 407.
RAOUL DE HOUDANC.
Les Vóies d'Enfer, 321.
RAOUL DE PRESLES.
La Cité de saint Augustin, trad. en françois, 193.
— La Muse, 616.
— Le Songe du Verger, 208, 1086.

RAYMUNDUS DE PENNAFORTE.
Summa seu ars demonstrativa, 718.
RAZIEL.
Astronomia, 1011.
— Puritat., 754.
RICHARD DE FURNIVAL.
Le Bestiaire, 38, 121, 438, 457, 955, 1102.
ROBERT (saint).
Vie de Jésus-Christ, 80.
ROBERTUS EPISCOPUS LENCOLNIENSIS.

Calendarius novus, 996.
ROGERIUS PARM.
　Chirurgia, 985.
— Rogerina, 551.
RUTBEUF.
　La Voie de Paradis, 186.

S

SACROBOSCO (*Joann.* DE).
　Astrolabium, 593.
SAHID FILIUS HANIEL.
　In Compositione carminum figurarum et imaginum Razi Euobauerre, 635.
SALLUSTE.
　La Conjuration de Catilina, en françois, 176.
SALOMON.
　(Paraboles), 153, 322, 420, 522, 664, 855, 955.
　— Proverbes, 547.
SEBILLE REINE.
　Prophéties, 547.
SÉNÈQUE.
　Épîtres à son ami Lucille, 191, 626.
　— Ludus de Morte Claudii Cæsaris, 626.

SERAPIO FILIUS (*Joannes*).
　Breviarium, 1020.
SICULUS ou SÆCULUS FLACCUS.
　Conditiones agrorum, 1052.
SOCRATES BABILÉE.
　En françois, qui sont Demandes sur Ébatemens, 731.
　— Les Pronostications, en françois, 707, 772.
SOLIN.
　Des Merveilles du Monde, en vers, 84, 207, 384, 483.
SPINA (*Joannes* DE).
　Scripta, 1008.
SUÉTONE.
　Faits des Romains, 25.
SY (*Jean* DE).
　Bible, 12, 269.

T

TACUIN.
　Livre de Médecine, 76.
TAILLEFER, dit RAOUL DE CAMBRESIS.
　Rimes, 407.
TANCRÈDE.
　Ordinaire, 49.
THEBITH BEN CORATH.
　Astrolabium, 615.
　— Traité des Images, 595.

　— De Imagine sphæræ, 615.
　— Quæstiones sphæræ, 681.
　— Imagines, 1029.
THEBOSTABEZ.
　Commentum in Quartum ex quartis Platonis, 639.
THEOBALDE DE LOMBART.
　Super Quadripartito Ptolemæi et glosis ejus, et de Virtutibus planetarum, 1030.

THOMAS (frère), patriarche de Constantinople, 208.
Vie et Miracles, 208.
THOMAS DE AQUINO.
Summa Secundæ secundæ, 545.
— de Anima, 572.
— De Potentia Dei, 572.
— Quæstio de graduum pluralitate Richardi, 573.
— Philosophie, 579.
THIBAUT, roi de Navarre.
Chansons, 334.
TURPIN.
Gestes de Charlemagne, 376.

V

VATRIQUET.
Miroir aux Dames, 142, 145, 397.
— Dits du Menestrel, 364, 454, 480, 505.
VEGECE.
De Chevalerie, trad. par Jean de Meun, 119, 132, 137, 175, 398, 447, 458, 462, 511.
VINCENT DE BEAUVAIS.
Miroir historial, trad. par Jean de Vignay, 17, 18, 19, 20, 297, 310.
— Petite Chronique abrégée, 357.
— De Eruditione puerorum nobilium, trad. par Jean Daudin, 232.

W

WALEYS (Thomas).
Ovide le Grand en vers, moralisé, 298.
WYTASSE LE MOYNE.
Rimé, 181, 196.

X

XIMENÈS (*François*).
Livre des Anges, trad. en françois, 75.

Y

YSOPET. Voy. ÉSOPE.

Z

ZAEL seu ZAHEL BEN BIZER.
Fastidica, 571, 672, 733, 740, 759.

FIN DE LA TABLE ALPHABÉTIQUE DES NOMS DES AUTEURS.

TABLE ALPHABÉTIQUE

DES

OUVRAGES ANONYMES.

A

Absolutions et Bénédictions, à l'usage de Rome, 844.
Abundantia exemplorum, 792.
Accidens (les), 1060.
Actus apostolorum glosés, 670.
Advis envoyé à une Roine, en prose, 395.
Advocacie (l') de N.-D. sur l'humain lignage, 493, 518.
Aimery de Narbonne, roman en vers, 990.
Alexander Magnus. Voy. Curtius (Quintus), 905.
Alexandre-le-Grand, roman en vers, 317, 329, 924.
Alexandre, trad. en prose par Jean de Vignay, 365.
Algorisme, 931, 932, 933, 1049.
Algorismus, 593, 594, 615, 781.
Algorismus minutatus, 950.
Aliqua notabilia in judiciis, de conjunctionibus magnis et revelationibus annorum, 687.

Allegoriæ sapientum et philosophorum antiquorum, 639.
Alliances des Rois avec plusieurs personnes, 215.
Almageste, 719.
Almagestum de disciplinalibus, 574, 676.
Almanach, 697.
Altimetra, 570.
Angelus, 612.
Anneaux (les) de Salomon, 595, 735.
Ans (les) d'Adam jusqu'à Jésus-Christ, 376.
Ans (les) de la Nativité de N. S. Jésus-Christ, 331, 486.
Anseys de Carthage, roman en vers, 442.
Antaines (antiennes), 611.
Anticlaudianus (l'), 186.
Antidotaire de Nicolas (Falcutius), 890.
Antiphonæ plures, 952.
Apocalypse (l'), en latin, 939.
Apocalypse (l'), en françois, 1092.

Apocalypse (l') glosé, 670.
Apollonii Tyrii fata, 103.
Apologia Ruffini, 860.
Apostilles sur le Psautier (par Nicole de Lire), 599.
Arbre (l') de Consanguinité, 1109.
Arbre (l') de Sapience, 464.
Arithmétique, 712, 1072.
Arra animæ (Hugonis de Sancto Victore), 1010.
Ars demonstrativa, 962.
Ars generalis ultima, 813.
Ars Notoria, 751, 908, 1042, 1069.
Ars Notoria, en espagnol, 1065.
Art (l') de Diter selon l'usage de la cour de Rome, 608.
Artus et Jehannete, 200, 949.
Artus le Restoré, roman, 332, 1099.
Astronomie, en françois, 887.

Athis et Porphirias (par Alexandre), roman en vers, 374, 442.
Atre. Voy. Laistre périlleux.
Avalnement des Monnoies, 184.
Aubery le Bourguignon, roman en vers, 326, 341.
Aucunes figures et notables de la Bible historiés, 189.
Aucunes histoires de la Bible, 217.
Aucuns caiers du livre d'Albumazar, 721.
Aucuns cayers du livre de Ptolémée, 722.
Aucuns des Faits de la Bible, rimés, 425.
Autentiques (Novelles de Justinien), 48.
Ave Maria, rimé, 471.
Aymery de Narbonne, roman en vers, 498.

B

Bataille (la) de Cassel en Flandre, en vers, 437.
Bataille (la) des Sept Arts, 371.
Berinus, en prose, 336.
Bestiaire (le), en latin, figuré, 801.
Bestiaire (le), en prose, 331.
Bestiaire (le), en vers. Voy. Richard de Furnival.
Beuves d'Aigremont (roman de), 1096.
Bible, en françois, 1, 2, 3, 4, 5, 6, 7, 8, 9, 10, 12, 13, 14, 15, 105, 796, 846, 847, 872, 873, 882, 911, 1055.
Bible, en latin, 628, 654, 859, 868, 1090, 1090 *bis*, 1128, 1224, 1230.

Braist. Voy. Brust.
Breviaire, 836, 837, 871, 877, 902, 940, 1151, 1152, 1154, 1158, 1186, 1187.
Breviaire à l'usage d'Angleterre, 1202.
Breviaire à l'usage des frères prêcheurs, appelé le Breviaire de Belleville, 499.
Breviaire à l'usage de Paris, 849, 852, 893, 1184, 1185, 1188, 1189, 1190, 1191, 1192.
Breviaire à l'usage de Rome, 1203.
Breviaire à l'usage de Rome ou d'autres, 837, 838.
Breviaire appelé Langlois, 1160.

Breviaire de Jeanne de Bourbon, 1207.
Breviaire de Jeanne d'Évreux, 1200.
Breviaire de la dame du Vaugour, à l'usage des frères Mineurs, 842.
Breviaire latin, 301, 536, 537.
Breviaire noté, 1157, 1159.
Breviloqium de Géomencie, transl. en françois, 692.
Brust (le) ou le Braist, roman, 499.
Buefve de Hautonne et Johanne s'amie, en vers, 494.

C

Cahiers d'Astronomie, 909.
Calendarium Petri, 950.
Calendarium reformatum, 977.
Calendarius novus Lenconiensis, 996.
Calendrier (le), 464, 781.
Calio, trad. par Mart. Bauchant, 212.
Canon d'Astronomie, 831.
Canones astronomiæ, 888, 1072.
Canones eclipsis, 775.
Canones in motibus cœlestium corporum, 704.
Canones in motibus planetarum, 583.
Cantica Canticorum, 643, 835.
Cantiques, 420.
Carrés (les), 1060.
Cassiodorus. Voy. Dolopatos.
Catholicon abrégé, 850.
Catholicon (Joannis Balbi), 806, 1129.
Catonet, en latin, 938.
Catonet, 1060.
Centilogium, 686.
Chansons du roi de Navarre (Thibaud), 334.
Chansons en langage picard, 457.
Chansons notées, 451, 470.
Chansons pastourelles couronnées, 177.
Chansons rimées, 352.
Chants royaux notés, 333, 334, 343, 372, 392.
Charlemagne et Turpin, 376.
Charlon (de), comte de Provence, en vers, 443.
Charte (la) que Saint-Louis donna aux Normands, 169.
Chartres de Laon, 111.
Chasse (la) aux Médisans, 387.
Château (le) de Richesse, 1095.
Cheval (le) de Fust. Voy. Méliachin.
Chiromancia pulchra, 706.
Chiromencie, 183, 552, 556, 591, 592, 710.
Chiromencie, en françois, 766.
Chirurgie, en françois, 438.
Chirurgie d'Oiseaux, 423.
Chirurgie pour Gens, 423.
Chirurgie pour Oiseaux de proie, 66.
Choses de Dévotion, 301, 340.
Choses de Médecine, à savoir son corps garder en santé, 90.
Choses rimées, 352.
Chroniques d'Espagne, par l'évêque de Burs, 1087.

Chroniques de César, 305.
Chroniques de France, 21, 65, 1228.
Chroniques de France abrégées, 431.
Chroniques des Évêques de Liége, 320.
Chroniques des Papes et des Empereurs (nommées Chronique Martinienne), 517.
Chronologie des Papes. Voyez Martin de Pologne.
Cléomadès. Voy. Méliachin et du Cheval de Fust, 405.
Code, en françois, 40, 48, 52, 54, 55, 993, 1077, 1084.
Collationes patrum. Voy. Cassianus.
Collectaire, 839.
Commencemens des Gestes de France, en rimes, 375.
Comment on doit aimer Dieu, 340.
Comment Saladin prit Hue de Tabarye, 164.
Commentum super Alcabitium, 1025.
Compilation d'Ysopet et Avionnet. Voy. Ésope et Avien.
Compilations de plusieurs Écritures saintes, 87.

Complainte de Notre-Dame nommée les Regrets, 222.
Compositio Planis Torbii et quadrantis, 1029.
Compost (le), 183, 438, 632, 744, 781.
Compost de la Lune, 1102.
Compostus judaicus, 683.
Comte (le) Renaud de Dampmartin, ses Sœurs, 331.
Comte (le) Roals d'Angleterre, en vers, 383.
Concordances, 804.
Conditiones agrorum per totam Italiam, 1052.
Conjectationes Planetarum, 630.
Conjonction, en françois, de l'an 1377, 746.
Conjonctions et Oppositions, 903.
Conjuration (la) de Catherine (par Salluste), 176.
Couronnement (le) de l'Empereur par le pape, 758.
Couronnement (le) des Rois, 382.
Coustumier de Vermandois, 47, 95, 169, 471.
Cy nous dit. Voy. Sy nous dit.

D

Dame Aye d'Avignon, roman en vers, 491.
Damis et Damille, de Jourdain de Blaves, roman en rimes, 410.
De Annis Arabum, 836.

De Blanchandin et de Beaumauvais, 335.
De Fructibus Planetarum, 858.
De l'Age des Papes, Empereurs, etc. 486.
De l'Age du Monde, 486.

De Deux Nativités, 1071.
De Lancelot, 302.
De l'Agnelet, 146, 160.
De Cœlo et Mundo, en latin, 994.
De Chirurgie, 404.
De Explanatione regularum judicandi, 858.
De Gauvain, 302.
De Intentionibus lunæ in signis, 680.
De Judiciis, en latin, 716.
De Judiciis rerum futurorum, 570.
De Mahomet, 500.
De Machomete, 1015.
De Merlin, 1113.
De Pamphilet, 191.
De Philippe-le-Conquérant, 371.
De plusieurs Vies de Saints, 306.
De Regalis compositarum, 1047.
De Rolant et d'Ollivier, 500.
De Sacramento altaris, 1010.
De Vanitate rerum mundanarum, 1010.
De la Création d'Adam, 448.
De la Malle Marrastre, 362. Voy. Dolopatos.
De la Mort du roi Artus, des Fais de la Table Ronde, 299.
De la Table Ronde, 1122.
De la Rose abrégée, 368.
De la Terre prestre Jean, 340.
Des bonnes et mauvaises Femmes, 139.
Des Machabées, 191.
Des onze mille Martyrs, 331.
Des Philosophes, 345.
Des quinze Signes, 115.
Des Wandres qui vinrent en France, en rimes, 411.
Decacordium, 206.
Décrétales en françois, 41, 43, 50, 308, 312, 314, 319, 991, 1077, 1078.
Demandes d'Amours, 177.
Demandes et Réponses d'Amours, 180.
Demandes qu'un Écuyer fait sur l'ordonnance du passage de la terre d'outre-mer, 400.
Dévotion de Notre-Dame-de-Liesse, 115.
Dévotions en françois et en latin, 1214.
Dévotions et Oraisons, 162.
Dialogue Galy, rimé, 103.
Dictum de Floratis super Albumazar, 835.
Digeste nove, en françois, 42, 56, 1083.
Digeste vieille, en latin, 1111.
Digeste vieille, en françois, 44, 307, 309, 311, 1081.
Directoire de la conquête d'outre-mer, 350. Voy. Passage da la Terre Sainte.
Dirivoir, ou Exposition des Mots, 605.
Dits de Salomon. Voy. Marcon et Sallomon.
Dits et Ébatemens contre les Picards et Normands, 194.
Dix (les) Commandemens de la Loi, 66, 74, 96, 151, 432, 466, 506, 514, 948.
Dix (les) Commandemens, rimés, 171.
Dolopatos, 362, 459, 516.
Donat, 1060.
Douze (les) petits Prophètes glosés, 666.

Douze (les) Signes (du zodiaque), 404.
Du Bègue de Belin, en rimes, 411.
Du bel Estamor de la Montagne, 195.
Du chastelain de Coucy et de la dame de Fayel, rimé, 405.
Du Livre de Genesis, 153.
Du Renart. Voy. Roman du Renard.
Du roi Artus, 1122.
Du roi Philippe, qui mourut en Aragon, et quand il prit la croix pour aller outremer, 422.
Du roi Philippe-le-Conquérant, en vers, 378.
Du Saint Graal, 302.
Duodecim experimenta extracta de libri Allani, 698.

E

Ebatement, 1060.
Ecclésiastique, 420, 547, 663, 855.
Echecs figurés, et la manière d'y jouer, 607.
Enforcade (Infortiat), en françois, 46, 310.
Enfances d'Ogier le Danois, roman en vers, 490.
Enseignemens, en françois, 967.
Enseignemens et Gouvernemens des Rois, selon saint Augustin, rimé, 170.
Enseignemens (les) de Loys Caivaire, 461.
Enseignemens que Saint-Louis fit à son fils, à soi apprendre à savoir confesser, 74, 115, 322.
Enseignemens du Père au Fils, 74.
Epistolaire, 927.
Epistolier, 1126, 1144.
Epîtres et Evangiles, traduits par Jean de Vignay, 71, 224.
Ethicorum liber glosatus, 958.
Ethiques. Voy. Aristote.
Ethilda Anglicus, Summa de judiciis, 962.
Evangile de saint Jean, glosé, 668.
Evangile de saint Luc, glosé, 668.
Evangiles, en françois, 420, 1544, 780.
Evangilier, 1143.
Exemples de plusieurs choses, rimé, 104.
Exode, en prose, 198.
Expositio Theoriæ communis figurationis kardagarum, 683.
Exposition (l') de la Patenôtre, en françois, 456, 973.
Exposition (l') d'O temerata, en latin, 456.
Exposition du Cadran, 590.
Expositions d'aucunes Evangiles touchant la Passion de J.-C., selon saint Jean l'Evangéliste, 1054.
Expositions des Evangiles, en françois, de Nicolas de Lira,

par Pierre Desrey, 99, 133, 153.

Exposition des Songes, selon Daniel, 210.

Exposition du psaume Eructavit, 353.

Expositiones super theoricam planetarum, 708, 761.

F

Faits (les) d'Espagne, 374.
Faits de Constantinople. Voy. Dolopatos.
Faits de Rome. Voy. Dolopatos.
Faits de la Table Ronde, 325.
Faits de Saint-Denis-en-France, 120.
Faits (les) de Troye, par Guy Columna, traduits en françois, 93.
Faits des Romains, 16, 25.
Faits (les) du roi de Navarre et de ceux de Paris, 360.
Faits et la Passion de saint Denis, 351.
Fêtes muables, 464.
Fleur (la) des Histoires de la terre d'Orient, 426.
Fleurs de tous les Livres de saint Augustin, 862, 863.

Florence et Ottovien, roman en rimes, 187.
Flores Albumazar, 621.
Florimont (par Aimes de Varines), roman en vers, 489.
Forme d'aucunes lettres sur la Convocation du Conseil général, 1015.
Forme d'aucunes lettres sur la destruction des Templiers, 1045.
Forme d'aucunes lettres sur le passage fait par les maîtres de l'Hôpital, 1045.
Formularium scriptorum et procuratorum romanæ curiæ, 1034.
Fouques Faucon, 327, 424.
Frater Astexanus, Somme d'Asse sur Code, en françois, 1080.

G

Garin de Montglave, roman rimé, 36.
Généalogie (par manière de chronique des Rois de France), 371.
Géomencie, 61, 548, 555, 556, 562, 576, 603, 641, 657, 679, 682, 690, 698, 714, 738, 747, 889, 1056, 1061, 1064, 1220.

Géomencie, extraite en françois d'Aldala, fils d'Aly, 730.
Géomencie en latin, 1057.
Gérard de Nevers, roman en vers, 327.
Gérard de Roussillon, roman en vers, 424.
Gestes du roi Pepin, par Adenès, 35.
Girart d'Amiens, en prose,

peut être Méliacin, roman en vers, 356.
Gligès (par Chrestien de Troyes), 195.
Glorias, 612.
Glorion de Bretagne, en vers, 358.
Gouvernemens des Rois et des Princes (par Giles de Rome). Voy. Giles de Rome.
Graduel, 918, 926, 1130, 1142.
Grand (le) Tiotole antidotaire, 67.
Grande (la) Histoire de Troye (par Dictis de Crète), 1007.
Grécisme glosé, 779.
Greel. Voy. Graduel.

Guérart le Comte. Voy. Gérard de Nevers.
Guérin de Montglave, roman en vers, 990.
Guerre de Philippe et des Flamands, en vers, 925.
Guerre (la) du Roi de France et du Roi d'Angleterre, 360.
Guerres (des) d'Angleterre et d'Ecosse, 492, 1120.
Guillaume au court nez, roman en vers, 990.
Guillaume d'Anjou, 386.
Guillaume d'Orange, roman en vers (par Guillaume de Bapeaume), 373.
Guyon ou Guyot de Nanteuil, roman en vers, 415.

H

Hector de Troye, en vers (par Christine de Pisan), 496.
Heures, 585, 627, 1210, 1211, 1233.
Heures à l'usage des Jacobins, 1172.
Heures de Morts, 660.
Heures de Chevalerie, 656.
Heures de N.-D. 649, 650, 798, 841, 1125, 1137, 1170, 1213, 1222.
Heures de Madame Isabelle, 1149.
Heures et Breviaire à l'usage de Rome, 843.
Heures de Dévotion, 840.
Heures de la Croix, 901.
Heures de la Passion, 596, 946, 1166.
Heures de la Passion, en latin, 1116.

Heures de la Trinité, 660.
Heures de Madame, 1176.
Heures de Marie-Madelaine, 644.
Heures de plusieurs Fêtes de l'an, 602.
Heures de Saint-Louis, 898.
Heures de Saint-Louis de France et de Marseille et de saint George, 1212.
Heures de Saint-Louis et de saint Louis de Marseille, 1168.
Heures du Saint-Esprit, 596, 645.
Heures du Saint-Esprit et de la Passion, 1162.
Heures du Saint-Esprit et de Notre-Dame, à Vigiles des Morts, 640.

Heures du roi Charles V, 1183.
Histoire de Droit et de Médecine, 967.
Histoire de Jérusalem, 1032.
Histoire de Philippe-le-Conquérant, 191.
Histoire de Troye, en prose, 1108.
Histoire du saint Graal, de Merlin et de la Nativité de Lancelot et tous ses Faits, 1122.
Histoire de la Création du Monde et de la Vie de N. S. 944.
Histoire de la Passion de N. S. 946.
Histoire de Thèbes, 521.
Historia ecclesiastica Petri Lombardi, 1035.
Historiæ scolasticæ (Petri Lombardi), 567.
Histoire scolastique, en françois (traduite par Guyart des Moulins), 1106, 1114.
Histoires et Figures de la Bible, en françois, 1105.
Historia Hierosolymitana, 1615.
Huon de Villeneuve, roman en vers, 415.
Hymnes glosées, 782.
Hymni notati, 952.

I ET J

Jean, le duc du Mont aux Fées, 199, 348.
Jeu (le) des Echecs figuré, 367.
Jeu (le) des Echecs figuré, ainsi qu'on doit le jouer, 468.
Jeu (le) qui se fait par le jeu des dés, 370.
Image (l') du Monde. Voy. Gautier de Metz.
Inforcade. Voy. Infortiat.
Infortiat, en françois, 46, 992, 1082.
Informatio principum. Voy. Giles de Rome, 900.
Institute, en françois, 51, 313, 315, 515.
Institute, en latin, 1026.
Introductorius in Astrologiam, 680.
Job glosé, 886.
Joie de Paradis, par le Reclus de Morleens, 504.
Josaphat et Barlaham (traduit de saint Jean Damascène), en vers, 328, 347, 385, 453.
Jourdain de Blaves. Voy. Damis et Damille.
Journal, 1156, 1164.
Isaïc glosé, 834.
Issue (l') d'Egypte des enfans d'Israël, 80, 216.
Judas Machabeus, 340.
Judicium cujusdam nativitatis, 685.
Jugemens d'amours, en prose, 381.
Jugement d'astrologie selon Aristote, en françois, 728.

K

Kalendarium. Voy. Calendarium.

Kalendrier. Voy. Calendrier, 464.

Kalendrier lynconien, 858.

Kyrieleyson notés, 612.

L

Lais notés, 178.

Laistre (l'âtre) périlleux, 368.

Lamentatio super Jerusalem de negligentia christianorum, 899.

Lamentations de Notre-Dame, 1197.

Lancelot, 325, 497.

Lancelot du Lac et de la Table Ronde, 1119.

Lapidaire (le). Voy. Marbode.

Lectiones breviarii secundum romanum consuet. 989.

Laudes et hymnes, 968, 968.

Laurin. Voy. Dolopatos.

Légende dorée. Voy. Jacques de Voragine.

Légende de Saints, 1093, 1101.

Liber animi, 1019.

Liber aquarum ignoti xii philosophi, 634.

Liber cœlestis imperatoris ad imperatores, 935.

Liber Constrenere, 973.

Liber de Interrogationibus, 685.

Liber de Mutatione aeris, 1012.

Liber de Nive et Grandine et aliis impressionibus aeris, 1046.

Liber de septem Artibus, 700.

Liber de septem sententiarum, 700.

Liber de tribus Dietis, 975.

Liber de virtutibus et coloribus lapidarum, 1048.

Liber Gaffard qui vocatur Albumazar, 720.

Liber imperatorum, 621.

Liber judicum, 1000.

Liber Ruralium commodorum, 960.

Liber Sapientum super arte magica, 1011

Liber scintilarii, 691.

Liber sermonum, 1019.

Liber Vacce, 1014.

Litanies, 612.

Livre ancien du Sacre des Rois, 114.

Livre appelé Cy nous dit, 1219, 1221.

Livre d'Astronomie, en espagnol, 1065.

Livre de Calio, traduit par Jacquemart Bauchant, 212.

Livre de Chants notés, 452.

Livre (le) de Charité (du reclus de Morleens), 135, 1116.

Livre de Chirurgie, appelé Lanfran, 67.

Livre (le) de Clergie, par Gautier de Metz, 404. Voy. l'Image du Monde.
Livre de saint Graal et de Merlin, 1118.
Livre (le) de frère Thomas de Brandon, 220.
Livre de Genesis et du roi Ninus, 39.
Livre (le) de la Brièveté de la vie, 65.
Livre (le) de la Garde du Corps, 1121.
Livre (le) de la Nature des Pierres, 1121.
Livre (le) de la Manière de faire Emplâtres, 1121.
Livre de la Présentation de Notre-Dame, 1138.
Livre de Médecine, 66, 68.
Livre de Médecine, en latin, 1074.
Livre de Médecine et de Chirurgie, 1101.
Livre de Médecine, nommé Liber de Doctrina spiritûs et animæ, 818.
Livre de Motets et Chansons, 508.
Livre de parchemin où sont écrits aucuns joyaux, 487.
Livre (le) de Ponthigny, 376.
Livre de Préfaces, 942.
Livre des Miracles de Notre-Dame, 524.
Livre (le) des Monnoies (par Nicolas Oresme), 474.
Livre de Préfaces, Evangiles et Epîtres, Collectes, 544.
Livre des Anges (par François Ximenès), traduit en françois, 75.
Livre des Commandemens de la Loi, 115.
Livre des Ecclésiastes glosé, 664.
Livre (le) des Echecs moralisés (traduit de Cessoles). Voy. Jacques de Cessoles.
Livre (le) des Mouches à miel, 138.
Livre des nouvelles Fêtes, 1139.
Livre des Processions de la Sainte-Chapelle du Palais, 606.
Livre (le) du Sacre des Rois de France, 98.
Livre (le) du Sacre des Rois, en latin et en françois, 159.
Livre, en françois, qui devise la vertu de la graine de fougère, 733.
Livre nommé les Vanités, 1140.
Livre où est l'Exposition de cum natus esset Jesus, 103.
Livre plat de Géomencie, 794.
Livre qui commence à l'arche de Noé, 104.
Livre (le) Royal, 807.
Livre (le) Tèche, 1121.
Livret noté, à sacrer les Rois de France, 659.
Loherans Garin, roman en rimes, 411.
Lucidaire (le), 66, 80, 116, 464.
Lucidarius, 1036.

M

Machabées (les), 192.
Manière (la) de soy savoir confesser, 80.
Manipulum florum, 582.
Mappemonde, par Gautier de Metz. Voyez Image du Monde.
Marchéologe et autres tables très vieilles, 709.
Marcon et Salomon, 353.
Mathésis, 715.
Marques de Rome. Voy. Dolopatos.
Marques, fils de Caton. Voy. Dolopatos.
Martyre (le) de saint Thomas d'Aquin, 103.
Maugis le Larron (le roman de), 1096.
Medecina Frotola dominarum mulierum, 551.
Médecine, 554, 584, 624.
Médecine d'oiseaux, 423.
Médecine et Chirurgie pour oiseaux de proie, 465.
Megategnis, 1031.
Méliachin ou du Cheval de Fust, roman en vers, 405, 418.
Méliacin, 356. Voy. Girart d'Amiens.
Meliadus, et du Chevalier sans Peur, 499.
Mémoire de la Trinité, 946.
Mérangis, en rime, 351.
Merlin (roman), 16.
Merlin et Ambroise son maître, 382.
Métaphysique, en latin, 994.
Méthéores, en françois, 69, 148.
Miracles de Notre-Dame, par Gautier de Coincy, 26, 73, 154, 330.
Miracles de Notre-Dame, 72, 104, 523.
Miracles de Notre-Dame-de-Rochemadon, 72.
Miracles de la Chandelle de Notre-Dame-d'Arras, 322.
Miracles de saint Germain-des-Prez, 72.
Miracles de Saint-Louis, 103.
Miracles et la Vie de Saint-Louis, 205.
Miroir (le) aux Dames, 142, 145.
Miroir aux Princes, par Vatriquet, 397.
Miroir de l'Eglise, traduit par Jean de Vignay, 163, 166.
Miroir des Dames, 1091.
Miroir du Monde. Voy. la Somme le Roi.
Miroir du Monde ou Somme le Roi, Philippe de Valois. Voy. Vices et Vertus.
Misère (la) de la vile condition humaine, 183.
Missel, 102, 533, 534, 539, 540, 870, 942, 954, 1089, 1113, 1127, 1134, 1148, 1222, 1231, 1232.
Missel à l'usage de Paris, de la reine Jeanne d'Evreux et de Marie de Brabant, 1193.
Missel à l'usage de Rome, 1150.

DES OUVRAGES ANONYMES. 235

Missel collectaire à l'usage de Rome, de Jeanne de Bourbon, 1206.

Missel à l'usage de Rouen, 535.

Missel à l'usage de saint Dominique, 1133.

Missel de Marie de France, 1123.

Missel nommé de Belleville, aux armes de Belleville, 1205.

Missel noté, 883.

Missel noté pour le grand-autel, 1132.

Modus conficiendi, 823.

Moralités opposées aux états du monde, 109.

Moralités des Philosophes, en françois, 66, 80, 1098.

Moralités du jeu des Echecs. Voy. Jacques du Cessoles.

Moralités et notables sur Job, 642.

Moreaux des Bestes, 75. Voy. le Bestiaire.

Motets et Chansons notées, partie en latin, partie en françois, 1115.

Motets notés et conduis, 179.

Mouches à miel (Voy. le Livre des).

Mutatione Satur (de), 573.

Mystère et Ordonnance du Sacre, 1236.

Mysterium de ædificatione Ecclesiæ, 781.

N

Naissance (la) de toutes choses, appelée le Livre du Trésor (par Brunetto Latini), 338, 448.

Natura rerum, 557.

Nature (la) des Pierres, 460. Voy. le Lapidaire.

Nature (la) du Zodiaque, 724.

Négromancie, en françois, 741.

Notabilia super librum Ethicorum, 693.

Notables, en françois; Moralités, en latin, 331.

Novem judicum, 59, 558, 591, 832. Voy. Albohazen Haly.

O

Office (l') du Sacrement et de sainte Claire, 1169.

Oisivetés (le Livre des) des Empereurs, traduit par Gervais de Tillebury, 1117.

Oraisons, 390, 622, 649, 650, 796, 894, 895, 900, 904, 942, 1182.

Oraisons de la fête de Notre-Dame mi-août, faite à l'hôtel de Saint-Ouen pour la fête de l'Estoille, 481.

Oraisons de Notre-Dame, 464, 471, 627.

Oraisons, en françois et en latin, 1179.

Oraisons, en latin et en françois, 1167.
Oraisons et manière d'enseignement en sermons pour acquérir l'amour de N. S., 455.
Oraisons pour chacun psaume du Psautier, 647.
Oraisons sur chacun psaume, 945.
Ordinaire, 1146.
Ordinaire (l') de l'Eglise pour l'an, 543.
Ordinaire (l') de Rome, 1175.
Ordinaire pour Sommeliers, 1147.
Ordinarium romanæ ecclesiæ, 1041.
Ordonnance (l') du Monde, 183.
Ordonnance du passage d'outre-mer, 161.

P

Papier fermant à clé, où sont écrites plusieurs choses secrètes, 484, 485.
Passage (le) de Saint-Louis outre-mer, 422.
Passage de la Terre Sainte, 350.
Passion (la), 841, 1166.
Passion (la) d'Appolonien, 464.
Passion (la) de la Bible, en vers, 425.
Passion (la) de N. S. Jésus-Christ, 80, 139, 216, 331, 340, 512.
Passion (la) de Jésus-Christ, en langage picard, 164.
Passion (la) de Notre Seigneur, en rime, par personnages, 352.
Passion de saint Barthélemy, 1037.
Passion de saint Paul, 1037.
Passion (la) de saint Phanoel, 464.
Passion de saint Pierre, 1037.
Passion (la) de Vaspasien et Appollonien, 464.
Passion et Résurrection de Jésus-Christ, 306.
Passions de saint Pierre, saint Paul et saint Barthélemy, 1037.
Passions (les), 645.
Patenôtre (la) exposée, 331.
Patenôtre de Notre-Dame, 389.
Pélerinage du Monde, de l'Ame et de Jésus-Christ, par Guillaume de Guilleville, 501, 502, 503.
Pélerinages (les) d'outre-mer, et de savoir demander en langage sarrasin les nécessités pour vivre, 655.
Peliarmenus. Voy. Dolopatos.
Perceval le Galois, en vers (par Chrestien de Troyes), 323, 339, 421.
Perfection de saint Jean l'Evangéliste, 214.
Perspectiva (de), 570.
Petit Colectaire, 1201.
Petit Journal à l'usage de Rome, 1204.
Petit Lanfran (le), 1101.

DES OUVRAGES ANONYMES.

Petit livre de Chirurgie et de Médecine, 430.
Petite Chronique abrégée des Rois de France, 1107.
Petite Chronique de France, abrégée, 111.
Petites Heures, 1124, 1135, 1180, 1181.
Petites Heures et Service des Morts, 651.
Philosophie de Cœlo, de Mundo, de Generatione, de Corruptione metheororum, de Anima, de Morte et Vita, de Vita Aristotelis, 579.
Philosophie morale, 878.
Philosophie naturelle, par Albert-le-Grand, 964.
Philosophie naturelle, en latin, 994.
Physique, en latin, 994.
Placides et Tymes (par Christine de Pisan), 165, 194. Voy. Christine de Pisan.
Plaidoirie d'Humain lignage, traduit de Lothaire, 83.
Planimetra, 570.
Plusieurs choses de saint Paul, 352.
Plusieurs Heures en un livre, 634, 636.
Policraticon, 864.
Politiques, Économiques (trad. d'Aristote par Nicolas Orême), 211.
Polus Septentrionis, 748.
Pomum Ambræ, 1063, 1101.
Pontifical, 1136.
Practica Arismeticæ, 1040.
Practica Geometriæ, 1040.
Préfaces (un livre de), 544, 622.

Priviléges des Papes donnés aux Rois de France, 215.
Priviléges octroyés aux Rois de France, 1131.
Procès de Robert d'Artois, 100.
Procès (le) du comte Robert d'Artois, 344.
Processions et autres choses notées, 620.
Processions et nouvelles Fêtes, 1141.
Proffit (du) qui vient de tribulation, 449.
Pronosticatio futuri leti, 691.
Pronostications de Socrates Babylée, 361.
Prophéties (les) de Merlin, 190, 349.
Prophéties de Méthode, évêque de Patras, 448.
Prophéties de Notre-Dame de l'Institution du royaume de France, 209.
Prophéties de la reine Sebille, 547.
Prophéties (les) de Sebille, 190, 448.
Propriétés (les) du Corps humain, 149, 183.
Prosier, 1145.
Provinces (les) du monde, 791.
Psautier, 617, 853, 874, 875, 876, 879, 880, 892, 921, 940, 944, 967, 1165, 1196, 1197.
Psautier (le) de Constantinople, 596.
Psautier de Notre-Dame, 1227.
Psautier de saint Jérôme, 1174.

Psautier de Saint-Louis, 1165, 1208, 1209.
Psautier de saint Pierre de Luxembourg, 937.
Psautier du pape Urbain V, 906.
Psautier, en françois et en latin, 92, 116, 141, 444.
Psautier en latin, 188.
Psautier féréal, 936.
Psautier où sont les Heures de Notre-Dame, 854.
Psautier (le) glosé, 662, 867.
Purgatoire (le) de saint Patrice, en françois, 80, 328.

Q

Quadrant, 594.
Quæstiones super pluribus libris, 586.
Quartum ex quartis Platonis, 639.
Quatre (les) Evangélistes, 645.
Quatre (les) fils Aimon (roman des), 1096.
Quatre (les) Passions de Notre Seigneur, 945.
Questions de divinité, 449.
Quinze Joies, 221.
Quinze Joies (les) de la Vierge Marie, 473.
Quinze (les) Signes, 86.
Quitila et Dymas, 109.

R

Rational (le) de l'Eglise, trad. par Jean Goulain, 202.
Reclus (le) de Morleens ou de Merleen, rimé, 135, 173, 198, 320, 321, 345, 347, 352, 412, 445, 504. Voy. Livre de Charité.
Recommandations des Trespassés, 633.
Rédemption des fils d'Israël, trad. en françois, 227, 727.
Regrès (les) à la Croix, 340.
Regrès (les) de Notre-Dame, 222.
Regrès (les) de saint Paul, 99.
Repertorium planetarum, 1067.
Requêtes (les) du Psautier que David fit à Notre Seigneur, 162.
Retour (le) du Paon et d'Alexandre, en rime, 403.
Revenue (la) de la comté de Montfort, 354.
Robert-le-Diable, roman en vers, 490.
Rogerina (par Rogerius), 551.
Roman (le) de la Rose (par Jean de Meun), 427, 436.
Roman de la Violette. Voy. Gérard de Nevers.
Roman du Renard et d'Ysengrin, en vers, 89, 342, 345, 417, 921, 957, 1104.
Roman, en gascoing, rimé, 408.
Rosier (le) de Notre-Dame, 106.

S

Sapience, 420, 663, 835.
Savoir son Corps garder en santé, 90.
Science (la) des Mains, 781.
Secreta fidelium crucis, 610.
Semina fora, 1027.
Sept (les) Péchés mortels, 428, 948.
Sept (les) Psaumes pénitentiaux, 653.
Sept (les) Sages de Rome, 362.
Sept (les) Sages, et Marques le fils de Caton, 459. Voy. Dolopatos.
Sept (les) Sacremens, 321, 1170.
Sept (les) Sacremens de l'Eglise, 66, 74.
Sequenies notées, 789.
Sermentois de Notre-Dame, 177.
Sermo de mandatis Decalogi, 973.
Sermons, 340, 546, 588, 1038.
Service de saint Côme et saint Damien, 631.
Service de Saint-Louis, roi de France, 623, 699.
Service (le) de sainte Crotilde, noté, 538, 929.
Service de sainte Radegonde, 930.
Service (le) des saintes Reliques, 648.

Siége d'Athènes. Voy. Athis et Porphirias.
Signes (les) du ciel figurés, 829.
Signifiences du nouvel et du vieux Testament, 223.
Sinonima Antidotarii Nicolai Falcutii, 551.
Six Degrés de charité (les).
Sœurs du comte Regnaut de Dampmartin, 331.
Soliloquium de Arra Animæ, 1010. Voy. Hugo de Sancto Victore.
Somme Coprense, 907.
Somme d'Asse sur Code, 1080.
Somme (la) juste sur Code, 45.
Somme le Roi. Voy. Vices et Vertus.
Songe (le) de Daniel, 414.
Songe (le) du Verger (par Raoul de Presles), 1086.
Songe (le) du Verger. Voy. Raoul de Presles.
Songes rimés, 149.
Sphæra comunis, 950.
Stellane ville méoris, 760.
Succession (la) des Evêques de Liége, 186.
Summa de Vitiis (S. Thomæ), seu Secundæ secundæ, 545.
Summa judicialis de accidentibus mundi, 678.
Sydrac. Voy. Cidrac.
Sy nous dit. Voy. Cy nous dit.

T

Tablas Toletanas, 750.
Tables à trouver les degrés ascendans par les heures, 734.
Tables d'Astronomie, 1045.
Tables du Calendrier appelé le Calendrier de la Reine (par Guillaume de Saint-Cloud), 600.
Tables et Figures de Géomencie, 587.
Tabulæ anglicanæ, 755.
Tables vieilles, 701.
Tabula super Philosophiam moralem, 689.
Tabulæ astronomiæ, 778.
Tabulæ solis, 996.
Tabulæ stellarum fixarum, 1012.
Tacuin, 316.
Tacuinum sanitatis, 975.
Theodolet, 1060.
Theorica planetarum, 858, 970.
Theorica super latitudines planetarum, 1072.
Thesaurus pauperum, 819.
Theseus de Cologne, roman en vers, 363.
Thessalus, en rime ; peut-être le roman de Theseus de Cologne, 363.
Tobie, 1060.
Toirez, chevalier au col d'or, en vers, 416.
Tour (la) de Sapience, 757.
Tournoiement de l'Antechrist (par Hugues de Méri), 1102, 1138.
Tractatus de Astronomia, 674.
Tractatus compoti, 996.
Tractatus de Magnete, 773, 1044.
Tractatus de Urinis, 976.
Tractatus de Perspectiva, 773.
Tractatus quadrantis, 781.
Tractatus de Sphæra, 594.
Tractatus de Sphæra solida, 1025.
Tractatus super quadrantem Judei, 708.
Traité d'Astrolabe, en françois, 696.
Traité d'Astronomie, 625.
Traité de l'Épidémie, 482.
Traité de Clergie. Voy. Image (l') du Monde.
Traité de Musique, 1006.
Traité de la Pomme d'Ambre, 1063, 1101.
Traité de la Sphère, 749, 763, 787.
Traité des trois Fleurs de Lis, 321.
Traité du Zodiaque, en françois, selon Albumazar et Alkabice, 729, 768, 776.
Traités de Contemplations et de Dévotions, 948.
Trespassement (le) de Notre-Dame, 425.
Trésor des Sciences, 955.
Trésor (le) du roi Philippe, 419.
Tristan et Lancelot, des Faits de la Table Ronde, 325.
Tristan de Leonoys, roman, 28, 29, 30, 304, 318, 377.
Troie, en prose, 91.

Troye la Grant, rimé (par Benoît de Sainte-Maure), 337, 399, 413.

Trois (les) Morts et les trois Vis, 171.

U ET V.

Viaticus, en latin, 995.
Vices et Vertus, 66, 96, 115, 151, 432, 449, 466, 500, 506, 514.
Vie de Jésus-Christ, rimée, par S. Robert, 80.
Vie de Mahemmet, 1032.
Vie de Notre-Dame, en latin, en vers, 802.
Vie (la) de Notre-Dame, en vers, 331.
Vie de Notre-Dame de Laon, 72.
Vie de saint Antoine, 547.
Vie de saint Benoît, 72.
Vie (la) de saint Blaise, 478.
Vie de saint Brandain, trad. en françois, 328.
Vie de saint Brice, 72.
Vie de saint Dominique, 103.
Vie (la) de saint Denis, 155, 167, 469, 1093.
Vie de saint Donstan, 72.
Vie de saint Edmond, 72.
Vie de saint Éloy, rimée, 115.
Vie de saint Fiacre, et le Service, 451.
Vie (la) de saint Jacques, 164.
Vie de saint Jean l'aumônier, 72.
Vie de saint Julien, rimée, 113.
Vie de Saint-Louis, roi de France, 1097.
Vie de Saint-Louis, roi de France, et les Faits de son Voyage d'outre-mer, 107.

Vie de Saint-Louis, et ses Miracles, 144, 157.
Vie de sœur Isabeau de Longchamp, et ses Miracles, 477.
Vie et Faits de Saint-Louis, 104.
Vie (la) des Pères, 340, 352.
Vie des Pères hermites, 16.
Vie (la) des Pères (par saint Jérôme), 203.
Vie (la) et les Faits de César, en prose, 402.
Vie et Faits de Saint-Louis, par le seigneur de Joinville, 77.
Vie de saint Martin de Tours, 72, 167, 185, 530.
Vie de saint Martin de Tours, en rimes, 346.
Vie de saint Pierre, 103.
Vie de saint Quentin, 113.
Vie de saint Remy, 134, 140.
Vie de saint Thomas de Cantorbery, en vers, 479.
Vie de sainte Beautheule (Bathilde), 786.
Vie de sainte Clotilde, en latin, 851.
Vie de sainte Geneviève, 218.
Vie de sainte Geneviève, en latin et en vers, 433.
Vie (la) de sainte Marguerite, et autres choses rimées, 221, 379, 1178.
Vie et Miracles de frère Pierre

16

Thomas, patriarche de Constantinople, 208.
Vies de plusieurs Saints, 86, 322, 352, 425.
Vies de quarante-six Saints, 155.
Vies de Saints, 164, 800.
Vieilles Tables, 770.
Vigiles des Morts, en latin, 650.
Vigiles des Morts, 798.
Vingt-cinq Pièces de monnoie, 183.
Vita B. Fursei, 994.
Vita philosophorum, 1044.
Vita Sanctorum, 997.
Vita sancti Lamberti episcopi, 1043.
Vœux du Paon, en rimes, 359, 403, 465.
Un grand Journal, 1155.
Un livre d'Epîtres, 544.
Un livre de Collectes, 544, 662.
Un livre de Dévotion et Contemplation, 455.
Un Ordinaire, 614, 1198.
Un nouvel Traittie d'Astronomie, 672.
Un Papier d'amours, rimé, 388.
Un petit livre d'une Patenôtre de Notre-Dame, 389.
Un Roman de la Table Ronde, 515.
Un Traité de Philosophie, 216.
Une Carte de Mer en tableaux, 201.
Une petite Chronique abrégée sur Vincent, 357.
Voie (la) d'Enfer et de Paradis, 321.
Voies (les) de Dieu, trad. par Bauchant, 174.
Voyage (le) d'outre-mer, 510.
Voyage de Paradis, 379.

Y

Ypomecol, 195.
Ysengrin. Voyez Roman du Renart.

FIN DE LA TABLE ALPHABÉTIQUE DES OUVRAGES ANONYMES.

TABLE ALPHABÉTIQUE

DES

MOTS ABRÉGÉS.

A

Administraõis,	administrationis.
Adrecemĕt,	adressement.
Aḡgacõ, aggregacoues,	aggregationes.
Agremõt,	agremont.
Aĩa,	anima.
Algorism⁹,	algorismus.
Altimeta,	altimetra.
Aministies,	amitiés.
Angleťere,	Angleterre.
Anno♃,	annorum.
Anotñõib³,	annotationibus.
Antainez,	antiennes.
Anz,	ans.
Ap̃s,	après.
A pñs,	à présent.
Apparteñs,	appartenans.
Ap̃plo♃,	apostolorum.
Apprend³,	apprendre.
Aq̃ũo,	Aquino.

Arismetice,	arismeticæ.
Arm̃,	armes.
Aspectib³,	aspectibus.
Astiologie,	astrologie.
Aucũ⁹,	aucuns.
Auecq̃s,	avec.
Austia,	Austria.
Aus feez,	aux fées.
Autĩes,	autres.

B

Beneycons,	bénédictions.
Blăche, blanchez,	blanche.
Bñ,	bien.
Bonñ,	bonnes.
Bourğne,	Bourgogne.

C

Cadrantĩ,	cadrantis.
Cair,	cahier.
Canonez,	canones.
Carminũ,	carminum.
Casib³,	casibus.
c̃fesser,	confesser.
Chapp̃,	chapitre.
Charlemane,	Charlemagne.
Charles q̃,	Charles V.
Chascũ,	chacun.
Chlerie, cheuallye,	chevalerie.

Chlĩs,	chevaliers.
Chnõnes,	chanoines.
Chos³,	choses.
Cõe,	comme.
Coectõnes,	conjectationes ou coniestiones.
Coctacionib³,	conjectationibus.
Cõgnoissance,	connoissance.
Colectez,	collectes.
Colloës,	collationes.
Cõlta,	collecta.
Cõmad,	commandement.
Combñ,	combien.
Cõme,	comme.
Comẽt,	commentaires.
Compillacõns,	compilations.
Compoicoñ,	composition.
Compostĩ,	Compostus.
Coniunciõb³,	conjunctionibus.
Conjuroison,	conjuration.
Commenc',	commençant.
Commentãr,	commentarii.
Compiacõns,	compilations.
Condic̃,	condition.
Cõñoib⁹,	conjonctionibus.
Conquerãt,	conquérant.
Conĩ,	contre.
Cõpile,	compilé.
Copĩone,	compositione.
Cõpletes,	complètes.

Conq̃ste,	conquête.
Coq̃ll³,	coquilles.
Corrupcoẽ,	corruptione.
Cõte,	comte.
Cõtempacõn,	contemplation.
Cõtenu,	contenu.
Coulõbes,	colonnes.
Coulombes,	colonnes.
Courõnemẽt,	couronnement.
Couroñees,	couronnées.
Couũt, couũte,	couvert, couverte.
Couuture,	couverture.
Crure,	serrure.
Cuiusd',	cujusdem.
Cy nᵒ dit,	Ci nous dit.
Cyre,	cire.

D

Darbʳ,	d'arbres.
Dargᵗ,	d'argent.
Demonstr̃tiã,	demonstrativa.
Dencre,	d'encre.
Deniis,	denariis.
Dern,	dernier.
Derreñ,	dernier.
Desbatm̃es,	d'esbatemens.
Despr̃s,	d'épîtres.
Deuocõn,	dévotion.
Deũs soy.	devers soi.

Dicitr,	dicitur.
Diex,	Dieu.
Disciplialib³,	disciplinalibus.
Dña,	dominarum.
Dõient,	doivent.
Domque,	Dominique.
Doultrmer,	d'outre-mer.
Drã, drã,	doctrina.

E

ẽ,	en.
Ecclastic⁹,	Ecclesiasticus.
Ecclastes,	Ecclesiastes.
Edificãone,	ædificatione.
Elecõib³,	electionibus.
Emplatrs,	emplâtres.
Empreurs,	empereurs.
Empse,	en prose.
Emps,	après.
Emptes,	empreintes.
Enff,	enfans.
Enlume,	enluminé.
Enluminur,	enluminure.
Ennoindre,	à oindre.
Epistolr,	épistolaire.
Erudicõne,	eruditione.
Escptur,	écritures.
Esct,	écrit.
Esleuees,	élevées.

Esmailliez,	émaillées.
Espetuelles,	spirituelles.
Espĩt,	esprit.
Espisĩs,	épîtres.
Estiẽ,	Étienne.
Estuys,	étuis.
2,	et.
Euangles,	évangiles.
Excepões,	exceptiones.
Experjm̃ta,	experimenta.
Explanãcoes,	explanationes.
Expõicon,	exposition.
Expõsico,	expositio.
Expoïconib³,	expositionibus.
Expoïo,	expositio.

F

Fctm̃,	factum.
Fe,	faire.
Fees,	fées.
Fem̃, fmoers,	fermoir.
Fem̃e,	femme.
Figuracõ,	figuratio.
Filz,	fils.
Finant,	finissant.
Fine,	finit.
Fleurs de liz,	fleurs de lis.
Flor̃,	florum.
Fm̃,	fermoir.

Fm̃ant,	fermant.
Fñce,	France.
Fñcois,	françois.
Fontãñe,	fontaine.
Fr̃e,	frère.
Fremõt,	Fremont.
Frm̃,	fratrem.
Fur̃t,	furent.
Futuror⁊,	futurorum.

G

ğduũ³,	graduum.
Geñacõe,	generatione.
Gñis,	garnis.
Geomet̃a,	geometria.
Geomest̃e,	géométrie.
ğgorii,	Gregorii.
Gm̃ain,	Germain.
ğmain,	Germain.
Glozes,	glosés.
Gñs,	grands.
Gñt,	grand.
Grãliz,	generalis.
Greel,	graduel.
ğs,	gros.
ğuaise,	Gervais.
Guille,	Guillaume.
Guit̃re,	guitare.
Gŭrart,	Guérard.

H

Haschie,	haché.
Heur̃,	heures.
Hmeti,	Hermetis.
Honori[9],	Honorius.

I et J

Jeh', Jeñ,	Jean.
Jhlm̃,	Jérusalem.
Impato⁊,	imperatorum.
Int̃pretatus,	interpretatus.
Int̃prete,	interprète.
Interrogacõĩb[3],	interrogationibus.
Int̃ogăcons,	interrogations.
Introductõre,	introductoire.
Judaic[9],	Judaicus.
Jusq̃s,	jusques.

K

Kardagă⁊,	Kardagarum.

L

Lacheuemẽt,	l'achèvement.
Laistre,	l'âtre.
Lame,	l'âme.
Lamentac̃ons,	lamentations.

Lansñ,	lanière.
Lauĩ,	l'autre.
Leĝle,	l'église.
Leõnoys,	Laonnois.
Lenferremẽt,	l'enfermement.
Leuesq³,	l'évêque.
Libr̃,	librum.
Liez dor,	reliure d'or.
Linĩducion.	l'introduction.
Lissue,	l'issue.
Liur̃,	livret.
Lixiex,	Lisieux.
Lome,	l'homme.
Lumain,	l'humain.

M

Machbeez,	Machabées.
Magistĩo,	magisterio.
Maisĩ,	maître.
Maniẽ,	manière.
Maniplm̃,	manipulum.
Marq̃s,	marques.
Maĩre,	matière.
Meditacõus,	méditations.
Meismes,	même.
m̃lin,	Merlin.
Menc̃on,	mention.
Mẽnsĩ de Par,	menestrel de Paris.
Metheorom̃,	meteororum.

Misťeriɱ,   mysterium.
Mŏde,   monde.
Mŏd⁹,   modus.
Mos,   mots.
Mŏt,   mont.
Motib³,   motibus.
m̃ueillez,   merveilles.
Mulie♃,   mulierum.
Mutacŏne,   mutatione.

N

Natiuĩť,   nativitatis.
Natuř,   nature.
Nat⁹,   natus.
Nŏme,   nommé.
Nom̃eez,   nommées.
ñre,   notre.
N⁹,   nous.
Noũ,   nove.

O

Ouquel,   auquel.

P

p,   par.
Păboles,   paraboles.
p̃aces,   préfaces.
Pădis,   paradis.

Papp,	papier.
Paȓ, Paȓs,	Paris.
p̃auant,	auparavant.
Patĩce,	Patrice.
Pater nõ,	patenôtre.
pblemez,	problêmes.
pce,	parce que.
Pčes,	preces.
p̃cessions,	processions.
pchemin,	parchemin.
pdehors,	par-dehors.
pdess³,	par-dessus.
pdestinacõe,	prædestinatione.
p espãl,	par spécial.
Pᵉ,	partie.
p̃e,	patenôtre.
pe,	père.
Pᵉ,	premier.
Pᵉ (la) t̃nslacõn,	la première translation.
p̃ees,	prières.
Pel,	peau.
p̃elles,	Presles.
p̃emier,	premier.
Perez,	pères.
p̃ẽs,	pères.
Pẽs,	pères.
Pẽs hm̃tes,	pères hermites.
p̃faccio,	præfatio.
pfait,	parfait.
pfaitement,	parfaitement.

pfecõn, perfection.
pfecti, perfecti.
Phẽ, Philippe.
Phle, Philippe.
phli, philosophi.
Phosophes, philosophes.
p̃ie, piés.
pieur, prieur,
Pĭuse, prieuse.
Planimeĩa, planimetra.
p̃le, parle.
ples, perles.
p les marges, par les marges.
pliarmenus, peliarmenus.
Plurib³, pluribus.
Pluss, plusieurs.
p mañiẽ, par manière.
p̃me, prime.
Pñces, princes.
p̃nosticacio, pronosticatio.
Pñs, pr̃nst, print.
pnst, print.
p̃ñt, print.
pnuntie, pronontie.
Pŏme, pomme.
Pŏr, pou, pour.
p̃p, pape.
ppetatib³, proprietatibus.
Pp̃ez, papes.
p̃phetie, prophétie.

ppheties,	prophéties.
pphoete,	prophète.
pples,	plures.
Pp̃s,	papes.
p psonnages,	par personnages.
pptes,	propriétés.
p̃que,	presque.
pr̃e,	Pierre.
Pr fẽ le sm̃ent,	pour faire le serment.
Pronoscaõns,	pronostications.
prosticão,	pronosticatio.
prũntie,	prononcé.
Psaulĩ,	Psautier.
pse,	prise.
psĩ,	prêtre.
psonages,	personnages.
psoñn,	personnes.
pste,	prêté.
pta⁊,	planetarum.
p̃terito,	præterito.
ptibus,	partibus.
ptie,	partie.
ptiz,	petits.
pĩrtata,	pertractata.
Pualite,	pluralitate.
puerbes,	Proverbes.
puilleges,	priviléges.
puinces,	provinces.
Pũorum,	puerorum.

Q

q̇,	qui.
q̃ ce cõmence,	qui commence.
q̃d,	quadam.
q̃dr̃ant̃,	quadrantum.
q̃ier,	cahier.
q̃iers,	cahiers.
q̃sdam,	quasdam.
q̃stoib[3],	quæstionibus.
Quãt,	quand.
q̃ued',	quædam.
Questioẽs,	quæstiones.
Quq̃uempois,	Quinquempois.

R

Raye,	rayé.
Recepcõnum,	receptionum.
Recepons,	réceptions.
Recõmendacõs,	recommandations.
Remũdũ,	remundum.
Rer♃,	rerum.
Reuelacõib[3],	revelationibus.
Rg̃t,	régent.
Risme,	rime.
Robt̃,	Robert.
Roullez,	rôles.
Roz,	roux.
Rustican[9],	Rusticanus.

S

Sans lyer,	sans reliure.
Scdm̃,	secundum.
Scõ,	sancto.
Senecal,	sénéchal.
Segñr,	seigneur.
Septent̃onis,	septentrionis.
Seraines,	sirènes.
Signes,	cygnes.
S. Loys,	Saint-Louis.
S³mons,	sermons.
Sm̃ons,	sermons.
Sigñ,	signes.
Some,	somme.
Spe,	sphæra.
Spẽlm̃,	speculum.
Spera,	sphæra.
Sp̃s,	spiritus.
Sᵗ,	sont.
S³uice,	service.
S³uir,	servir.
Sup,	super.
S³urẽs,	serrures.

T

Tanne,	tanné.
Teñee,	tannée.
Tesor,	trésor.

Testamĩ,	testament.
Testez,	têtes.
Thãs,	Thomas.
Tit⁹ Liui⁹,	Titus Livius.
t̃nite,	trinité.
Totm̃,	totam.
Ttie,	traité.
t̃s,	très.
t̃stan,	Tristan.
Tixuz,	tissus.
t̃or,	trésor.
Touĩ,	toutes.
Tr̃e douĩmer,	terre d'outre-mer.
Trite,	trinité.
Tr̃passe,	trépassement.
Trñslc̃ou,	translation.
Tr̃aslateez,	translatées.
t̃spasse,	trépassé.
T᷾,	tout.

U et V

Vaĩquet,	Vatriquet.
Vegesse,	Végèce.
ũerbo♃,	verborum.
Vieillez,	vieilles.
Viez,	vies.
Viez,	vieux.
ṽmeille,	vermeille.
Vingne,	vigne.
ṽtus,	vertus.

X

Xp̃ianoȥ, christianorum.

Y

Yex, yeux.
Ymagiũm, imaginum.
Ymbrib⁹, imbribus.
Ypograt̃, Hippocrate.

FIN DE LA TABLE ALPHABÉTIQUE DES MOTS ABRÉGÉS.

ADDITIONS ET CORRECTIONS.

N° 1. — à empreintes : *lisez* à empraintes.
n° 10. — *Transposez la note* « C'étoit — in-fol. », *après le n°* 11.
n° 85, *à la note*. — *Lisez* Guy de Cauliac.
n° 90, *note* (1°). — *Supprimez les n°s* 100, 924, 1088, 1105, 1119; *et ajoutez les n°s* 531, 988, 1230.
n° 130, *note*. — maramas : *lisez* marramas.
n° 181. — Wytasse (Eustache) le Moine. *Ajoutez* : M. Francisque Michel a publié ce roman en 1834, à Paris, chez Silvestre, in-8°.
n° 184. — avalnement : *lisez* avaluement.
n° 195. — *Ypomecol*. Peut-être Ypomydon, poëme de Hugues de Rotelande, trouvére de la seconde moitié du XIII° siècle, manuscrit au Musée britannique.
n° 208, *ligne* 3. — patriarche de Constantinople : *lisez* pr̄iarche de Costentinople.
n° 211. — a ij fm̄oirs dargent : *lisez* a ij fermoers dargt̄. — *Et dans la note* (5° *alin.*), *après* Montfaucon, tom. 3, p. 32 : *ajoutez* des Monumens de la monarchie françoise.
n° 225, *note*. — Jean Golin : *lisez* Golein.
n° 280, *note, ligne* 3. — Buesve : *lisez* Buefve.
n° 327. *A la fin de la note, ajoutez* : Le Roman de la Violette a été publié, l'année dernière, par M. Francisque Michel, d'après les manuscrits de la Bibliothéque, avec fac-simile et gravures, chez Silvestre; gr. in-8°.
n° 418, *note*. — *Au lieu de n°* 357, *lisez n°s* 356, 405.
n° 461, *note, ligne* 8. — *Lisez* Capperonnier.
n° 464, *note*. — *Lisez* : Appolonien, — Apollonius (de Thyanes).
n° 524 (*page* 95, *lig.* 1-2). — *Lisez* :

et les vj (cest assa³ iiij cy dessus immedi^t, et les deux autr̄s ā fo. xiiij^e) s^t cy deuāt escp̄s....

et supprimez les guillemets tout le long de cet alinéa : « Il vint — heures du Roy ». *Les mots seuls* « cest assauoir — a fo. xiiij » *sont écrits en marge, dans le manuscrit.*

ADDITIONS ET CORRECTIONS.

n° 597, *note*. — *Lisez* Origenis, *par un grand* O.

n° 616, *note*. — *Au lieu de* n° 678, *lisez* 878.

n° 739, *note*. — *Lisez* : cette trad. françoise (*au lieu de* latine).

n° 809. — *Lisez* Ernaldi (*au lieu de* Ernald;).

n° 858, *note*. — qui vivoit dans le 12° siècle. *Corrigez* : dans le 13° siècle.

n° 880, *ligne* 2; *et note*. — ptuifice, pertuifiée : *lisez* ptuisee, pertuisée (*de pertuis*).

n° 1070, *note*. — *Lisez* : supra antidotum incolumitatis.

n° 1080 (*page* 179, *ligne* 8). — *Lisez :* de casibus conscientiæ.

n° 1168, *ligne* 4. — sermonue : *lisez* sermonne.

n° 1233, *ligne* 2. — *Au lieu de* toutes arses et quatre coings : *lisez* es quatre coins

---

Pag. 216, *col*. 1, *lig*. 6. — Introd. de judic. : *lisez* Introd. *ad* judicia.

p. 239, *col*. 1, *lig*. 1. — *Au lieu de* 835, *lisez* 855.

p. 241, *col*. 2, *lig*. 27. — Beautbeule : *lisez* Beautheule.

Ce present livre appartient A Moy Francoys Roy de france par la grace d[e dieu]

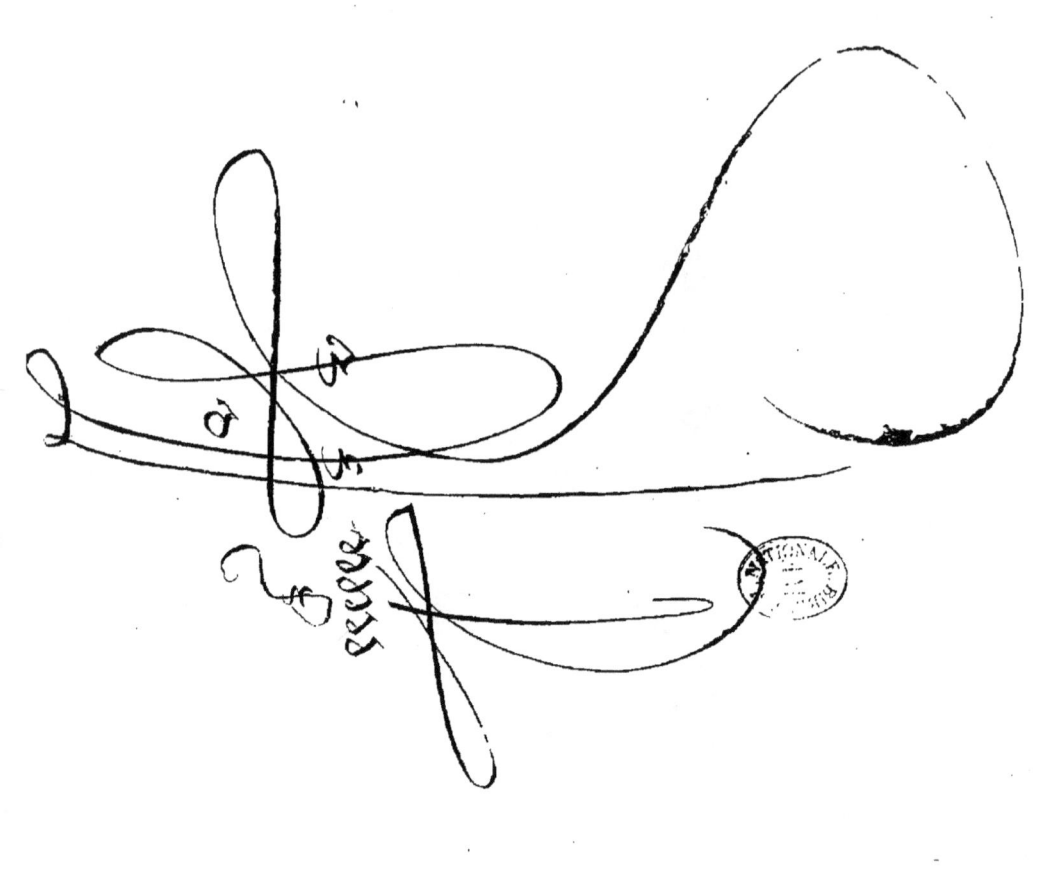

www.ingramcontent.com/pod-product-compliance
Lightning Source LLC
Chambersburg PA
CBHW071259160426
43196CB00009B/1346